21 世纪全国高职高专电子商务类规划教材

电子商务模拟实训教程

钟　强　主编

章建新　主审

北京大学出版社
PEKING UNIVERSITY PRESS

内 容 简 介

为了配合电子商务专业各课程的学习、实训和实践教学，巩固学生的理论学习成果和增强他们的操作技能，帮助他们在较短的时间里既学到一定的理论知识，又能掌握实用的操作技能和技术，我们设计了这套电子商务的模拟实训体系。本书参考了大量的国内外电子商务书籍和相关的资料，请教了一些专家和学者，借鉴了英国的 BTEC 模式和澳大利亚的 TAFE 模式，在每一章节的后面引入了大课业，增加了网上上机题和综合作业题等实用性内容。本书所提供的是一整套电子商务的实训方案，每章的内容都经过了精心选择，力求将最新的内容加入。希望这些对学生的学习能有所帮助。

本书适合于电子商务、市场营销、国际贸易及相关专业等方向的高职学生电子商务方向的实训教学和实践教学使用，亦可作为具有一定文化水平的读者自学用书。此外，本书对从事电子商务工作、电子商务教学和研究的人员也有一定的参考价值。

图书在版编目（CIP）数据

电子商务模拟实训教程/钟强主编. —北京：北京大学出版社，2008.7
（21 世纪全国高职高专电子商务类规划教材）
ISBN 978-7-301-13954-7

I. 电… II. 钟… III. 电子商务—高等学校：技术学校—教材 IV. F713.36

中国版本图书馆 CIP 数据核字（2008）第 086711 号

书　　　　名：	电子商务模拟实训教程
著作责任者：	钟　强　主　编
责 任 编 辑：	葛昊晗
标 准 书 号：	ISBN 978-7-301-13954-7/TP · 0961
出 版 者：	北京大学出版社
地　　　　址：	北京市海淀区成府路 205 号 100871
电　　　　话：	邮购部 62752015　发行部 62750672　编辑部 62765126　出版部 62754962
网　　　　址：	http://www.pup.cn
电 子 信 箱：	xxjs@pup.pku.edu.cn
印 刷 者：	北京飞达印刷有限责任公司
发 行 者：	北京大学出版社
经 销 者：	新华书店
	787 毫米×980 毫米　16 开本　16.5 印张　359 千字
	2008 年 7 月第 1 版　2017 年 9 月第 3 次印刷
定　　　　价：	28.00 元

前　　言

　　高等职业教育的特色之一是通过实训和实践教学来巩固学生的理论学习成果和增强他们的操作技能。由于高等职业教育学习时间较本科要少，如何使学生在较短的时间里既学到一定的理论知识，又能掌握实用的操作技能和技术，这是摆在从事高等职业教育教师面前十分重要的任务。天津职业大学经济与管理学院是全国第一批设立电子商务专业的高职院校，电子商务专业是天津市高职教改试点专业，迄今已经有毕业学生五届，毕业生受到用人单位的好评。我们希望将这九年来的经验、体会和教训通过本书和大家共享。

　　电子商务模拟实训是利用网络的模拟教学环境和真实的网上实训环境，综合运用所学的有关电子商务的基本理论和商务专业知识，通过观察、了解、参与、模拟和再现、修改、评价、总结和创造等实训教学活动，在网上环境和真实的实训环境中，加深学生对专业知识的理解和认知。本模拟实训教程与已有的模拟教材不同点在于适用于不同的年级和不同专业的学生，为他们提供一整套完整的实训方案，而不是某一电子商务模拟软件的说明书。我们将七年专业建设中的课程实验、认识实习、生产实习和毕业实习的体会结合在本书中，使三个层次实验，即基础实验、专业特色实验和创新实验在这本书中得以具体体现。我们力求通过提供一系列的实训方案来满足学校和学生各方面的需要，通过演示性实验、模拟性实验和设计性实验来进行完成实训和模拟。此外，也参考了目前国内外收集到的有关模拟和实训的资料，如澳大利亚 TAFE 的资料和英国 BTEC 的资料，尽可能将这些先进的内容包括进来。本书的每一章节都包括知识点介绍、实验目的、实验环境、实验的主要内容、实验步骤和实验导读等内容，模拟实验部分需要使用计算机和互联网。本书主要为配合电子商务、市场营销等专业进行专业实习及实训所写，也可作为电子商务概论、网络营销、网络广告、网站建设和网页制作等课程的实训之用。本实训教程的理论学习可使用和参考本人所编著的《电子商务概论》（北京大学出版社）、《网络营销学（第二版）》（重庆大学出版社）和《网络广告（第三版）》（国家级高职高专规划教材，重庆大学出版社）。本实训教材既可以进行基于理论验证的学生基本能力的巩固，又可以进行基本设计和应用能力的培养，以此来培养学生的综合分析问题和解决问题的能力；同时，也考虑了同学们考取劳动部职业技能鉴定中心颁发的《助理电子商务师》职业资格证书的要求。

　　全书共 11 章，由天津职业大学经济与管理学院商贸系钟强提出写作大纲和全书的最后编著及统稿工作，韩景丰老师提供了啤酒游戏的详细资料，天津市统计局的宋宝国提供了有关电子商务的详细数据，天津职业大学经济与管理学院院长章建新教授对本书进行了审阅，并提出了宝贵意见。参加本书编写的有天津渤海职业技术学院的苏梅和蔡杰，天津职业大学经济与管理学院商贸系的杨国良、高洋、白晨星和管理系的韩景丰，天津职工经济技术大学的耿锦卉和天津市统计局的宋宝国。具体分工为第 1 章耿锦卉；第 2 章蔡杰；第 3，6，7，9 章钟强；第 4 章中 4.1 杨国良，4.2 白晨星、苏梅，实训部分苏梅；第 5 章中 5.1/5.2/5.3 高洋，5.4/5.5 和实训部分苏梅；第 8 章杨国良；第 10 章宋宝国；第 11 章苏梅。在此表示衷心的感谢！

由于作者水平有限，加之时间仓促，不足之处在所难免，敬请读者批评指正！联系邮箱：ZhongQQ@Gmail.com 。

编 者

2008 年 5 月

目　　录

第 1 章　Internet 实训

【学习目的】
- 掌握浏览和获取网上各种信息的基本理论和手段。
- 能使用各种搜索引擎进行网上的信息查询和网上信息的发掘。
- 通过网上信息的发掘，学习如何利用网上信息资源和认识网上信息的重要性。

1.1　浏览器的使用实训

互联网是 20 世纪最惊人的一项技术和社会成就。成千上万的不同种族、不同肤色的人同时在世界各地使用这种由计算机构成的复杂网络。这些计算机运行着成千上万种不同的软件包，它们分布在全球的每个角落。通过上网可进行商品和服务交易，互联网的商业用途促进了互联网业的高速发展。然而，伴随着互联网发展而发展起来的另一项技术也大大加快了互联网的发展进程，这项技术就是 WWW（World Wide Web，万维网）。由于 WWW 是采用客户/服务器（C/S）工作模式，用户只需要将计算机连接到互联网，然后安装一个 WWW 客户端软件（即浏览器）就可以访问 WWW 服务器了。目前，有多种浏览器可供选择，主要有微软公司的 IE 浏览器和网景公司的 Netscape 等。其中，微软公司的 IE 浏览器以其强大的功能以及在操作系统上免费捆绑的优势，已经成为用户的首选浏览器，其市场占有率高达 90%以上，本章的实训也主要围绕 IE 浏览器进行。

1.1.1　IE 的界面设置导读

1. 启动浏览器实训

☆ **实训目的**：认识浏览器的外观、掌握调整 IE 的界面设置。

☆ **实训要求**：启动 IE 浏览器，对 IE 浏览器的"工具栏"子菜单中的"标准按钮"命令选项进行操作。

☆ **实验步骤**：

（1）双击桌面上 IE 浏览器图标（如图 1-1 所示），启动 IE 浏览器。

（2）单击"查看"菜单，其下拉菜单如图 1-2 所示。

（3）把鼠标指针移动到"查看"菜单下的"工具栏"子菜单上，可以看到"工具栏"子菜单下有五个命令选项，如图 1-3 所示，单击"标准按钮"命令，即可加上或去掉该命令前面的"√"，从而实现标准按钮栏在浏览器中是否出现。

图 1-1　IE 浏览器的图标　　　　图 1-2　"查看"菜单　　　　图 1-3　"工具栏"子菜单

2．调整工具栏选项实训

☆　**实训要求**：通过 IE 浏览器的"工具栏"子菜单中的命令选项，设置标准按钮栏图标为小图标。

☆　**实训步骤**：

（1）单击"查看"菜单，其下拉菜单如图 1-2 所示。

（2）把鼠标指针移动到"查看"菜单下的"工具栏"子菜单上，在如图 1-3 所示的子菜单中，单击"自定义"命令，弹出"自定义工具栏"对话框，如图 1-4 所示。

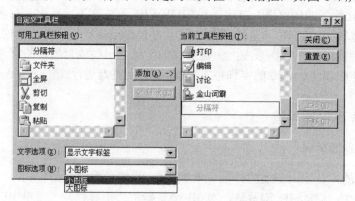

图 1-4　"自定义工具栏"对话框

（3）单击"图标选项"旁的三角按钮，在打开的下拉列表框中选择"小图标"选项。

（4）单击"关闭"按钮，即可实现标准按钮栏中的图标以小图标显示的效果。

3．调整浏览栏选项实训

☆ **实训要求**：调整浏览栏选项，打开"搜索"、"收藏夹"、"历史记录"。

☆ **实训步骤**：

（1）单击"查看"菜单，其下拉菜单如图 1-2 所示。

（2）把鼠标指针移动到"查看"菜单下的"浏览栏"子菜单上，弹出的下级菜单如图 1-5 所示。

（3）选择"搜索"选项命令，即可在主窗口中看到搜索栏。用户还可以通过"浏览栏"子菜单中的"收藏夹"和"历史记录"命令，打开"收藏夹"和"历史记录"栏。用户也可通过单击浏览器工具栏中的 3 个按钮，打开这 3 个栏目，如图 1-6 所示。

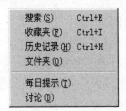

图 1-5　"浏览栏"子菜单　　　　　　图 1-6　"工具栏"中的 3 个按钮

4．将浏览器的显示设为"全屏显示"实训

☆ **实训要求**：调整主窗口为"全屏显示"。

☆ **实训步骤**：

（1）单击"查看"菜单，其下拉菜单如图 1-2 所示。

（2）单击"全屏"选项，即可看全屏显示效果。

1.1.2　浏览各网站导读

1．访问各主要门户网站实训

☆ **实训要求**：使用 IE 浏览器访问各部分主要门户网站，如新浪、网易、搜狐和雅虎等。

☆ **实训步骤**：

（1）启动 IE 浏览器，在地址栏中输入 www.sina.com.cn，并按回车键。IE 浏览器立即开始与新浪网建立连接，稍后新浪网的首页将会出现在浏览器中。

（2）在新浪网首页中，鼠标指针移到"新闻"超级链接上时，指针会变为手形状，此时单击"新闻"超级链接，稍后新浪网的新闻页面将会出现在浏览器中。

（3）单击"工具栏"中的"后退"按钮（如图 1-7 所示），返回　　　图 1-7　"后退"按钮到新浪网首页。

2. 保存网站首页的实训

☆ **实训要求**：保存新浪网首页。
☆ **实训步骤**：
（1）打开新浪网首页，单击"文件"菜单，出现下拉菜单。
（2）单击菜单下的"另存为"命令，弹出"保存 Web 页"对话框。单击"保存"按钮，即可将文件名为"新浪首页.html"的文件保存在"我的文档"文件夹中。

3. 收藏和管理网址实训

☆ **实训要求**：能熟练使用"收藏夹"收藏和管理网址。
☆ **实训步骤**：
（1）用 IE 打开新浪网首页，单击"收藏"菜单，出现下拉菜单。
（2）单击"添加到收藏夹"命令，弹出"添加到收藏夹"对话框，如图 1-8 所示。单击"确定"按钮，即将新浪首页添加到收藏夹中。

图 1-8 "添加到收藏夹"对话框

（3）单击"收藏"菜单，此时可以看到"收藏"菜单中多出"新浪首页"。单击"整理收藏夹"命令，弹出"整理收藏夹"对话框。
（4）单击"创建文件夹"按钮，创建一个名为"门户网站"的文件夹。
（5）选中"新浪首页"书签，然后单击"移至文件夹"按钮，弹出"浏览文件夹"对话框，单击选中"门户网站"文件夹，然后单击"确定"按钮，即可将"新浪首页"书签移至"门户网站"文件夹。

1.2　搜索引擎的使用

在互联网发展的初期，网站相对较少，信息查找比较容易。由于用户的急剧增加，普通网络用户想找到所需的资料简直如同大海捞针。这时，为满足大众信息检索需求的专业搜索网站便应运而生了。最早是大家熟知的 Lycos，其后美国斯坦福大学的两名博士生——David Filo 和美籍华人杨致远（Gerry Yang）共同创办了超级目录索引 Yahoo，并成功地使搜索引擎的概念深入人心。从此搜索引擎进入了高速发展时期。目前，搜索引擎已不计其数，其检索的信息量也与当初不可同日而语。如，最近风头正劲的 Google，其数据库中存放的网页已达 30 亿之巨。

在搜索引擎中，用户只需要输入要搜索信息的部分特征（关键字），搜索引擎就会替用户自动搜索含有关键字的信息条目，并将用户所需的信息资源汇总起来，反馈给用户一张包含用户所提供的关键字信息的搜索列表清单，用户可以选择搜索列表中的任意选项，大大加快了检索信息的速度。

1.2.1　中文搜索引擎的使用实训

☆ **实训目的**：熟悉主要的中文搜索引擎的界面，熟练使用百度、Yahoo 和 Google 等常用的中文搜索引擎，并了解各自的特色和不同之处。

☆ **实训要求**：在浏览器中分别输入 Baidu、Google、Sina、163、Sohu 等搜索引擎网址，熟知各搜索引擎的界面，并用"电子商务"一词进行检索，了解它们的异同，写出实训报告。

（1）启动 IE 浏览器，在地址栏中输入 www.baidu.com，并按回车键。IE 浏览器即开始与百度网站建立连接，稍后百度的首页将会出现在浏览器中。

（2）在地址栏中输入 www.google.com，并按回车键。IE 浏览器即开始与 Google 网站建立连接，稍后 Google 的首页将会出现在浏览器中。

Google（www.google.com）是由两个斯坦福大学博士生 Larry Page 与 Sergey Brin 于 1998 年 9 月创立的，Google 公司于 1999 年创立。2000 年 7 月份，Google 替代 Inktomi 成为 Yahoo 公司的搜索引擎，随后 Google 又成为中国网易公司的搜索引擎。1998 年至今，Google 已经获得多项业界大奖，富于创新的搜索技术和典雅的用户界面设计使 Google 从第一代搜索引擎中脱颖而出。

（3）在地址栏中输入 cn.search.yahoo.com"，并按回车键。IE 浏览器即开始与雅虎中国搜索引擎建立连接，稍后雅虎中国搜索引擎的首页将会出现在浏览器中。

Yahoo 是最早的目录索引之一，也是目前最重要的搜索服务网站之一，其数据库中的注册网站无论是形式上还是内容上质量都非常高。Yahoo 属于目录索引类搜索引擎，可以通过两种方式来查找信息，一是用普通的关键词搜索，二是按分类目录逐层查找。用关键字搜索时，搜索结果中的网站排列基于分类目录及网站信息与关键字串的相关程度，包含关键字的目录及该目录下的匹配网站排在最前面。按分类目录逐层时，网站排列则按字母顺序。面对来自 Google 的竞争压力，Yahoo 近期采取了一系列举措，旨在重建其在搜索领域的领先地位。新的 Yahoo 搜索引擎在原有网页、目录搜索外，增加了新闻、黄页、图像、地图等搜索选项。此外，Yahoo 对搜索界面也进行了更新，在搜索结果页面增加了搜索选项标签，方便用户在各种搜索功能之间进行切换。

（4）在地址栏中输入 search.sina.com.cn 或 cha.sina.com.cn，并按回车键。浏览器立即开始与新浪查博士建立连接，稍后新浪查博士的首页将会出现在浏览器中。

新浪是全球范围内最大的华语门户网站之一，是国内网民经常访问的网站之一。新浪网搜索引擎是面向全球华人的网上资源查询系统，它提供网站、网页、新闻、软件、游戏等查询服务。网站收录资源丰富，分类目录规范细致，遵循中文用户习惯。目前共有 16 大类目录，一万多个细目和二十余万个网站，是网上最大规模的中文搜索引擎之一。新浪网推出的新一代综合搜索引擎，可对多个数据库查询的综合搜索引擎。在关键词的查询反馈结果中，在同一页面上包含目录、网站、新闻标题、新闻全文、频道内容、网页、商品信息、消费场所、中文网址、沪深行情、软件、游戏等各类信息的综合搜索结果，最大程度地满足用户的检索需要，使用户得到最全面的信息。

（5）在地址栏中输入 search.163.com，并按回车键。IE 浏览器即开始与网易搜索引擎建立连接，稍后网易搜索引擎的首页将会出现在浏览器中。

（6）在地址栏中输入 dir.sohu.com，并按回车键。IE 浏览器立即开始与搜狐搜索引擎建立连接，稍后搜狐搜索引擎的首页将会出现在浏览器中。

1.2.2　英文搜索引擎的使用实训

☆ **实训目的：** 熟练使用 IE 浏览器访问常用的英文搜索引擎网站，并了解其特色。

☆ **实训步骤：**

（1）启动 IE 浏览器，在地址栏中输入 google.com，并按回车键。IE 浏览器即开始与 Google 建立连接，稍后 Google 的首页将会出现在浏览器中。

（2）在地址栏中输入 yahoo.com，并按回车键。IE 浏览器即开始与雅虎建立连接，稍后雅虎的首页将会出现在浏览器中。

1.3　网上查询实训

信息技术的飞速发展，使得网络已覆盖了人们日常生活工作的方方面面。但是面对信息的海洋，用户不可能了解所有资源所处的位置，所以网上查询就成为了用户访问互联网的一项重要技能。网上查询的工具有如下两类：搜索引擎、搜索软件。

1.3.1　搜索引擎分类及工作原理导读

1. 全文搜索引擎

在搜索引擎分类部分提到过全文搜索引擎从网站提取信息建立网页数据库的概念，搜索引擎的自动信息搜集功能分两种：一种是定期搜索，即每隔一段时间（如 Google 一般为 28 天），搜索引擎自动启动蜘蛛程序，对一定 IP 地址范围内的网站进行检索，一旦发现新的网站，它会自动提取网站的信息，将提取的信息和网址加入自己的数据库。另一种是提交网站搜索，即网站拥有者主动向搜索引擎提交网址，它在一定时间内两天至数月不等）定向启动蜘蛛程序，扫描网站并将有关信息存入数据库，以备用户查询。由于近年来搜索引擎索引的规则发生了很大变化，主动提交网址并不保证网站能进入搜索引擎数据库。因此目前最好的办法是多获得一些外部链接，让搜索引擎有更多机会检索到并自动将网站收录。当用户以关键字查找信息时，搜索引擎会在数据库中进行搜寻，如果找到与用户要求内容相符的网站，便采用特殊的算法（通常根据网页中关键词的匹配程度、出现的位置、频次和链接质量等）计算出各网页的相关度及排名等级，然后根据关联度高低，按顺序将这些网页链接返回给用户。

2．目录索引

与全文搜索引擎相比，目录索引有许多不同之处。

（1）首先，搜索引擎是自动检索网站，而目录索引则完全依赖手工操作。用户提交网站后，目录编辑人员会亲自浏览网站，然后根据一套自定的评判标准甚至编辑人员的主观印象，决定是否接纳该网站。

（2）其次，搜索引擎收录网站时，只要网站本身没有违反有关的规则，一般都能登录成功。而目录索引对网站要求则高得多，有时即使登录多次也不一定成功。尤其像 Yahoo! 这样的超级索引，登录更是困难。

（3）此外，在登录搜索引擎时，一般不用考虑网站的分类问题，而登录目录索引时则必须将网站放在一个最合适的目录。

（4）最后，搜索引擎中各网站的有关信息都是从用户网页中自动提取的，所以从用户的角度看，我们拥有更多的自主权；而目录索引则要求必须手工另外填写网站信息，而且还有各种各样的限制。更有甚者，如果工作人员认为你提交网站的目录、网站信息不合适，可以随时进行调整，当然事先是不会和你商量的。

目录索引，顾名思义就是将网站分门别类地存放在相应的目录中，用户在查询信息时，可选择关键字搜索，也可按分类目录逐层查找。如以关键字搜索，返回的结果跟搜索引擎一样，也是根据信息关联程度排列网站，只不过其中人为因素要多一些。如果按分层目录查找，某一目录中网站的排列顺序则是由标题字母的先后顺序决定（也有例外的）。目前，搜索引擎与目录索引有相互融合渗透的趋势。原来一些纯粹的全文搜索引擎现在也提供目录索引，如 Google 就借用开放的目录索引提供分类查询。而像雅虎这些老牌目录索引则通过与 Google 等搜索引擎合作扩大搜索范围。在默认搜索模式下，一些目录类搜索引擎首先返回的是自己目录中匹配的网站，如搜狐、新浪、网易等；而另外一些则默认的是网页搜索，如雅虎。

3. 元搜索引擎

元搜索引擎在接受用户查询请求时，同时在多个引擎中进行搜索，并将结果返回给用户，如国内的飓风搜索通（http://www.renliang.com/）等。

1.3.2 搜索引擎和搜索软件的使用

针对搜索引擎的弱点，国内出现了许多专业的搜索软件。这些搜索软件的最大特点就是可以同时启动上的多个搜索引擎进行搜索，能得到更多、更详细的信息。以下为使用搜索软件进行信息查询的例子。

1. 使用搜索引擎查询信息实训

☆ **实训目的**：熟练使用搜索软件查询信息。

☆ **实训步骤**：

（1）启动 IE 浏览器，在地址栏中输入 www.baidu.com，在搜索框中输入关键字"清华"，然后单击百度搜索按钮或按回车键，这时可以看到在浏览器中返回了查询结果。在结果的查询中，清华大学排在了首位。如果用户想查询的是以清华冠名的从事 IT 行业的公司，而不是大学或 BBS，如清华同方、清华紫光等，可以使用关键字"清华-大学-BBS"（有时候，关键字中包含用户不需要资料中所带有的词语，可缩小查询范围）。百度支持"—"功能，用于有目的地剔除某些无关网页，但减号之前必须留一空格，语法是 A-B）。使用关键字"清华+公司"与"清华公司"进行查询是等效的（输入多个关键字搜索，可以获得更精确更丰富的搜索结果）。如果选用的关键字是清华公司，这时只有严格含有清华公司连续 4 个字的网页才能被找出来，查询的结果可能就不是想要的结果。如果用户希望在一次查询中既找到清华大学又找到北京大学，那么正确的关键字是"清华大学|北京大学"，而不是关键字"清华大学北京大学"。

（2）单击查询结果中的"清华大学"的链接，即可打开清华大学的网页。

2. 使用分类目录查询信息实训

☆ **实训目的**：熟练使用分类目录进行信息查询。

☆ **实训步骤**：

（1）启动 IE 浏览器，在地址栏中输入 dir.yahoo.com。

目前很多网站的主页页面中包括的搜索引擎都是将人工编制的等级式主题目录和计算机检索软件提供的关键字等检索手段结合起来，完成网络信息资源的组织任务。Yahoo 就是这种等级式主题指南类搜索引擎的典型代表。

Yahoo 的目录由 14 个基本大类组成：包括 Art＆Humanities（艺术与人文）、Business ＆Economy（商业与经济）、Computers＆Internet（计算机与因特网）、Education（教育）、

Entertainment（娱乐）、Government（政府）、Health（健康与医药）、News & Media（新闻与媒体）、Recreation & Sports（休闲与运动）、Reference（参考资料）、Regional（国家与地区）、Science（科学）、Social Science（社会科学）、Society & Culture（社会与文化）。每一个基本类目下又细分不同层次的次类目或子类目，越往下的子类目中的网页其主题的特定性越强。雅虎是一个由类目、子类目等构成的可供浏览的相当详尽的目录等级结构。

（2）按如下顺序 Government→U.S. Government→Executive Branch→The White House，进入 The White House 子类目。单击 The White House（白宫）热链接即可访问"白宫"网站。

3. 使用搜索软件查询信息实训

☆ **实训目的**：熟练使用搜索软件查询信息
☆ **实训步骤**：

（1）启动飓风搜索通软件（可从网上下载：http://www.renliang.com/）。飓风搜索通是一款优秀的中文信息检索和多窗口浏览工具，它整合了包括软件、驱动程序、音乐、股票、新闻、购物等众多类别的近百个强劲的搜索引擎，采用多线程并行运作方式，同时启动多个搜索引擎。兼容并嵌入 IE 浏览器，符合上网者的浏览及搜索习惯，搜索结果可以单个或全部分类保存。飓风搜索通可使用一个窗口同时打开多个网页，只要使用主窗口上方的一排窗卡就可以在多个搜索页面之间进行切换，非常方便。

（2）在飓风搜索通窗口的搜索关键字文本框中输入清华-大学并按回车键，飓风搜索通立即对多个搜索引擎进行搜索。单击任意窗口即可看到结果，如单击 Yahoo 中文。

（3）安装百度搜霸软件（可从网上下载），然后启动 IE 浏览器。百度搜霸是百度推出的搜索工具，集成了强大的 MP3 搜索、歌词搜索、网页搜索、flash 搜索及信息快递等搜索功能。安装百度搜霸软件，可以随时随地查询到用户想要的 MP3、歌词、中文网页、Flash等。

（4）在百度搜霸窗口的搜索框中键入清华大学并按回车键，查询结果即在 IE 浏览器中显示。

1.4 电子邮件的使用导读

电子邮件（Electronic Mail，简称 Email）是应用于 Internet 上的最广泛的、最受欢迎的网络工具。电子邮件来源于专有电子邮件系统。早在 Internet 流行以前，电子邮件就已经存在很久了。它是在主机-多终端的主从式体系中，从一台计算机终端向另一计算机终端传送文本信息的相对简单的信息传递方式的基础上发展起来的。现在它已经可以传送声音、图片、图像、文档等信息，而数据库或账目报告等更专业化的文件都可以电子邮件附件的方式在网上发送，电子邮件已成为企业和各种机构的重要办公工具。Internet 扩展了电子邮件的应用范围。过去只能在局域网上进行沟通的企业现在可以通过因特网与他们的客户、竞争伙伴和世界上的任何人进行通信和交流。毫无疑问，用户只要在 Windows 环境中使用 WWW 浏览器软件就可以访问电子邮件服务商的电子邮件系统，输入用户的用户名和密码，进入用户的电子邮件信箱，然后就可以处理用户的电子邮件。

1.4.1　电子邮箱的注册实训

☆ **实训目的**：以申请 126 免费邮箱为例，掌握注册电子邮箱的方法。

☆ **实训要求**：要求使用 IE 浏览器注册电子邮箱。

☆ **实训步骤**：

（1）双击桌面上 IE 浏览器的图标，启动 IE 浏览器。输入网址 www.126.com，打开 126 网站主页页面。

（2）单击"注册新用户"按钮，弹出服务条款页面。用户要仔细阅读服务条款，以避免不必要的纠纷。

（3）如同意服务条款，单击"我同意"按钮，将弹出用户注册页面。否则单击不同意按钮，放弃注册。

（4）输入想注册的用户名，以及页面提供的随机验证码，单击"确定"按钮，如果之前没有用户使用过这个用户名，将进入注册电子邮箱详细信息页面。

（5）进入注册电子邮箱详细信息页面，此处一定要填写用户的生日，密码提示，提示答案三项内容，如果将来忘记了邮箱密码，可以通过这些资料重新设置邮箱密码。凡带*的填写项必须填写，填写完毕后单击确定按钮。若注册成功，进入邮箱注册成功提示页面。用户将拥有一个邮件地址为"用户名@126.com"（如 wcybaby@126.com）的电子邮箱。

1.4.2　电子邮箱使用和设置实训

☆ **实训目的**：会使用电子邮箱收发电子邮件，会设置电子邮箱。

☆ **实训要求**：要求使用 IE 浏览器，使用已经注册的用户名登录电子邮箱并进行收发电子邮件和邮箱设置。

☆ **实训步骤**：

（1）双击桌面上 IE 浏览器的图标，启动 IE 浏览器。输入网址 www.126.com。

（2）在"用户名"文本框中输入用户名如 wangxiao，在密码框中输入密码，风格选为"随心 DIY"，单击"登录邮箱"按钮，如果用户名和密码都正确将进入电子邮箱界面。

（3）单击"写信"按钮进入发信界面，在"收件人"文本框内填写"用户名@126.com"（用户名是指用户申请的账号，如 wangxiao）。在"主题"框中填写第一封信，在正文文本框中填写"测试"。然后单击"发送"按钮，会显示"发送成功"页面。这样便完成了用户自己发送一封电子邮件的操作，只要将收件人处替换成他人的电子邮件地址就可以给他人发送邮件了。

（4）单击"看信"按钮进入"收件箱"界面，此时用户可以看到写给自己的邮件已到达收件箱。

（5）单击第一封信热链接即可看到邮件的详细内容。

（6）将鼠标指针指向"选项"，单击配置选项，弹出配置页面，进行邮箱配置。

（7）单击垃圾邮件过滤器热链接，弹出垃圾邮件处理页面。按页面提示的要求进行设置，即可阻挡垃圾邮件。

1.4.3　电子杂志订阅实训

☆ **实训目的**：会订阅和退订电子杂志。

☆ **实训要求**：要求使用 IE 浏览器，登录 http://biz.163.com/special/e/email.html 订阅电子杂志。

☆ **实训步骤**：双击桌面上 IE 浏览器的图标，启动 IE 浏览器。输入网址 http://biz.163.com/special/e/email.html ，在请输入"Email 信箱"框中输入用户的电子邮箱地址如 wcybaby@126.com，并选择杂志类别，单击"订阅"按钮。

1.5　域名的使用导读

互联网这个信息时代的宠儿，已经走出了襁褓，为越来越多的人所认识，电子商务、网上销售、网络广告已成为商界关注的热点。上网已成为不少人的口头禅。但是，用户要想在网上建立服务器并发布信息，则必须首先注册自己的域名，只有有了自己的域名才可以使其他用户在网上找到自己。所以，域名注册是在网上开展任何服务的基础。

连接在互联网上的每一台计算机都有一个 32 位的 IP 地址。互联网系统其实是通过 IP 地址来定义所有的计算机的，但是 IP 地址是由数字组成的，不好记忆。所以，用英文字母组成的域名来登录更为方便、简单，如 www.sina.com 。域名系统在处理这个英文域名的时候，需要转换成为 IP 地址才可以找到这台计算机，这个工作的过程即域名解析，而完成这个工作的就是域名服务器，简称 DNS 服务器。

1.5.1　国际域名和国内域名的使用实训

☆ **实训目的**：了解国际域名和国内域名的构成及其管理机构。

☆ **实训要求**：要求使用 IE 浏览器，访问 www.networksolutions.com。

☆ **实训步骤**：

（1）双击桌面上 IE 浏览器的图标，启动 IE 浏览器，在地址栏中输入 www.networkso-lutions.com，并按回车键。互联网域名系统是一个树型结构，其顶级域名形式如下：com（企业）、net（网络运行服务机构）、gov（政府机构）、org（非赢利性组织）、edu（教育）。用户可通过浏览 Network Solution 网站，了解国际域名的运作情况。中国域名由 CNNIC 管理。后设的 7 个新的顶级域名分别是：firm（公司企业）、shop（商店）、web（希望突出万维网活动的实体）、arts（主要从事娱乐文化活动的实体）、rec（主要从事娱乐文化实体）、info（主要从事信息服务实体）、nom（希望在上发布个人信息的人）于 1998 年启动，这些域名的注册服务由多家机构承担，中国互联网信息中心 CNNIC 也是注册机构之一。

（2）双击 IE 浏览器的图标，启动 IE 浏览器，在地址栏中输入 www.cnnic.com.cn，并按回车键。按照 ISO-3166 标准制定的国家域名，一般由各国的 NIC（Network Information Center，网络信息中心）负责运行，我国国家域名是 CN，CN 域名下除 edu.cn 由 CernNIC（教育网）管理外，其他均由 CNNIC 管理，用户可通过 CNNIC 的网站 www.cnnic.com.cn 了解其运作情况。我国域名体系分为类别域名和行政区域名两套。类别域名有 6 个，依照申请机构的性质为：AC－科研机构；COM－工、商、金融等行业；EDU－教育机构；GOV－政府部门；NET－网络、接入网络的信息中心和运行中心；ORG－各种非盈利性的组织。行政区域名是按照我国的各个行政区划分而成的，其划分标准依照国家技术监督局发布的国家标准而定，包括行政区域名 34 个，如表 1-1 所示。

表 1-1　我国二级域名按行政区分类

域　　名	行 政 区	域　　名	行 政 区	域　　名	行 政 区
.bj	北京市	.ah	安徽省	.sc	四川省
.sh	上海市	.fj	福建省	.gz	贵州省
.tj	天津市	.jx	江西省	.yn	云南省
.cq	重庆市	.sd	山东省	.xz	西藏
.he	河北省	.ha	河南省	.sn	陕西省
.sx	山西省	.hb	湖北省	.gs	甘肃省
.nm	内蒙古	.hn	湖南省	.qh	青海省
.ln	辽宁省	.gd	广东省	.hk	香港
.jl	吉林	.gx	广西省	.mo	澳门
.hl	黑龙江省	.hi	海南省	.tw	台湾
.js	江苏省	.xj	新疆		
.zj	浙江省	.nx	宁夏		

1.5.2　中文域名和中文网址的使用实训

☆ **实训目的**：了解中文域名和中文网址的构成及其管理机构。

☆ **实训要求**：要求使用 IE 浏览器，访问 www.3721.com 和使用中文网址访问"联想"的网站。

☆ **实训步骤**：

（1）双击桌面上 IE 浏览器的图标，启动 IE 浏览器，在地址栏中输入 www.3721.com，并按回车键。3721 的网络实名是由国风公司推出的一项网络服务，开启网络实名功能后，可以在浏览器的地址栏中，输入网站、企事业单位、商标、产品等的中英文名字即可快速打开对应的网站或网页，无须再输入复杂难记的域名、网址。用户可用通过安装国风公司的网络实名软件 3721，来实现网络实名功能。

（2）双击桌面上 IE 浏览器的图标，启动 IE 浏览器，在地址栏中输入中文"联想"（已安装网络实名软件），并按回车键。

（3）双击桌面上 IE 浏览器的图标，启动 IE 浏览器，在地址栏中输入 www.cnnic.com.cn，并按回车键。单击中文通用域名进入中文通用域名界面。在 CNNIC 新的域名系统中，将同时为用户提供".中国"、".公司"和".网络"结尾的纯中文域名注册服务。其中注册".CN"的用户将自动获得".中国"的中文域名，如：注册"清华大学.CN"域名，将自动获得"清华大学.中国"中文域名。用户可以通过安装中文域名和通用网址客户端软件来实现使用中文域名上网。同时在前面提到的 Network Solution（美国网络解决方案公司）也提供中文域名的注册。

中文网址和中文域名区别：

3721 中文域名系统是一种架设在 IP 地址和域名技术之上的应用和服务，不需改变现有的网络结构和域名体系，技术上实施容易。它将一个复杂的 URL 转换为一个直观的中文词汇，实现中文用户的轻松上网。而 CNNIC 中文域名则突出网络的概念和技术，因为它是一个技术标准和规范，它的推出使域名汉化有标准可循，充分体现了 CNNIC 作为中国域名管理机构的身份，为中文网站提供了本土化域名注册的服务。这两者不是一个层面上的事物，因此完全不冲突，而且 3721 中文域名系统支持传统的 IP 地址和域名技术体系，也就自然支持 CNNIC 中文域名，3721 的用户只要在浏览器地址栏中输入"http://+中文域名"就可以使用 CNNIC 中文域名系统，如果按照老传统习惯直接输入中文名称则仍然使用 3721 中文网址服务。3721 中文域名系统和 CNNIC 中文域名是两个不同层面的服务，它们就如同中国的两只臂膀——3721 是推动百姓轻松上网、电子商务顺利开展的傻瓜化服务；CNNIC 中文域名系统则是提供域名汉化的底层技术标准。两者在不同的领域中都发挥非常大的作用。

【上机实习】

1．分别使用主要的中文搜索引擎，以"电子商务"为关键字，同时在各网站上分别查询网站、网页、新闻和图片，了解它们检索的结果和它们检索的差异，将检索结果写出报告。

2．使用精确检索查询电子商务的中文网站。

3．使用 IE 浏览器的"历史记录"访问以前浏览过的网页，保存网页中的一幅图片。

4．调整 IE 浏览器的"工具栏"子菜单中的命令选项，设置地址栏是否显示。

5．用户通过"配置"、"个人服务"和"个性定制"进行自己 126 电子邮箱的个性配置。

6．打开互联网选项对话框，在常规选中项上对 IE 浏览器的颜色、工具栏和字体进行设置。

7．在地址栏中输入 http://www.microsoft.com 作为默认的起始页面的主页。

8．在计算机中安装多个的浏览器（如 Myie2、Avant Browser 等），将 IE 浏览器设为默认的浏览器。

9．如何打开保存在本地磁盘上的网页？下载后保存的网页与网页制作者制作的网页有什么不同？

10．输入中文雅虎网站地址 http://gbchinese.yahoo.com，在搜索框内输入条件"免费&资源&主页"，看看搜索引擎是如何按照搜索条件为你查找。

11．输入网易网站地址 http://www.163.com，搜索并下载 mp3 软件。

12．比较一下在网页下收发邮件及用 Outlook express 收发邮件的异同，如果一个邮件量较大的企业，用哪种方式更合适？

13．要发送安全电子邮件，必须使用一些电子邮件客户端软件，如 Outlook Express、Foxmail 等（打开网页进行收发邮件是不能进行数字签名的）。请以 Outlook Express 为例，说明安全电子邮件的发送过程。

第 2 章　硬软件配置实训

【学习目的】
- 掌握计算机软硬件配置的方法。
- 能熟练组装计算机。
- 通过组装计算机的实训，了解和学会解决计算机常见的硬软件故障。

从 1946 年世界上第一台电子计算机 ENIAC 问世以来，经过短短的五十多年，计算机技术的发展突飞猛进，计算机硬件的体积越来越小，功能越来越强大；计算机软件的种类越来越丰富，功能越来越多。对于从事电子商务工作的人员来说，掌握一定的计算机硬件、软件知识是十分必要的。

2.1　计算机组装实训

☆ **实训目的**：

（1）通过对 PC 的拆卸和安装，认识计算机硬件组装和拆卸过程中常用的工具，并学会使用这些工具。了解计算机硬件的组成及各个部件的功能。

（2）学会组装 PC。

☆ **实训内容**：

（1）认识安装过程中使用的各种工具。

（2）认识计算机的各个硬件设备。

（3）将各种硬件组装成一台 PC。

（4）对安装好的 PC 开机测试检训是否安装成功。

☆ **实训设备**：

组装一台 PC 所需要的各种配件。包括：CPU、主板、硬盘、内存、显示卡、声卡、显示器、键盘、鼠标、机箱、电源等。安装过程中所需的各种工具等包括：改锥、钳子、镊子、接线板等。

☆ **实训步骤**：

（1）准备组装 PC 所需的工具及场地。

（2）准备组装 PC 所需的各种硬件设备，并写出各个设备的名称及功能。

（3）画出 PC 部件的组装顺序流程图。

（4）按图组装 PC。

（5）加电检测组装好的 PC。

☆ **实训导读：**

计算机的硬件是指构成计算机的物理器件。一台 PC 主要由 CPU、主板、内存、硬盘、软驱、光驱、显示卡、声卡、网卡、键盘、鼠标、机箱及电源等部件组成。

2.1.1　CPU 导读

CPU，中文名为中央处理单元。CPU 是计算机的核心部件，控制着整个计算机的工作。它的工作速度快慢直接影响到整个计算机的运行速度。在 CPU 中集成了几百万甚至几千万个晶体管，可以分为控制单元、逻辑单元、存储单元三大部分。CPU 安装在主板的 CPU 插槽上，一般需要安装散热装置帮助散热。

1. **应掌握 CPU 的主要技术参数**

CPU 的主要技术参数包括：主频（包括外频、倍频）、缓存（Cache，分为一级缓存和二级缓存）、工作电压和多媒体指令集等。

2. **了解 Intel 公司生产的 CPU**

（1）Pentium 4 处理器芯片。图 2-1 所示为 Intel 公司生产的 Pentium 4 系列处理器芯片。

图 2-1　Pentium 4 系列处理器芯片

（2）Celeron（赛扬）处理器。为了降低成本，Intel 推出了精简的 PentiumIII 处理器——Celeron 处理器。Celeron 采用和 Pentium III 相同的核心，但去掉了昂贵的 Cache，降低了标准外频，这使得 CPU 的制造成本大大降低。图 2-2 所示为低端主流赛扬 4 1.8GHz 和赛扬主力军赛扬 2.4GHz。

图 2-2　赛扬系列芯片

3．了解 AMD 公司生产的 CPU

AMD 公司早期生产的 CPU 以模仿 Intel 为主。在 Intel 推出 Pentium 处理器的时候，AMD 公司也推出了自己的 CPU-K5。此后 AMD 又推出了 K6、K6-2、K6-3、Athlon、Duron、Athlon XP 等一系列的 CPU。目前，AMD 主流的 CPU 是 Athlon XP。

（1）Athlon 64 位处理器和 AthlonXP 处理器。AthlonXP 的总线频率达到 333～400MHz，采用 Socket 462 架构，并且支持 MMX、SSE、3Dnow!+等多种多媒体指令集。图 2-3 为 AMD 公司最新开发的 64 位处理器。

图 2-3　Athlon 64 3000＋

（2）Duron（毒龙）处理器。为了对应 Intel 公司高性价比的 Celeron 处理器，AMD 公司也推出了自己的面向低端的处理器——Duron（毒龙）。AMD 公司在计算机 DIY 市场建立的形象已经深入广大用户心里，它的价格和性能符合中国的国情。面向低端方面的 Duron 系列就是很多年轻人选购的对象，面积中端的 XP 2500＋更是众多 DIY 发烧友追捧的目标。图 2-4 所示为 Duron 系列处理器。

图 2-4　Duron（毒龙）系列处理器

2.1.2　内存导读

内存是计算机的重要部件之一，又称为主存储器，用于存储程序和数据。内存容量的大小和读写速度直接影响到系统的速度及整机性能，内存是 CPU 与其他设备沟通的桥梁，它在计算机硬件系统中起着重要的作用。内存容量越大，可调用的文件越多，调用速度也越快。

1．了解内存条种类

（1）SDRAM

SDRAM 称为同步动态随机存储器。图 2-5 所示为 SDRAM 的外形。它可以使所有的输入输出信号保持与系统时钟同步。由于系统时钟控制 CPU 和内存，可以取消等待周期，减少数据存取时间，所以 SDRAM 的速度较快。目前 SDRAM 还在使用，随着计算机技术的发展，它将被逐渐淘汰。

图 2-5　SDRAM 的外形

（2）DDR SDRAM

DDR SDRAM 是从 SDRAM 家族分化而来的。DDR SDRAM 外形如图 2-6 所示。DDR SDRAM 中的"DDR"表示"双倍速"。在一个工作周期的上沿和下沿 DDR SDRAM 都能传输数据，速度比 SDRAM 快一倍。

注意：SDRAM 和 DDRSDRAM 外观差不多，但有一个重要差异：SDRAM 下方的金手指有两个缺口，而 DDR SDRAM 只有一个。

（3）RDRAM

RDRAM 是由 Ram Bus 公司研制出来的。RDRAM 与 DDR SDRAM 一样，在工作周期的上下沿都能传输数据，以产生双倍的数据传输时钟，RDRAM 必须成对使用。RDRAM 的外形如图 2-7 所示。

图 2-6　DDR SDRAM

图 2-7　RDRAM

2. 内存的主要技术指标

内存的主要技术指标包括：接口方式、内存的容量、时钟周期、存取时间。

2.1.3　硬盘导读

硬盘驱动器通常又被称为硬盘，如图 2-8 所示。和软盘、光盘一样，硬盘是电脑的存储设备，它存储着我们所使用的程序和数据。硬盘性能的好坏，将直接影响到数据的安全性，可靠性和完整性。由于硬盘盘片和硬盘驱动器是装在一起的，所以通常把它们统称为硬盘。它的读写速度快，容量也很大，容量通常能达到 40GB、60GB、80GB、120GB，甚至 200～300GB。

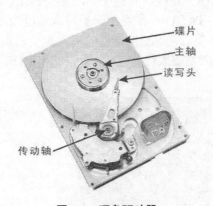

碟片
主轴
读写头
传动轴

图 2-8　硬盘驱动器

1. 硬盘组成

硬盘的由碟片、主轴、磁头、控制电路、缓存和接口等几部分组成。

2．硬盘的主要技术指标

硬盘的主要技术指标有：硬盘容量、硬盘的转速、平均寻道时间、数据传输速率、缓存大小等。

3．硬盘的种类

硬盘一般分为 IDE 硬盘、SCSI 硬盘和 SATA 硬盘三类。

（1）IDE（Integrated Drive Electronics）

从家用用户的角度出发，硬盘接口分为 IDE、SATA 两种规格。IDE 的本意实际上是指把控制器与盘体集成在一起的硬盘驱动器，也叫 ATA-1（Advanced Technology Attachment）接口。目前，市场上的主流硬盘都是 IDE 硬盘，IDE 接口硬盘一般就是我们俗称的并行规格的 PATA 硬盘，PATA 的全称是 ParallelATA，也就是现在最常见的硬盘接口。其外形如图 2-9 所示。

数据线接口
跳线
电源接口

图 2-9　IDE 硬盘外形

（2）SCSI（Small Computer Standard Interface）

SCSI 接口原是为小型机而研制的一种接口技术，但随着计算机技术的发展，现在它被完全移植到了普通 PC 上。目前 SCSI 接口的硬盘主要应用于高端 PC 及服务器。SCSI 硬盘的外观与普通硬盘的外观基本一致，但其转速更高，CPU 的占用率更低。

（3）SATA 硬盘

SATA 的全称是 Serial Advanced Technology Attachment，SATA 是硬盘的又一次革命，SATA（Serial ATA，串行 ATA）是很好的继任者。对于 PATA（并行 ATA）硬盘，SATA 在技术上跨越了一大步。目前 PATA100 硬盘的一般写入速度为 65MB/s，而第一代 SATA 硬盘的写入速度为 150MB/s，第二代 SATA 硬盘的写入速度则高达 300MB/s，提高了一倍。SATA 硬盘接口规范的出现就是要取代 PATA 硬盘，就和 DDR 内存取代 SDRAM 一样。图 2-10 两类硬盘上接口的比较。

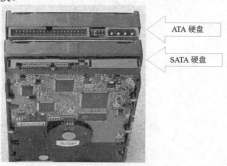

ATA 硬盘

SATA 硬盘

图 2-10　两类硬盘上接口的比较

2.1.4　光驱导读

　　光驱指采用光盘作为存储介质的数据存储装置，它已成为计算机的标准配置，新的光盘存储设备如 DVD-ROM、CD-RW、COMBO、PD 和 MO 正在成为主流。光驱如图 2-11 所示。

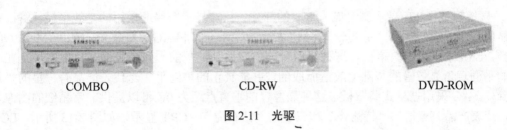

COMBO　　　　　　　　CD-RW　　　　　　　　DVD-ROM

图 2-11　光驱

2.1.5　显示卡导读

　　显卡又称为显示适配器，它是主机与显示器之间连接的"桥梁"，其工作就是控制电脑的图形输出。显卡大致可分为两大类型，即独立显卡和集成显卡。显示卡主要由显示主芯片、显存、RAMDAC 和 VIDEO BIOS 等几个部分组成。显示卡如图 2-12 所示。

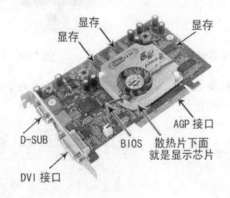

图 2-12　显示卡

2.1.6　显示器导读

　　显示器是计算机的显示输出设备，各种文字、图像、动画等信息全部通过显示器显示出来。目前，显示器主要有 CRT 显示器和 LCD 显示器两种。

1. 显示器主要技术指标

CRT 显示器的主要技术指标有：显像管尺寸、点距、分辨率、带宽、行频和场频。

　　LCD 显示器主要的主要技术指标有：最佳分辨率、亮度、对比度、响应时间和坏点等。与传统的 CRT 阴极射线管相比，占用的空间小、能耗低、辐射少、无闪烁，可降低视觉疲劳。

　　2. 显像管种类

　　显像管是 CRT 显示器中最为重要的部分。目前显示器普遍采用的是纯平显像管。依据显像管荫罩板的不同，主要分为 SM（Shadow Mask）和 AG（Aperture Grille Mask）两大类。SM 采用点状荫罩板。这种显像管的外表面是纯平的，但内表面是球面的，是在原来的平面直角显像管的基础上改造而成的，并非真正的"纯平"。代表产品有三星的"丹娜管"。AG 采用栅格式荫罩板。这种显像管的垂直点距为 0，可以提供非常精细的图像显示，代表产品有索尼的"特丽珑"和三菱的"钻石珑"。CRT 显示器如图 2-13 所示。LCD 显示器如图 2-14 所示。

图 2-13　CRT 显示器　　　　　　　　　图 2-14　LCD 显示器

　　显示器为了得到信息，配备了一个专门的接口与显示卡连接。CRT 显示器一般使用 15 针 VGA 接口，LCD 显示器一般使用 DVI 接口，如图 2-15 所示。

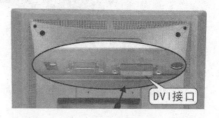

显示器信号线及接头

图 2-15　显示器接口

2.1.7　键盘和鼠标导读

　　键盘和鼠标是重要的输入设备，我们对计算机的操作绝大多数是通过键盘和鼠标来完成的。

1. 键盘

现在普遍使用的是电容式键盘,目前的键盘有 104～107 个键,部分多媒体键盘又加入了许多多媒体功能键。键盘的接口主要有 AT 接口、PS/2 接口和 USB 接口。目前被广泛使用是 PS/2 接口,又称"小口"。USB 接口是一种新兴的接口,USB 接口的键盘正逐渐成为主流。键盘外形如图 2-16 所示。

图 2-16　键盘

2. 鼠标

鼠标主要有机械式鼠标、光电式鼠标和轨迹球式鼠标。机械式鼠标由于定位相对较差,需要经常维护,将要被淘汰。光电式鼠标由于其定位准确,不需要维护而逐渐成为目前的主流产品。鼠标的接口主要有串口、PS/2 接口和 USB 接口,如图 2-17 所示。

 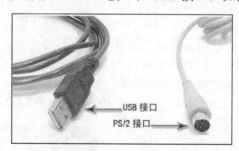 

图 2-17　鼠标及接口

2.1.8　主板导读

主板(MainBoard 或 MotherBoard,简称 M/B)是电脑主机中最大的一块长方形电路板。主板是主机的躯干,CPU、内存、声卡、显卡等部件都固定在主板的插槽上,另外机箱和电源上的引出线也接在主板的接口上。主板主要包括以下几部分,如图 2-18 所示。

(1)CPU 插座。CPU 固定在此插槽上。根据安装 CPU 的类型不同,可以分为 Slot 架构和 Socket 架构。Solt 架构有 Solt 1、Solt 2 和 Solt A。Socket 架构有 Socket 7、Socket 370、Socket 423、Socket 478 和 Socket 462,如图 2-19 所示。

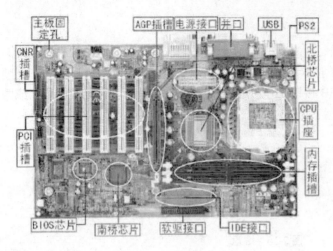

图 2-18　主板　　　　　　　　　　图 2-19　CPU 插座

（2）芯片组。芯片组（Chipset）是主板的核心组成部分，一块主板的性能稳定与否和芯片组有很大的关系。按照在主板上的排列位置的不同，芯片组通常分为北桥芯片和南桥芯片。北桥芯片提供对 CPU 的类型和主频、内存的类型和最大容量、ISA/PCI/AGP 插槽、ECC 纠错等的支持。南桥芯片则提供对 KBC（键盘控制器）、RTC（实时时钟控制器）、USB（通用串行总线）、Ultra DMA/33（66）/100EIDE 数据传输方式和 ACPI（高级能源管理）等的支持。其中北桥芯片起着主导性的作用，也称为主桥。目前主流的芯片组有：INTEL--Pentium 4 平台：i845、845D、845G、845GL、845E、845PE、865P、865PE、875P、848、850、PT800、SiS645、SiS648FX、SiS651 等；AMD-Athlon 平台的 KT400、KT600、K8T800、SiS740、SiS760、nForce2、 nForce2 400 等，如图 2-20 所示。

图 2-20　芯片组

（3）内存插槽。内存条就插在此插槽上，可以通过增加内存条来增大内存，如图 2-21 所示。

图 2-21 内存插槽

（4）AGP 插槽。靠近 CPU 的棕色插槽，主要用来连接 AGP 显卡，主板上只有一个 AGP 插槽，如图 2-22 所示。

图 2-22 AGP 插槽

（5）PCI 插槽。AGP 插槽旁边的白色插槽，比 AGP 插槽稍长，是数量最多的扩展槽，PCI 插槽主要用来插声卡、网卡等 PCI 设备，如图 2-23 所示。

图 2-23 PCI 插槽

图 2-24　IDE 接口

（6）AMR 插槽。在主板边上，长度大约只有 PCI 插槽的一半，用于连接一些 AMR 设备，如调制解调器。AGP 插槽、PCI 插槽和 AMR 插槽统称总线扩展槽。

（7）驱动器接口。软驱、硬盘、光驱等设备就是通过数据线连接在主板的驱动器接口上的。其中连接硬盘、光驱设备的接口称为 IDE 接口，如图 2-24 所示。

（8）主板电源插座。主板电源插座用来连接电源的主板电源插头，为主板提供电源。

（9）外部接口。外部接口通常包括以下几种。

● PS/2 口：PS/2 口的功能一般比较固定，它仅能用于连接键盘和鼠标。键盘的接口为紫色、鼠标的接口为绿色。

● COM 口：COM 口又叫做串口，它一般用来连接串行鼠标和外置 Modem 等设备。COM2 接口比 COM1 接口的响应具有优先权，另外 COM 口的传输速度一般比 PS/2 口稍慢一些。

● MIDI 口：一般为游戏杆接口。目前只有集成声卡的主板上有 MIDI 接口。

● LPT 口：又称并口，它一般用来连接打印机等设备。

● USB 口：USB 是 Universal Serial Bus 的缩写，意思就是"通用串行总线"。USB 接口是时下最为流行的接口，最大可以支持 127 个外设，并且可以独立供电，其应用非常广泛。目前 V1.0、V1.1 版的 USB，是针对中速与低速产品应用所制订，最高传输上限为 12Mbps，最低速通道则为 1.5Mbps。高速数据传输部分目前由 USB 2.0 来负担，最高速通道上限为 480Mbps，如图 2-25 所示。

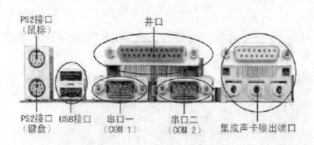

图 2-25　主板外部接口

（10）BIOS 芯片。BIOS 英文全称是 Basic Input Output System，即基本输入输出系统，它内置于主板的 ROM 上。一块主板性能上的稳定性、兼容性等关键问题，很大程度上取决于主板上的 BIOS 管理功能是否先进。

（11）电池。在主板断电期间维持系统 CMOS 的内容和主板上系统时钟的运行。主板的结构主要有：ATX 结构、Micro ATX 结构、Baby AT 结构和 NLX 结构。Baby AT 结构已被淘汰，NLX 结构很少使用，ATX 是由 Intel 于 1995 年 7 月提出的。Micro ATX 也叫 Mini ATX，它是 ATX 结构的简化版。与 ATX 相比，少了一些扩展槽，因此板型较小，能降低生产成本。现在的主板大部分都是 ATX 结构或 Micro ATX 结构。有些主板还将显示卡、声卡及网卡等集成在主板上，以降低生产成本，这种主板称做整合主板，如图 2-26 所示。

图 2-26 整合主板

2.1.9 机箱和电源导读

机箱是主机中所有硬件的"避风港"，CPU、主板、内存等部件全部都要装在机箱内。没有了机箱支撑，它们很难正常工作。机箱按外形可分为卧式机箱和立式机箱。

机箱最前面的是"前面板"，如果仔细观察还会在前面板上找到电源开关、复位开关等按钮，另外还有电源指示灯、硬盘工作指示灯，如图 2-27 所示。

机箱两侧的挡板可以拆开，在挡板被拆开之后，就可以看到机箱内部了。机箱的内部主要有 5.25 英寸驱动器支架、3.5 英寸驱动器支架、主板安装位置、电源支架等几部分，如图 2-28 所示。

图 2-27 机箱的前面板

图 2-28 机箱内部

电源是计算机的动力来源，主机内所有的电子部件都靠它来供电。电源主要有 ATX 电源、AT 电源和 Micro ATX 电源三类。ATX 电源是现在使用最多的电源。

2.2　组装计算机导读

组装 PC 并不难，只要将各个部件按各自的位置固定在机箱中的相应位置上，并连接好电缆，设置好相应的跳线就可以了。在组装过程中要注意安全，安装硬件时，一定要断开电源，以防触电或损坏硬件，严禁带电插拔硬件；安装板卡等电子器件时要注意先释放身上的静电，以防损坏设备。可以采用戴上防静电手环并可靠接地的方法防静电，或通过事先洗手再触摸金属外壳的土办法防静电。

2.2.1.　组装 PC 的三个阶段

（1）准备阶段。主要是准备好相关工具、设备、器件和组装场地。

（2）安装阶段。主要是安装固定相关硬件设备，连接各种电缆，设置各类跳线。

（3）试机阶段。主要是检查各种设备是否安装正确，并通电试训是否能正常工作。

2.2.2　安装硬件设备

安装之前，检查需要安装的硬件是否齐全。如无问题，开始安装。

（1）安装 CPU。CPU 可以在安装主板之前安装，也可以在主板安装好之后安装。一般在安装主板之前安装较为方便。目前的 CPU 插座都是采用 ZIF（零插拔力），也就是在 CPU 插座旁边加了一根拉杆。在安装时，首先将拉杆向外移一点，再将压杆抬起与主板成 90°的角度。然后，取出 CPU，仔细检查 CPU 的插针角是否完好。如有插针弯曲，应马上更换或用镊子将插针拨直。CPU 的插针排列时，会有一个或两个缺口（Pentium 4 有一个缺口，Athlon XP 有两个缺口），CPU 插座上的针孔也会有相应的缺口。将 CPU 立于主板 CPU 插座上，对齐缺口后，再把 CPU 直插入 CPU 插座，确认 CPU 已完全插入到 CPU 插座后，放下拉杆，当听到"咔"的一声，即表示 CPU 安装好了，如图 2-29 所示。

（2）安装 CPU 风扇。由于现在的 CPU 发热量非常大，所以在安装完 CPU 后，还要为 CPU 安装散热风扇。目前的 CPU 风扇有两类，一类是适用于 Socket7、Socket 370 和 Socket 462 接口，另一类是适用 Socket 478 接口的。这些风扇都是扣具式的。首先把风扇扣具的短边侧过来，先扣在 CPU 的插座上，然后把扣具的另一端扣在 CPU 插座的凸起位置即可。安装时要注意方向性。因为此类 CPU 风扇的底部有一小块是凹下去的，这个部位应该和 CPU 插座上凸起来的部位相对应,才能保证散热器与 CPU 核心完全重合。安装适用于 Socket 478

接口的风扇时，先将风扇对准主板上的 CPU 支架，平稳地放在 CPU 的核心上，然后依次卡紧风扇四周的卡子。接下来将 CPU 风扇顶端的两根白色拉杆向相反方向扳动到位。

注意：在安装风扇时，不要用力过猛，以免损坏 CPU。当风扇安装到位后，将风扇的电源线接入主板上的 3 针电源插座上，或连接到电源的相应接口上。

（3）安装内存。先将需要安装内存的内存插槽两侧的"保险栓"往外侧扳动，使内存条能够插入，然后拿起内存条（注意：尽量不要触摸内存颗粒），将内存条引脚上的缺口对准内存插槽内的凸起部位，然后稍微用力，垂直地将内存条插到内存插槽内并压紧，直到内存插槽两头的"保险栓"自动卡住内存条两侧的缺口时，内存安装成功，如图 2-30 所示。

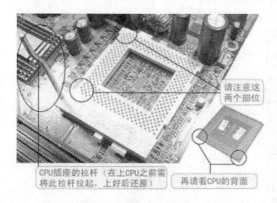

图 2-29　安装 CPU

图 2-30　安装内存

（4）安装主板。首先将机箱平放在地上或者桌子上，拆下机箱两块侧面板，找到机箱上面的主板固定孔，然后将机箱附带的金属螺丝柱或塑料钉旋入主板和机箱对应的机箱底板上，然后用钳子进行加固，接下来将主板轻轻放入机箱，检查刚安装的金属螺丝柱或塑料钉与主板的定位孔是否相对应，最后用改锥将金属螺丝一一对应旋入刚才安装的金属螺丝柱即可。在旋入螺丝时要注意用力均匀，以免主板翘起。

（5）安装显示卡。首先在主板中间位置上找到棕色的 AGP 插槽，用改锥将机箱后面与它对应的挡板去掉；然后，将 AGP 显卡的接口插脚垂直对准主板的 AGP 插槽，AGP 显卡的挡板要对准刚才空出的挡板位，两手垂直向下压，将 AGP 显卡的接口插脚完全插入 AGP 插槽中。插卡时，双手要均匀用力。最后，用螺丝将显卡固定在机箱后面板上。拧螺丝时，要用手按住显卡的末端，防止显卡翘起，如图 2-31 所示。

（6）安装硬盘驱动器。安装硬盘之前，要确定需要安装几块硬盘。如果要安装两块硬盘，且用一条数据线连接的话，需要把连接成从盘的那块硬盘的跳线设置成 SLAVE。如果只安装一块硬盘，一般情况下，不需要做任何设置，厂商在硬盘出厂时就已经设置好所有的跳线了，只要将硬盘反向（有电路板的一面朝下）装进机箱中的 3.5 英寸固定架，并确认硬盘的螺丝孔与固定架上的螺丝钉位置相对应，即可拧上螺丝。硬盘一定要安装牢固，否则在移动机箱时，硬盘很容易因震动而损坏。

（7）安装光盘驱动器。与安装硬盘一样，在安装光驱前也要确定需要安装几台光驱，如有两台，需将其中的一台的跳线设置成 SLAVE。如光驱与硬盘共用一条数据线，一般也要将光驱设置为 Slave。安装时，首先取下机箱的前面板上用于安装光驱的挡板，并将光驱反向从机箱的前面板装进机箱的 5.25 英寸槽位上。然后使光驱的前面板与机箱的面板平齐，即可固定光驱每侧的两个螺丝。在固定时，四个螺丝最好先不要拧得太紧，然后利用这一点点的松动调整光驱前面板与机箱前面板的位置，当光驱与机箱融为一体时，即可以拧紧螺丝了，如图 2-32 所示。

图 2-31　安装显示卡

图 2-32　安装光驱

（8）安装软盘驱动器。安装软驱的方法与安装光驱一样，只不过光驱安装在 5.25 英寸槽位上，而软驱安装在 3.5 英寸槽位上。

（9）安装电源。一般情况下，在购买机箱时，电源已经安装好了。如果没有安装，那就要将电源装进机箱的电源支架内，调整电源背部与机箱背部固定孔的位置，然后用 4 颗螺丝将电源固定在机箱上即可。

图 2-33　连接主板电源线

（10）连接主板电源线。首先从电源的众多电源接线中找出一根最大的电源线（双列 20 芯），那就是主板电源线。在该电源线的一侧有一个卡子，并且与主板的电源插槽相对应的，安装时只要将卡子对齐，用力插入就可以。若使用的是支持辅助电源的 P4 主板和电源，一定不要忘记将 4 芯和 6 芯电源线插入主板相对应的 4 孔和 6 孔插座中，否则会造成系统无法开机，如图 2-33 所示。

（11）连接驱动器电源线。电源的接线中除了主板电源线外，还有两种接线：一种是大 4 芯插头，它是用来为硬盘和光驱供电的，另一种是小 4 芯插头，它是用来为软驱供电的。

这两种插头都是梯形设计的，方向不对是插不进去的。在给驱动器连接电源线时，只要找出相应的电源插头，按正确的方向插入驱动器的电源接口中即可，如图 2-34 所示。

将小四芯插头插入软驱电源插座

将大四芯插头插入硬盘的电源插座

图 2-34　连接驱动器电源

（12）数据连接线

● 硬盘、光驱数据线。现在的硬盘数据线有两种：一种是普通数据线，它只有 40 芯；另一种是 ATA-66/100/133 数据线，它为 80 芯。支持 ATA-66/100/133 标准的硬盘只有使用 80 芯的数据线才能达到相应的速度。硬盘数据线的两边颜色不同，一边为红色，一边为白色。安装时，将硬盘数据线一端，按红色一边对应 IDE 接口标记有 1 的位置的规则插入主板的 IDE 接口中。也可以将硬盘数据线接头上的一个凸起对应插入第一个 IDE 接口的缺口插入。然后将数据线另一端的红边对应插入硬盘数据线接口标记有 1 的位置中。如果标记 1 没有或看不清，也可按数据线红边靠近电源接口的规则插入数据线，如图 2-35 所示。

IDE插槽的缺口

图 2-35　硬盘数据线

● 软驱数据线。软驱数据线使用的是 34 针数据线，软驱数据线有一端的线是扭曲的。安装时将数据线扭曲的一端插入软驱的数据接口中，并将数据线的另一端插入主板的软驱插槽中，数据线红边一端也要对应插入主板软驱插槽与软驱上标记有 1 的位置中，如图 2-36 所示。

● 安装前面板连接线。机箱的面板具有开机、复位等按钮，这些按钮的功能之所以得以实现，主要得益于内部连接线的正确传递。机箱面板连线插针一般都在主板左下端靠近边缘的位置，一般是双行插针，一共有 10 组左右，主要有电源开关、复位开关、电源指示灯、硬盘指示灯，扬声器等插针。在机箱内有一组导线用来连接插针和面板上按钮、指示灯。这些导线的一端已经与面板上按钮、指示灯接好。另外一端被制作成一组插头，只要将这些插头正确地插入主板上的插针即可。由于主板上的机箱面板连线插针的排列规则并无标准，所以在连接时需要查看主板说明书以确定相应的位置。另外，由于指示灯是采用发光二极管来显示信息的，所以连接是有方向性的。在主板插针上会标示"LED+"和"LED-"来代表正负极，只要将白色导线连接在标示"LED-"的插针上，将其他颜色的导线连接在标有"LED+"的插针上即可，如图 2-37 所示。最后，再接好键盘、鼠标、显示器等设备。一台 PC 就组装完成了。

图 2-36　软驱数据线

图 2-37　机箱面板连接插针

2.3　BIOS 设置实训

☆ **实训目的**：了解 BIOS 的含义，理解 BIOS 与 CMOS 的关系，掌握 BIOS 各个选项的含义，掌握通过 BIOS 设置优化硬件设备的方法。

☆ **实训内容**：

（1）进入和退出 BIOS。

（2）基本的 BIOS 设置方法。

（3）改善硬件性能设置的方法。

☆ **实训步骤**：

（1）进入 BIOS 界面。

（2）将日期修改为 2008 年 1 月 20 日，将时间修改为 12：00：00。

（3）将启动顺序设置为：先软盘启动，后 HDD0 启动，最后光盘启动。

（4）设置正确的硬盘参数。

（5）将系统设置为 65℃ 自动关机。

（6）优化显示卡。

（7）提高自检速度。

（8）为 BIOS 加上一个密码，密码为"123456"。

（9）将上述设置保存，并退出 BIOS。

☆ **实训设备**：一台可以正常使用的 PC。

☆ **实训导读**：主板在制造的时候，生产厂商会在主板上放置一个芯片，并在芯片内固化一组程序，它就是 BIOS（基本输入输出系统）。BIOS 为计算机提供最低级、最直接的硬件控制，是主板非常关键的部件。一块主板性能的稳定性、兼容性等关键问题，很大程度上取决于主板上的 BIOS 管理功能是否先进。如图 2-38 所示。

图 2-38　主板芯片

　　BIOS 中有很多可以被设置的选项，通过这些选项可以完成系统时间、驱动器数量、启动顺序等基本设置，也可通过它们来提高 CPU、硬盘等硬件的性能。由于 BIOS 被固化在 ROM 上，它自身没有办法存储被修改的选项值，所以主板厂商又在主板上加了一个具有记忆功能的可读写芯片，用它来记录 BIOS 设置情况。这个芯片称为 CMOS。CMOS 芯片中的信息是通过一块后备电池供电的，所以在关机状态下，CMOS 中的信息是不会丢失的。BIOS 和 CMOS 经常被混为一谈，其实，它们是有很大区别的：CMOS 是系统存放参数的地方，而 BIOS 中的系统设置程序是完成参数设置的手段。

1. 进入 BIOS 设置界面

　　要想设置 BIOS 的信息，须要先进入 BIOS 设置界面。进入方法如下：（以 Award 为例）打开计算机，然后在自检完成后，屏幕显示"Waiting……"时，按 Del 键就可以进入 BIOS 的设置界面了。

2. 完成基本设置

（1）设置日期时间。
（2）设置启动顺序。
（3）设置硬盘。
（4）设置密码。
（5）温度设置。

3. 进行改善性能的设置

（1）加快启动速度。
（2）加快 CPU 速度。
（3）加快显示卡速度。
（4）定时开机。

2.4　安装操作系统导读

　　☆ **实训目的：** 掌握对硬盘进行分区、格式化的方法，了解 Windows 98 系统的安装方法，掌握 Windows 98 的安装步骤，掌握 Windows 系统下常用驱动程序的安装方法，掌握简单的 Windows 98 优化方法。

☆ **实训内容：**

（1）对硬盘进行分区、格式化操作。

（2）安装 Windows 98 操作系统及相关的驱动程序。

（3）优化 Windows 98 系统。

☆ **实训步骤：**

（1）用系统盘引导计算机。

（2）将硬盘分成 C、D 两个分区，并将其格式化。

（3）安装 Windows 98。

（4）安装主板驱动程序。

（5）安装显示卡驱动程序。

（6）安装网卡驱动程序。

（7）安装声卡驱动程序。

（8）安装 Intel Application Accelerator 程序。

（9）加快 Windows 的启动速度。

（10）将 Windows 的虚拟内存位置设置到 D 盘，大小为 300 MB。

☆ **实训设备：**

（1）一台可以正常使用的 PC。

（2）带有 Fdisk.exe 和 Format.exe 程序的 Windows 98 系统盘。

（3）Windows 98 安装光盘。

（4）相应的驱动程序（主板、显示卡、声卡、网卡等硬件的驱动程序）。

（5）Intel Application Accelerator 程序（Intel 芯片组的主板使用）。

☆ **实训导读：** 一般情况下，一块新的硬盘上没有可以使用的分区的，所以在安装操作系统前，需要先对硬盘进行分区、格式化操作。

1. 分区步骤

（1）用系统盘启动计算机，然后运行 Fdisk 程序。在 DOS 提示符下键入 Fdisk 命令并按回车键。

（2）按"4"键选择查看菜单，查看当前的分区情况，并记录下来。按 ESC 键退回主菜单。

如已有分区，需要先将现有分区删除。按"3"键选择删除分区菜单，进入"删除"界面。在这个界面上有 4 个选项，分别代表：

● 删除主 DOS 分区。

● 删除扩展 DOS 分区。

- 删除逻辑分区。
- 删除非 DOS 分区。

DOS 规定：删除分区时要按照先删除逻辑分区，再删除扩展分区，最后删除主 DOS 分区的顺序进行。只要按照这个规则将现有分区删除即可。删除完成后，按 Esc 键退回主菜单。

（3）按"1"键选择建立分区菜单，进入"建立"界面，在这个界面上有 3 个选项，分别代表：

- 建立主 DOS 分区。
- 建立扩展 DOS 分区
- 建立逻辑分区。

DOS 规定：建立分区时要按照先建立主 DOS 分区，再建立扩展 DOS 分区，最后建立逻辑分区的顺序进行。这个规则与删除的规则完全相反。只要按照这个规则建立所需分区即可。

（4）在建立完分区后，还需要激活分区。只有激活的分区才能引导系统。在主菜单中按"2"选择激活分区菜单，再键入要激活的分区号就可以了。

注意：同一时刻只能激活一个分区。

（5）重新启动计算机。

2. 格式化步骤

（1）用系统盘启动计算机。

（2）键入 Format 盘符 /s 命令来运行格式化程序。

（3）对于给出的警告，均回答 Y 予以确认。

（4）开始格式化。

（5）输入卷标。

3. 安装 Windows 98/2000/2003 操作系统导读

本部分实训学生应掌握两种状态下的操作系统安装。在安装过程中请注意拥有管理员账号的用户是 Windows 2000 中权限最高的用户，只有管理员（Administrator）才可以对机器进行全面设置和管理、创建其他用户的账号、限制其他用户的权限等。管理员账号和口令是非常重要的，一定要设置并记住。

2.5　组建局域网实训

☆ 实训目的：了解各种网络设备的连接方法，熟悉常用的布线工具，掌握网线、模块的制作方法，了解机柜的安装方法。

☆ **实训内容：**

（1）认识压线钳、打线钳、测线器等布线工具。

（2）认识机柜的结构。

（3）制作跳线。

（4）制作模块。

（5）安装配线架。

（6）交换机、配线架、计算机等设备。

☆ **实训步骤：**

（1）确定机柜和信息插座的位置，画出网络拓扑结构图。

（2）测量机柜距计算机的距离，并截取相应长度的网线。

（3）将网线连接在配线架和信息模块上。

（4）制作两条跳线。

（5）测试配线架与信息模块是否连通。

（6）将交换机、理线架、配线架安装在机柜内。

（7）固定信息插座。

（8）用跳线连接配线架与交换机、信息插座与计算机。

（9）整理机柜内网线、跳线及电源线。

（10）接通电源，打开计算机，检查网络是否正常。

（11）画出网络线路图。

☆ **实训设备：**

（1）两台带有网卡的计算机。

（2）一台交换机。

（3）一把 RJ-45 压线钳。

（4）一把 RJ-45 打线钳。

（5）一个 RJ-45 测线器。

（6）非屏蔽双绞线若干

（7）两个 RJ-45 模块

（8）RJ-45 头（水晶头）若干

（9）一个配线架。

（10）一个机柜。

（11）改锥、钳子等工具。

☆ **实训导读**

在局域网中经常使用的设备有交换机（或集线器）、网线、网卡、配线架、理线架、机柜和计算机。这些设备通常按照图 2-39 所示的方式连接。

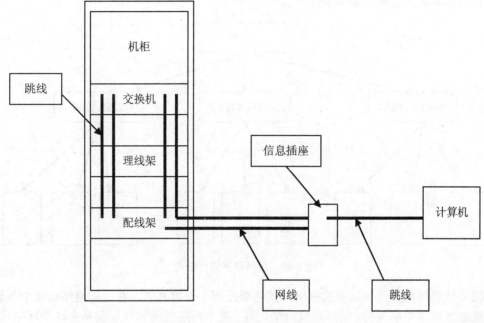

图 2-39　局域网设备的连接

在上面的连接方法中，共需要三段网线，中间一段连接配线架和模块，另外两段称为跳线，分别用来连接交换机与配线架、模块与计算机。这样连接主要是为了调整网络时更方便。

2.5.1　常见局域网拓扑及操作系统导读

学生通过学习了解常见的几种局域网拓扑结构和网络操作系统。

1. 常见的局域网拓扑结构

网络中的计算机等设备要实现互联，就需要以一定的结构方式进行连接，这种连接方式就叫做拓扑结构，通俗地讲就是这些网络设备是如何连接在一起的。目前常见的网络拓扑结构主要有以下四大类：星型结构、环型结构、总线型结构、星型和总线型结合的复合型结构。

（1）星型结构。这种结构是目前在局域网中应用得最为普遍的一种，在企业网络中几乎都是采用这一方式。星型网络几乎是 Ethernet（以太网）专用，它是因网络中的各工作站节点设备通过一个网络集中设备（如集线器或者交换机）连接在一起，各节点呈星状分布而得名。这类网络目前用的最多的传输介质是双绞线，如常见的 5 类线、超 5 类双绞线等。它的基本连接如图 2-40 所示。

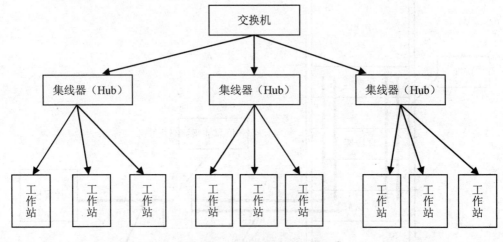

图 2-40　星形网络拓扑结构

（2）环型结构。这种结构的网络形式主要应用于令牌网中，在这种网络结构中各设备是直接通过电缆来串接的，最后形成一个闭环，整个网络发送的信息就是在这个环中传递，通常把这类网络称之为令牌环网。这种拓扑结构网络示意图如图 2-41 所示。

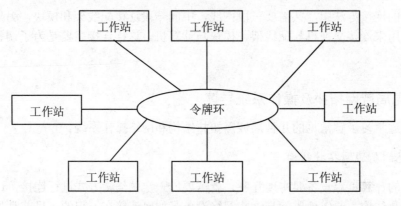

图 2-41　环型网络拓扑结构

（3）总线型结构。这种网络拓扑结构中所有设备都直接与总线相连，它所采用的介质一般也是同轴电缆（包括粗缆和细缆），不过现在也有采用光缆作为总线型传输介质的，ATM 网、Cable Modem 所采用的网络等都属于总线型网络结构。它的结构如图 2-42 所示。

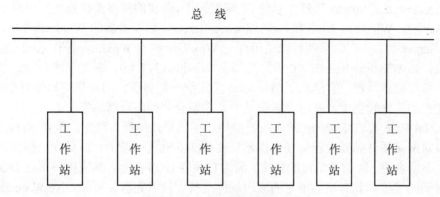

图 2-42　总线型网络拓扑结构

（4）复合型拓扑结构。这种网络拓扑结构是由星型结构和总线型结构的网络结合在一起的网络结构，更能满足较大网络的拓展，解决了星型网络在传输距离上的局限，同时又解决了总线型网络连接用户数量的限制。这种网络拓扑结构同时兼顾了星型网与总线型网络的优点。这种网络拓扑结构示意图如图 2-43 所示。

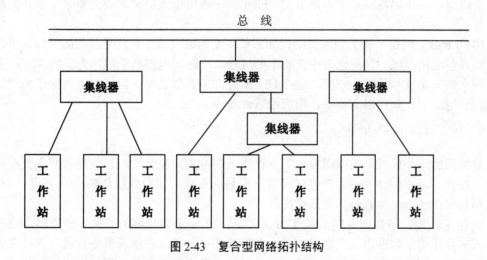

图 2-43　复合型网络拓扑结构

2. 常见局域网操作系统

网络操作系统是整个网络的核心，也是整个网络服务和管理的基础。目前局域网中主要存在以下几类网络操作系统。

（1）Windows 类。微软公司的 Windows 系统不仅在个人操作系统中占有绝对优势，这类操作系统配置在整个局域网中是最常见的。但由于它对服务器的硬件要求较高，且稳定性能不是很高，所以微软的网络操作系统一般只是用在中低档服务器中，高端服务器通常采用 UNIX、Linux 或 Solairs 等操作系统。在局域网中，微软的网络操作系统主要有 Windows NT 4.0 Server、Windows 2000 Server/Advance Server，以及最新的 Windows 2003 Server/ Advance Server 等，工作站系统可以采用任一 Windows 或非 Windows 操作系统，包括个人操作系统，如 Windows 9x/ME/XP 等。尤其是 Windows NT 4.0，它几乎成为中、小型企业局域网的标准操作系统，它继承了 Windows 家族统一的界面，用户学习和使用起来容易，它的功能也的确比较强大，基本上能满足中、小型企业的各项网络需求。

　　（2）NetWare 类。NetWare 操作系统虽然远不如早几年那么风光，但是 NetWare 操作系统仍以对网络硬件的要求较低（工作站只要是 286 机就可以了）而受到一些设备比较落后的中、小型企业，特别是学校的青睐。因为它兼容 DOS 命令，其应用环境与 DOS 相似，经过长时间的发展，具有相当丰富的应用软件支持，技术完善、可靠。NetWare 服务器对无盘站和游戏的支持较好，常用于教学网和游戏厅。目前这种操作系统的市场占有率呈下降趋势，这部分的市场主要被 Windows NT/2000 和 Linux 系统瓜分了。

　　（3）UNIX 系统。目前常用的 UNIX 系统版本主要有：UNIX SUR 4.0、HP-UX 11.0、SUN 的 Solaris 8.0 等。这种网络操作系统稳定和安全性能非常好，支持网络文件系统服务，提供数据等应用，功能强大，但由于它多数是以命令方式来进行操作的，不容易掌握，特别是初级用户。小局域网基本不使用它，UNIX 一般用于大型网站或大型企、事业局域网中。

　　（4）Linux。这是一种新型的网络操作系统，它的最大的特点就是源代码开放，可以免费得到许多应用程序。目前也有中文版本的 Linux，在国内得到了用户充分的肯定，主要体现在它的安全性和稳定性方面，它与 UNIX 有许多类似之处。但目前这类操作系统目前仍主要应用于中、高档服务器中，但应用软件较少。

　　3. 局域网的几种工作模式

　　局域网的工作模式是根据局域网中各计算机的位置来决定的，目前局域网主要存在着两种工作模式，它们涉及到用户存取和共享信息的方式，它们分别是客户/服务器（C/S）模式和点对点（Peer-to-Peer）通信模式。

　　（1）客户/服务器模式（C/S）。C/S 网络模式的服务器也称为数据库服务器。这类网络模式主要注重于数据定义、存取安全、备份及还原，并发控制及事务管理，执行诸如选择检索和索引排序等数据库管理功能。它有足够的能力把通过其处理后用户所需的那一部分数据而不是整个文件通过网络传送到客户机，减轻了网络的传输负荷。C/S 网络模式是数据库技术的发展和普遍应用与局域网技术发展相结合的结果。

　　（2）对等式网络（Peer-to-Peer）。在对等式网络结构中，没有专用服务器。在这种网络模式中，每一个工作站既可以起客户机作用也可以起服务器作用，造价低。有许多网络操作系统可应用于点对点网络，如微软的 Windows for Workgroups、Windows NT WorkStation、Windows 98 和 Novell Lite 等。但这种结构提供的服务功能较少，并且难以确定文件的位置，使得整个网络难以管理。

2.5.2　网线的制作导读

☆ **实训目的**：掌握双绞线网线和同轴电缆网线的制作方法。

☆ **实训内容**：制作一条 5 类双绞线。

☆ **实训步骤**：

（1）准备工具和实训材料（网线、水晶头、双绞线网线钳、其他类型的剥线钳）。

（2）制作一条 5 类双绞线，并测试是否通畅。

1.　双绞线网线的制作导读

双绞线网线的制作其实非常简单，就是把双绞线的 4 对 8 芯网线按一定规则插入到水晶头中，所以这类网线的制作所需材料仅需双绞线和水晶头；所需工具也较简单，通常仅需一把专用压线钳。双绞线网线的制作其实就是网线水晶头的制作，这类网线制作的难点就是不同用途的网线跳线规则不一样，下面来看最基本的直通 5 类线的制作方法。

2.　直通 RJ-45 接头的制作实训

（1）用双绞线网线钳（可以用其他剪线工具）把双绞线的一端剪平，然后把剪齐的一端插入到网线钳口中，注意网线不能弯，直插进去到挡住，稍微握紧压线钳慢慢旋转一圈（无须担心会损坏网线里面芯线的包皮，因为剥线的两刀片之间留有一定距离，即里面 4 对芯线的直径），划开双绞线的保护胶皮，剥下胶皮，网线钳挡位离刀口长度正好为水晶头长度。常见的剥线钳如图 2-44 所示。

图 2-44　常见的剥线钳

（2）排序：剥除外包皮后即可见到双绞线网线的 4 对 8 条芯线（如图 2-45 所示），并且可以看到每对的颜色都不同。每对缠绕的两根芯线是由一种染有相应颜色的芯线加上一条只染有少许相应颜色的白色相间芯线组成。四条全色芯线的颜色为：棕色、橙色、绿色、蓝色。 每对线都是相互缠绕在一起的，制作网线时必须将 4 个线对的 8 条细导线一一拆开，理顺，捋直，然后按照规定的线序排列整齐。目前，最常使用的布线标准有两个，即 T568A 标准和 T568B 标准。T568A 标准描述的线序从左到右依次为：1-白绿、2-绿、3-白橙、4-蓝、5-白蓝、6-橙、7-白棕、8-棕。T568B 标准描述的线序从左到右依次为：1-白橙、2-橙、3-白绿、4-蓝、5-白蓝、6-绿、7-白棕、8-棕。在网络施工中，建议使用 T568B 标准。当然，对于一般的布线系统工程，T568A 也同样适用。

（3）用左手水平握住水晶头（塑料扣的一面朝下，开口朝右），然后把剪齐、并列排列的 8 条芯线对准水晶头开口并排插入水晶头中，注意一定要使各条芯线都插到水晶头的底部，不能弯曲（因为水晶头是透明的，所以可以从水晶头有卡位的一面清楚地看到每条芯线所插入的位置），如图 2-46 所示。

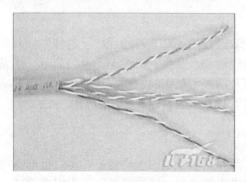

图 2-45　芯线编号

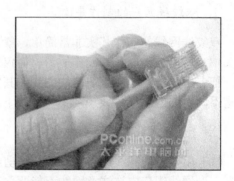

图 2-46　芯线插到水晶头中

（4）确认所有芯线都插到水晶头底部后，即可将插入网线的水晶头直接放入压线钳压线缺口中，如图 2-47 所示。因缺口结构与水晶头结构一样，一定要正确放入才能使后面压下网线钳手柄时所压位置正确。水晶头放好后即可压下网线钳手柄，一定要使劲，使水晶头的插针都能插入到网线芯线之中，与之接触良好。然后再用手轻轻拉一下网线与水晶头，看是否压紧，最好多压一次，最重要的是要注意所压位置一定要正确。

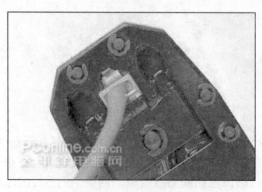

图 2-47　使用压线钳

至此，RJ-45 头就压接好了。按照相同的方法制作双绞线的另一端水晶头，要注意的是芯线排列顺序一定要与另一端的顺序完全一样，这样整条网线的制作就算完成了。

两端都做好水晶头后要用网线测试仪进行测试，如果测试仪上 8 个指示灯都依次为绿色闪过，证明网线制作成功。如果出现任何一个灯为红灯或黄灯，都证明存在断路或者接触不良的现象，此时最好先对两端水晶头再用网线钳压一次。如再测故障依旧，检查一下两端芯线的排列顺序是否一样，如不一样，剪掉网线一端重新按另一端芯线排列顺序制做水晶头。如果芯线顺序一样，测试仪仍显示红色灯或黄色灯，则肯定存在对应芯线接触不好。此时只好先剪掉一端按另一端芯线顺序重做一个水晶头了。如再测故障消失，则不必另做另一端水晶头，否则还得把原来的另一端水晶头也剪掉重做。直到测试全为绿色指示灯闪过为止，如图 2-48 所示的是一条两端都制作好水晶头的网线。

图 2-48　制作好水晶头的网线

3. 细同轴电缆网线的制作实训

在 20 台以内的小型局域网中，目前还有网络仍采用细同轴电缆连接，具体步骤如下。

（1）用同轴电缆专用剥线钳将细缆外皮剥除，露出芯线长约 3mm，白色保护层约 4mm，屏蔽层约 8mm，如图 2-49 所示。

（2）将探针套入网线的芯线上，一直要插到底，然后再把套上探针的芯线插入到同轴电缆专用压线钳中间的探针小圆孔中压紧，使探针与网线芯线紧密相连，如图 2-50 所示。

（3）将 BNC 连接器金属套环套入压好镀金探针的细同轴电缆，然后再将网线连接探针的一端从 BNC 接头小的一端插入（也要插到底），如图 2-51 所示。

（4）把套在网线上的金属套环推到网线与 BNC 连接器的连接处，再把网线钳的六角缺口卡在确定好的套环位置上，紧握网线钳手柄紧压，使网线与 BNC 连接器通过 BNC 金属套环紧紧连接起来，压好后的金属套环呈六角形，如图 2-52 所示。

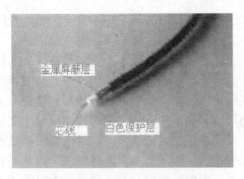

图 2-49　同轴电缆内部结构

图 2-50　压制探针

图 2-51　BNC 连接器

图 2-52　连接网线与 BNC 连接器

　　至此，细缆的一端制作完成，然后，接照上面的步骤制作另一端的 BNC 接头。细缆制作完毕以后，应当使用上述的网线测试仪进行连通性测试。如果没有网线测试仪，也可以普通的万用电表进行测试，测量时需将万用表挡位打在×10 电阻档，只要用表笔的两端分别接触探针或者连接器内壁，如果电阻很小，证明网线的制作是成功的。如果测试阻值较大（表针不摆动或者摆动非常小），证明网线制作不成功，连接阻抗过高，需重新制作。

2.5.3　网卡配置实训导读

　　☆ **实训目的**：详细了解有关网卡硬件方面的知识及网卡的软、硬件安装与配置。

　　☆ **实训内容**：

（1）了解网卡的分类。

（2）网卡的基本结构。

（3）会安装网卡和配置网卡。

　　☆ **实训步骤**：

（1）了解各种网卡。

（2）在扩展槽上安装上网卡。

（3）配置网卡（使用两种方法进行配置）。

第一种安装方法是打开电源，启动系统，屏幕上会出现类似"发现了新的硬件"的提示，这是因为 Windows 的即插即用功能起作用了；第二种安装方法是在"控制面板"窗口中，鼠标双击"添加新硬件"图标，系统会运行"添加新硬件"的向导程序指导用户一步一步地安装网卡驱动程序。

1. 网卡的分类导读

按网卡的总线接口类型来分一般可分为早期的 ISA 接口网卡、目前主流的 PCI 接口网卡。目前在服务器上 PCI-X 总线接口类型的网卡也开始得到应用，笔记本电脑所使用的网卡是 PCMCIA 接口类型的。图 2-53、2-54、2-55、2-56、2-57、2-58 所示的是几款目前比较流行的网卡。

图 2-53　PCI 总线网卡

图 2-54　PCMCIA 网卡和 CardBus 笔记本电脑网卡

图 2-55　USB 接口的网卡

图 2-56　RJ-45 接口网卡

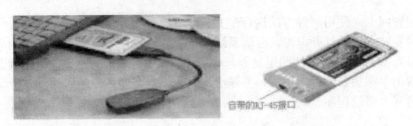

图 2-57　PCMCIA 笔记本专用网卡和自带 RJ-45 接口的以太网卡

图 2-58　无线网卡

2. 网卡驱动程序的安装导读

网卡安装后，通常不需要另外安装网卡厂家的驱动程序，许多网卡的驱动程序都已内置于 Windows 系统，当进入系统后即可检测到硬件，然后安装 Windows 系统中自带的驱动程序，真正实现"即插即用"。如果 Windows 系统没有提供此型号网卡的驱动程序，则一定要安装厂家的驱动程序或者选择一个兼容驱动程序。

3. 网卡的配置实训导读

网卡的配置是整个对等网组建成功与否的关键，在网卡的配置中需要做以下的配置：
（1）安装网络客户。
（2）安装网络协议。
（3）配置工作组。
（4）配置客户机网卡的 IP 地址。

通常在安装网卡后，基本的网络组件，如网络客户、TCP/IP 协议都已安装，用户只需进行一些以下的必要配置即可。

（1）在控制面板中双击"网络"选项，出现网络属性对话框（如果在桌面上已有"网上邻居"项，也可直接在其上单击鼠标右键，然后选择"属性"选项，同样可打开"网络属性"对话框）。

（2）因为要在 Windows 98 对等网中实现诸如打印共享之类的低级网络任务，仍需使用较低级的 NetBEUI 协议，所以除了系统自动安装的 TCP/IP 协议外，还需添加这个协议

（在 Windows ME / 2000 / XP 等系统中不需要）。安装的方法很简单，只需在对话框中单击"添加"按钮，即可打开对话框。

（3）选择对话框中的"协议"项，然后单击"添加"按钮后即可打开对话框，在这个对话框中的左边栏选择"Microsoft"选项，然后在右边列表中双击"NetBEUI"选项即可。

（4）添加了 NetBEUI 协议后不要急于重新启动系统，为了完成对等资源的共享安装，要把文件及打印的共享服务程序加进去。方法与添加 NetBEUI 协议类似，不同的是在对话框中选择的不是"协议"，而是"服务"，然后在出现的对话框中双击"Microsoft 网络上的文件与打印机共享"选项即可。添加了这个服务项后，对等网中的用户才可以通过网络进行文件和打印机共享。

（5）安装了协议和服务后，现在就要来配置客户机网卡的 IP 地址了。在对话框中选择对应网卡的 TCP/IP 项（**注意：不是选择物理的网卡项**），然后单击"属性"按钮，打开网卡的 TCP/IP 属性配置对话框。

（6）因为在对等网中没有专门的 DHCP 服务器来为各客户机自动分配 IP 地址，所以需要在如图 12 所示对话框中选择"指定 IP 地址"单选项，然后在下面的"IP 地址"和"子网掩码"栏中分别输入一个 IP 地址和子网掩码。如 C 类 IP 地址的子网掩码通常为255.255.255.0。在 TCP/IP 协议属性中基本上只需要配置 IP 地址项，如果还要实现网络连接共享，如共享上网，则还需要在客户端配置"网关"项，网关直接指向提供共享上网的主机或路由器。

（7）单击对话框中的"文件及打印共享"按钮，打开相应的对话框，选中两个复选项，这是为了其他客户机能够共享本机资源而设的。当然这也要根据实际情况而定，如果机器上没有连接打印机，则不需选择"允许其他计算机使用我的打印机"复选项。

（8）在对话框"主网络登录"下拉列表中选择"Windows 登录"选项，这样在每次启动系统时就不会出现身份验证对话框，要求用户输入密码。实际上在 Windows 98 系统中，这些都是没有任何意义，因为只需按 Esc 键或单击对话框中的"取消"按钮都可进入系统。

（9）在对话框中单击"标识"标签项，在这个选项卡中为计算机配置网络中唯一的计算机名，并配置网络的工作组名。配置好后单击"确定"按钮生效。

所有选项设置好后，单击"确定"按钮，系统即进行自动更新，完成后即要求重新启动系统，重启后即生效。

4. 共享文件夹的配置实训

在企业客户机/服务器模式下的网络中，文件资源是采用访问权限来限制，而在对等网中只是通过共享文件夹的设定来实现资源的共享。共享文件夹的设定方法非常简单，具体如下。

（1）在需共享的文件夹上单击鼠标右键，在出现的快捷菜单中选择"共享"选项，选择"共享"选项后出现共享文件夹设定对话框。

（2）在对话框中，选择"共享为"单选项，然后在"共享名"中输入该共享文件夹的共享名称。如果还想设定访问权限，可以在"访问类型"中选择相应单选项。

① 只读：如果选择此单选项，则用户可以共享此共享文件夹，但不能修改共享文件夹中的内容，更不能删除了，系统默认选择此单选项，为了安全起见，也建议采用此共享类型。

② 完全：如果选择此单选项，则用户可以完全控制共享文件夹中的文件，包括任何修改和删除。

③ 根据密码访问：如果选择此单选项，则可在"只读密码"文本框中输入只读密码，这样其他用户要共享此共享文件夹中的文件，就必须先输入这个只读密码，而且用户只能以只读的方式打开其中的文件，而不能修改和删除。

通过以上几步，设置好了共享后，相应的文件夹中就会有一个蓝色手形标志。

不过要注意的是，在 Windows NT/2000/2003 系统中，有一种共享文件夹是不能在客户机中看到的，那就是系统本身用于管理的共享文件夹，这类共享文件夹的共享名后面都带有一个"＄"。这类共享文件夹通常是逻辑磁盘，这主要是出于安全和管理方面考虑的，因为整个磁盘如果暴露于一般用户则十分危险，但有时又需要对整个磁盘进行远程管理，这时就需要共享了。用户虽然在网上邻居中看不到这类共享文件夹，但实际上是存在的，只需要在 DOS 提示符下直接输入其相应共享文件夹名（不包括"＄"符号）即可进入相应文件夹。如果要创建此文件夹在客户机上可以显示的共享文件夹，则需要另外创建，单击对话框中"新建共享"按钮即可。

通过以上的配置，现在就可以通过网上邻居查看其他计算机上的共享资源了。如在 Windows 98 与 Windows 2000 系统的对等网络中，在 Windows 2000 中双击"网上邻居"然后双击"选择邻近的计算机"选项即可打开对话框，在这个对话框中就显示了对等网络中所有计算机。要查看某计算机的共享资源，只须双击相应机名即可。

以上介绍的是 Windows 98 系统中对等网的配置导读，在 Windows 2000 客户机中可以按类似方法配置，要注意的是，客户机的名称和 IP 地址不要与前面 Windows 98 客户机重复，文件夹的共享设定要参照上面的说明进行。

2.5.4　网络组建实训导读

☆ **实训目的**：进行网络组建，使学生了解网络的组建环节和具体的步骤。

☆ **实训内容**：

（1）组建两台机的对等网。

（2）组建三台机的对等网。

（3）组建多于三台机的对等网。

☆ **实训步骤**

（1）准备实训工具和材料（准备两块 PCI 总线接口、10/100Mbps 自适应的 RJ－45 以太网卡可以是同一型号网卡，也可以是不同型号的网卡）、网线或电缆和网卡、集线器。

（2）制作网线制作。

（3）网卡的硬件安装。

（4）网卡的连接及网卡驱动程序的安装与系统配置。

（5）调试网络的通畅。

1. 对等网导读

"对等网"也称"工作组网"，在对等网络中，计算机的数量通常不会超过 20 台，对等网所能随的用户数也是非常有限的。对等网相对比较简单。在对等网络中，对等网上各台计算机的有相同的功能，无主从之分，网上任意节点计算机既可以作为网络服务器，为其他计算机提供资源；也可以作为工作站，以分享其他服务器的资源；任一台计算机均可同时兼作服务器和工作站。对等网除了共享文件之外，还可以共享打印机，对等网上的打印机可被网络上的任一节点使用，如同使用本地打印机一样方便。对等网络的价格相对要便宜很多。

2. 对等网结构

（1）两台机的对等网。这种对等网的组建方式比较多，在传输介质方面既可以采用双绞线，也可以使用同轴电缆，还可采用串、并行电缆，所需网络设备只有相应的网线或电缆和网卡，这是一种最廉价的对等网组建方式。

（2）3 台机的对等网。网络所连接的计算机是 3 台，则就不能采用串、并行电缆连接了，必须采用双绞线或同轴电缆作为传输介质，而且网卡是不能少的。如果是采用双绞线作为传输介质，可有两种方式：

① 一种是采用双网卡网桥方式，就是在其中一台计算机上安装两块网卡，另外两对路机各安装一块网卡，然后用双绞线连接起来，再进行有关的系统配置即可。

② 添加一个集线器作为集结线设备，组建一个星形对等网，3 台机都直接与集线器相连。从这种方式的特点来看，虽然可以省下一块网卡，但需要购买一个集线器。

（3）多于 3 台机的对等网。对于多于 3 台机的对等网组建方式可采用集线设备（集线器或交换机）组成星形网络。几乎所有操作系统都可以配置对等网，包括网络专用的操作系统，如 Windows NT Server/2000 Server/2003 Server，Windows 9x/ME/2000 Professional/XP 等也都可以。

2.5.5 集线器导读

对等网这种网络通常只应用于家庭和小型企业中，大多数企业网络并不采用这种工作模式。为满足企业网络组建的需求，需要了解集线器的知识。

☆ **实训目的**：详细了解有关集线器方面的知识及集线器的安装与配置。

☆ **实训内容**：

（1）了解集线器的分类。

（2）熟知集线器的基本结构。

（3）会安装集线器和配置集线器。

☆ **实训步骤**：

（1）了解各种类型的集线器。

（2）制作网线及安装操作系统。

（3）用 10/100Mbps 自适应型集线器组建一个网。

集线器的就是我们通常所说的 HUB，HUB 的主要功能是对接收到的信号进行再生整形放大，以扩大网络的传输距离，可能够提供更多的端口服务和组建小型企业局域网。

● 按端口数量来分有 4 口、8 口、12 口、16 口和 24 口集线器，如图 2-59 和图 2-60 所示。

● 按带宽划分：10Mbps、100Mbps、10/100Mbps 三种。

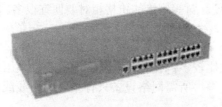

图 2-59　24 口集线器　　　　　　　　图 2-60　各种集线器

图 2-61 为用于小型网络的 10Mbps 带宽型普通和工业控制用的集线器。

图 2-61　10Mbps 带宽型集线器

图 2-62 为用于中型网络的 100Mbbps 带宽型普通和工业用集线器图。

图 2-62　100Mbbps 带宽型集线器

【上机实习】

1．上网了解最新 CPU 的基本情况（包括 Intel、AMD），写出报告。

2．上网了解内存条 SDRAM、DDR 和 RD RAM 的具体情况，你认为哪一种品牌内存条质量比较好？哪一种内存条价格比较便宜？写出报告。

3．上网了解主板的具体情况，写出报告。

4．IDE、SCSI、SATA 硬盘的区别及目前主流硬盘的价格。

5．了解光驱、显示器、显卡、视频卡、机箱、电源、鼠标、键盘的发展及价格情况。

6．学习使用 Microsoft Visio 软件绘制网络拓扑结构图。

7．制作两根长度为一米的交叉和直通网线（采用 T568B 标准），并测试其连接与否。

8．使用制作好的网线和集线器，构建一个有两台计算机的局域网（尝试分别使用 Windows 2000 和 Windows XP）。

9．如何建立匿名的 FTP 站点，两个以上同学相互配合完成 FTP 服务器的创建和配置。

10．假定你准备花 5000 元 DIY 一台台式计算机，尽可能在各个方面采用比较高的配置，请给出详细的配置方案和理由。

第 3 章　网上交易实训

【学习目的】

本章要求学生掌握网上交易的各种形式 B to B、B to C、B to G、C to C、C to G 等模式的基本内涵。尤其要熟练掌握电子商务中的主要形式 B to B、B to C 和 C to C 的具体内容，了解其网上交易的过程和具体步骤。

3.1　网上交易导读

1. 认识电子商务市场的组成

互联网的发展以及电子工具的普遍使用，使各种商务活动都在逐步电子化和网络化，电子商务市场也在不断地形成和扩大中。和传统市场相似，电子商务市场由以下几个部分组成。

（1）电子商务平台搭建者即那些在筹建市场前期进行规划和设计并直接参加建设电子商务市场的企业。平台的搭建者应具备以下条件之一：能够提供电子商务交易所需的产品、能够为其他企业提供电子商务解决方案或能够提供电子商务的应用服务。这些企业都应是实体企业，拥有自己的产品或拥有自己的电子商务技术。

（2）电子商务平台运营商即为电子商务交易提供互联网上的交易场所（网站），负责电子商务市场的管理与维护，甚至还代理委托相关交易，但不直接参与电子商务交易的企业。他们通过收取交易场所的租金，为交易双方做广告以及收取交易佣金等途径来获取利润。电子商务平台运营商包括：搜索引擎网站、综合门户网站和专业门户网站。做搜索引擎网站必须追求最大和最好；做门户网站必须追求全方位的服务；做专业网站必须追求专一。

（3）电子商务基础服务商即为电子商务交易提供技术支持和为与交易相关活动提供服务的企业。如提供电子支付的金融机构、物流企业和 ISP 等。

（4）电子商务企业即进行电子商务交易的企业，包括传统企业和网上企业。

（5）客户即与传统市场相似的顾客。

2. 了解电子商务的基本模式

（1）电子商务的基本模式

电子商务的基本模式是指电子商务的基础技术在不同商务领域中的应用层面，同时也是按照参与交易主体的不同对电子商务活动进行分类的一种方式。目前参与电子商务活动的主体主要有政府、企业、个人消费者三种，所以电子商务的基本模式包括 B to B（即企业与企业）、B to C（即企业与消费者）、B to G（即企业与政府）、G to G（政府与政府）、C to G（消费者与政府）、C to C（消费者与消费者）六种类型，如图 3-1 表示。

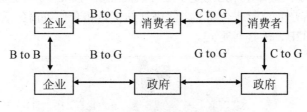

图 3-1　电子商务的基本模式

（2）按照其在网上完成的具体工作可分为 6 种模式，其主要涉及的电子商务基本模式如图 3-2 所示。

具体工作模式		主要涉及电子商务的基本模式
内容赞助模式	如：Yahoo 和 Gurl	B to C
直销模式	Direct Selling	B to C、B to B、C to C
信息中间商模式	市场调研	B to C、B to B
中间商模式	经纪人、代理人、购物代理、网上零售	B to C、B to B
网络营销模式	网络广告、网上促销、电子邮件、	B to C、B to B、C to C
关系行销模式	网上社区、客户关系管理	B to C、B to B、C to C

图 3-2　电子商务基本模式

3. 熟悉网上交易的几个步骤

网上交易有以下几个步骤。
（1）寻找用户。
（2）展示产品。
（3）便利销售。
（4）支付。
（5）产品配送。
（6）售后服务。

3.2　B to B 导读

B to B 是英文 Business to Business 的缩写，即企业与企业间（也称商家对商家或商业机构对商业机构）的电子商务，指的是企业（或商业机构、公司）使用 Internet 或各种商务网络与供应商、客户（企业或公司）之间进行的交易和合作等商务活动，如图 3-3 所示。B to B 也可表示为 B2B、B–B 等形式。

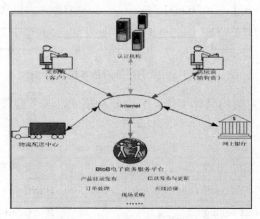

图 3-3　B to B 电子商务服务平台

☆ **实训目的**：熟悉和了解企业使用 Internet 或各种商务网络与供应商、客户（企业或公司）之间进行的交易和合作等电子商务活动。

☆ **实训要求**：在网上登录相应的搜索引擎、门户网站和专业网站，收集相应的资料，了解网上进行 B to B 交易的步骤和具体内容，写出相关报告。

☆ **实训的具体步骤**：

（1）寻找用户。

（2）展示产品和便利销售。

（3）交易谈判和签订合同。

（4）支付。

（5）产品配送。

（6）售后服务。

3.2.1　寻找用户和有用信息的实训

☆ **实训目的**：

（1）通过这个实验，学生应掌握在网上浏览和获取网上有用信息和用户的基本方法。

（2）通过关键词的查询和信息的发掘，掌握分析现有的客户和发掘潜在的客户的方法。

（3）通过网上信息的查询，学习如何利用网上的信息资源

☆ **实训要求：**

（1）掌握 IE 浏览器的基本操作和设置。

（2）能熟练使用检索技巧来利用各种搜索引擎在网上检索有用的信息，会使用 Cookies、在线调查、数据挖掘等方法来收集用户的资料。

（3）能熟练使用检索技巧通过各种门户网站、新闻组和论坛来收集各种有用的商务信息。

（4）将收集到的信息进行分类。

（5）针对某一实际问题写出分析报告。

☆ **实训内容：**

（1）登录以下指定的互联网网站。

（2）利用各种搜索引擎在网上检索有用的信息，如 Yahoo、Google、Baidu、Sina、163、Sohu、263 等搜索引擎，使用同一关键词在不同搜索引擎上分别以全部网站、分类网站、分类目录、新闻、图片、论坛等形式进行查找相关信息，比较它们的不同。

（3）登录相关新闻组，利用新闻组来进行信息的查找相关信息，了解未来的发展趋势及相关信息。

（4）收集用户的 Cookies。

（5）登录相关的专业网站，搜寻相关信息。

（6）将收集到的相关信息进行整理和分类，删除无关的信息，筛选出有用的信息。

（7）根据所收集到的和整理好的资料，写出相关的报告。

☆ **实训小结：**

Cookies 是上网时收集的包含有特定网站信息的很小文本文件，通过它可了解你登录的网站、单击的栏目和广告、购买的产品等内容，图 3-4 为 Cookie 的文件夹和其中利用百度查找的内容。

图 3-4 Cookie

3.2.2 寻找客户和查询客户信用的实训

☆ **实训目的：** 寻找客户和查询客户的信用资料。

☆ **实训要求**：充分利用互联网和网下资源查找相关的信息资料。

☆ **实训内容**：

实训 1：利用第一手资料进行查询。

（1）可用 Internet 来进行任何方面的一手资料的调查，调查的步骤如下：

① 确定要调查的目标对象，识别目标对象中要加入调查的讨论组。

② 在 UseNet 讨论组话题内容下寻找你的目标对象，登录相应的 UseNet 和电子邮件讨论组，以便发现 UseNet 上有用的信息。

③ 在电子邮件讨论组话题名录下寻找你的目标客户和目标市场。

④ 登录政府的 CA 认证中心和查找政府的相关机构的评价报告。

⑤ 登录金融机构和保险公司的网站了解相关客户的情况。

（2）在 Internet 上进行一手资料的调查可采用下列方法：

① 向多个讨论组邮寄详细的问卷或邮去简略的问卷（不推荐采用）。

② 在自己的 Web 网址上放上详细的问卷。

③ 向某个相关讨论组邮寄相关信息，并指向放在自己 Web 网址上的问卷。

④ 在自动回复的信箱里放上详细问卷，并通知讨论组，以鼓励他们回答此问卷。

注意：不要向多个讨论组邮去同一份详细的问卷。为了得到较好的调查效果，可以考虑同时采用这几种方法。如果想要最大程度地提高答卷率，有效的策略就是提供免费礼品，这样会对调研有所帮助。

实训 2：在 Internet 上利用第二手资料进行查询。

二手资料的调查是指已经由其他组织或政府机构完成的调查。Internet 上有大量的二手资料，网络数据库正在变成调查的重要内容和信息的主要来源之一。要找到这些信息，就必须熟悉 Web 检索工具。对于二手资料的调查来说，网上的数据库、讨论组和新闻组都是极有价值的信息来源。可利用以下几个方面的二手资料：

（1）网上的各种数据库。

（2）各国的政府统计资料和各相关调研机构的研究报告。

（3）图书馆的资料。

（4）企业的宣传材料和发布的相关信息。

（5）企业内部人员所建立的个人网站和他们发布的信息。

实训 3：设计一份用于××品牌牙膏网上调查的含有 10 个问题 FAQ。

实训 4：练习向你所熟悉 10 个以上同学使用群发软件群发一封祝新年快乐的 Email。

3.2.3 展示产品和便利销售实训

☆ **实训目的**：了解网上各类型的企业和机构是如何利用互联网来展示自己的产品和服务的。

☆ **实训要求：**

（1）在网上了解大中小型企业展示产品和服务的方式和方法，并做出归纳来，写出实训报告。

（2）熟悉各种产品和服务的展示方式。

（3）为自己的产品和服务展示打下基础。

☆ **实训内容：**

（1）登录计算机和软件类企业，如微软、戴尔、联想。

（2）登录门户网站，如新浪、网易、雅虎。

（3）登录有关搜索引擎，如 Google、百度、3721、froogle、8848。

（4）登录传统企业，如海尔、宝钢。

（5）登录这些企业的网站，如摩托罗拉、Cisco。

（6）登录网上书店，如亚马逊、当当。

（7）登录网上拍卖站点，如易趣、eBay、卓越。

3.2.4　网上洽谈和合同签订实训

☆ **实训目的：** 了解网上交易过程中各种交易角色和交易行为，熟悉网上交易应注意的事项和技巧。学习谈判技巧、了解意向书内容、学会在洽谈室谈判、熟悉签订合同书的过程。

☆ **实训环境：** 电子商务模拟软件。可使用有关的电子商务模拟软件，如劳动和社会保障部技能鉴定中心的《电子商务师实训室》、厦门一方软件的《一方益教电子商务模拟软件》、浙江航大科技开发有限公司的《浙科电子商务模拟教学软件》、21cn 的 Ec-Soft V 3.0、德意数码的《德意电子商务实训室》和博星的电子商务教学实训系统等。

☆ **实训要求：** 学生在网上交易模拟过程中要扮演不同的角色，体会各自的要求。角色包括供货商、生产厂商、批发商、零售商、客户等。了解订单管理、产品和客户关系管理、财务管理、库存管理和运输配送管理等内容。

☆ **实训内容：**

（1）谈判；

（2）填写意向书；

（3）下载合同；

（4）签订合同。

以厦门一方益教电子商务模拟软件为例简单地演示一下模拟的 B to B 交易流程如图 3-5 所示。

图 3-5　电子商务模拟教学平台

（1）交易前的准备。

（2）合同谈判和签订。

① 可发送交易意向如图 3-6 所示。

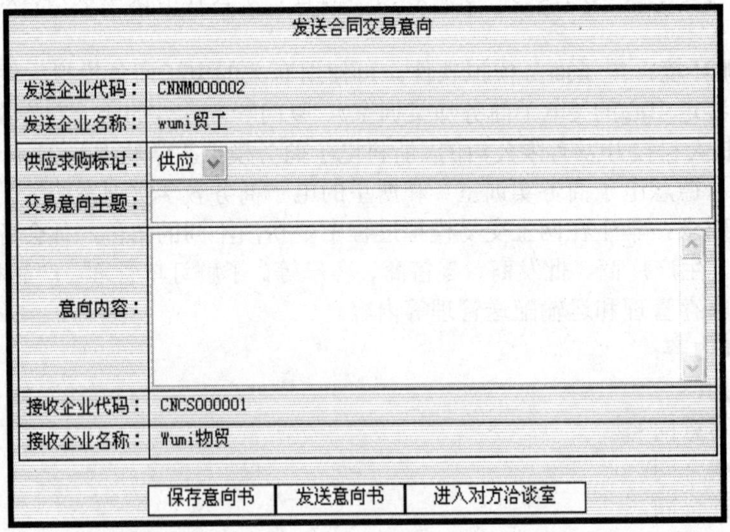

发送合同交易意向
发送企业代码：CNNM000002
发送企业名称：wumi贸工
供应求购标记：供应
交易意向主题：
意向内容：
接收企业代码：CNCS000001
接收企业名称：Wumi物贸
保存意向书　发送意向书　进入对方洽谈室

图 3-6　发送交易意向

② 可查看交易意向如图 3-7 所示。

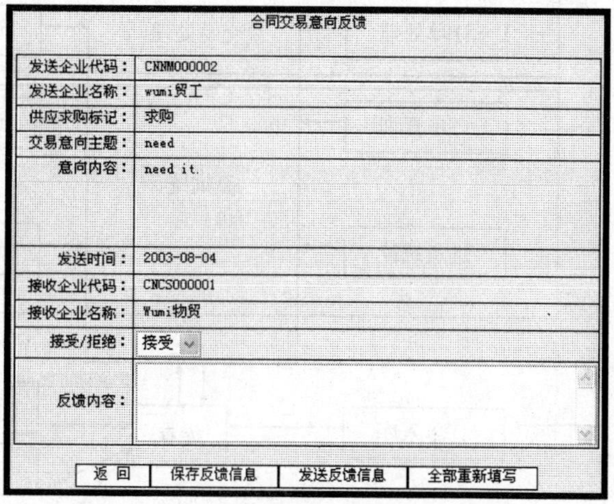

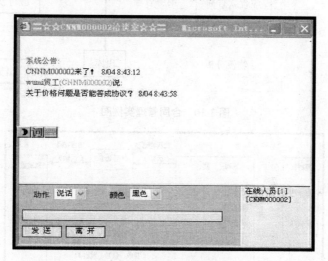

图 3-7　查看交易意向

③ 在合同洽谈室可了解对方的意向如图 3-8 所示。

图 3-8　了解对方的意向

④ 可方便地进行合同的管理如图 3-9、图 3-10、图 3-11 所示。

图 3-9　合同的管理

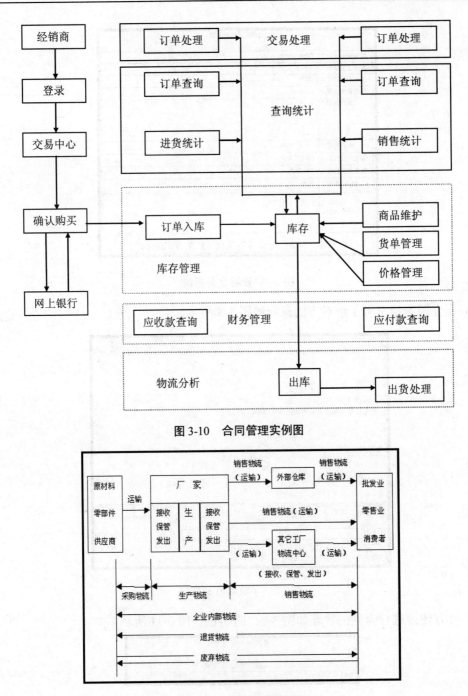

图 3-10　合同管理实例图

图 3-11　合同管理流程图

（3）合同签订详细流程如图 3-12 所示。

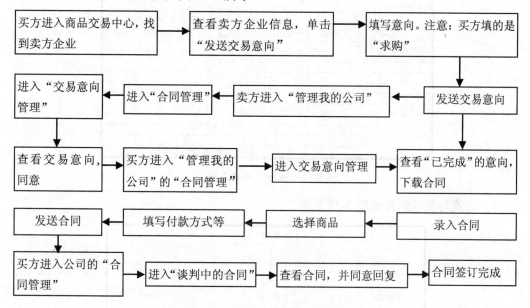

图 3-12　合同签订详细流程图

（4）合同的执行与网上支付如图 3-13、3-14 所示。

① 掌握卖方备货、发货流程。

② 掌握买方收货入库流程。

③ 学习卖方在"管理我的公司"财务系统中开具发票。

④ 熟悉买方付款及卖方收款过程。

	合同号	签订日期	买方	付款方式	状态	仓库通知	开发票	支付通知书
内贸								
外贸								

第0页　共0条记录/0页[首页] [前一页] [后一页] [尾页]

图 3-13　合同一览表

银行交易收入查询					

银行收入列表　查看支出列表

　　　　　　　　　　　合同号 [　　　　　] 初始资金 ∨ [查询]

企业名称	交易时间	交易类别	支出金额	目标账号	合同号

第0页 共0条记录/0页 [首页] [前一页] [后一页] [尾页] ∨

图 3-14　银行交易收入查询

（5）物流与配送流程如图 3-15 所示。

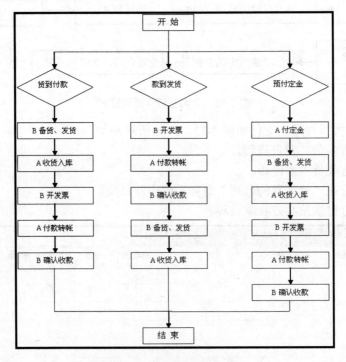

图 3-15　物流与配送流程图

☆ **实训提示**：由于电子商务模式有许多种，因此，在进行电子商务模拟实训中必须了解不同的电子商务模式。电子商务模式主要有：供应商（在线订购）模式（如 Cisco 公司的连线采购）、购买（竞投）模式（如通用的电子竞标）、中介模式（如波音的部件采购）、JIT配送模式（如联邦快递）、B to B 拍卖模式（如 www.baterbrokers.com 和 www.fairmarket.com ）、

B to B 服务（如 www.commerce.net，www.openbuy.com，www.geis.com），在实训中可登录以上的网站了解一些目前的电子商务模式。

3.3 B to C 导读

3.3.1 现实电子商务实例与分析

我们可以从 DELL 电脑成功的网上直销战略谈起。DELL 公司现在是美国一个电脑供应商。然而就在几年前，它还在处于亏损状态，经过了短短几年的快速发展以后，DELL 公司一跃成为全球第二大电脑供应商，并在 1999 年第二季度结束后，又替代了 Compaq 公司在美国 PC 供应销售第一的位置，并争取全球 PC 销量第一。是什么使 DELL 公司在较短的时间内摆脱困境，走向成功的呢？原来，DELL 公司一直看好 Internet 强势发展的商业价值，并在业界同行尚未意识到这点以前，率先开始究利用 Internet 从事电子商务活动，开展网络营销为主要手段的产品直销业务。早在 1996 年 7 月，DELL 公司就全面采用了网上订货系统，通过设在 Internet 上的站点，DELL 公司的客户自己可以直接在网上配置和订购计算机系统。经过半年的运行，DELL 电子商务系统使 DELL 公司每天销售价值 100 万美元的计算机产品，并在几个月后，这个数字又被翻了一番，DELL 公司赁借着技术创新、管理创新和服务创新的优势，实现了根据客户订单安排组织生产，并在网上进行直销的经营模式，使传统流通渠道中的"中间商"代理商和零售商获取商价差的空间不覆存在；同时 DELL 公司通过对业务流程的重整，使业务处理更加通畅合理，企业库存成本大幅降低。资料显示，DELL 公司计算机销售价格比传统竞争对手销售的计算机价格平均低 10%～15%，具有明显的价格竞争优势。

DELL 公司的商务网站不仅是客户订货的窗口，也是为客户提供信息服务的主要渠道。DELL 公司提供从技术支持、订购订制信息到软件下载等各种信息服务。网站每周要回答客户提出的近 12 万个技术问题。DELL 公司的统计资料表明，有 90% 的销售收入来自企业客户，10% 来自普通客户。DELL 公司在线销售收入的 90% 来自中小企业和普通个人用户，而 DELL 公司的大客户主要是利用站点查询产品信息、订单情况和技术帮助内容。并不直接从网上订购设备。为了吸引大客户在网上进行产品采购和网上服务。DELL 公司专门设置"客户首页"、提供了针对大客户的个性化服务内容，大客户只需要通过"客户首页"就可以直接进行折扣采购。这样，客户可以通过网上直接采购，从而降低采购费用。如 DELL 公司的大客户 MCI 公司，就是通过与 DELL 公司的合作在网上进行统一采购，使其采购成本降低了 15% 左右，采购周期由原来的 4～6 周缩短为 24 小时以内，直接降低企业的生产成本。

DELL 公司是如何在网上开展产品直销的呢？DELL 公司为我国大陆中小型企业提供

了定向服务窗口，客户只需要点击其中的图表，就可以订购想要的产品，并可在网站上直接获得技术支持与服务。为方便用户在网上购买，DELL 公司将客户划分为大型企业、中型客户和小型企业，以及一般的消费者。从该服务主页上，客户可以根据自己的需要，选择 DELL 公司提供的各种台式计算机、笔记本电脑、工作站和服务器，这些产品都是 DELL 公司专门针对小企业需求设计和订做的。客户在上网购买时，可以浏览网页中的产品详细介绍和提供有关的技术资料，足不出门就可以对电脑的性能进行深入细致的了解。

　　DELL 公司作为一家国际性公司，为了更好地满足不同市场的需要，在网上直销时，专门针对不同区域市场推行特定的网上直销方式，如专门针对我国国内市场客户提供的直销服务，在网站设计上，采用中文而且考虑到中国人的习惯，允许通过电话联系订货。可见 Internet 作为新的信息沟通渠道和媒体，它改变了传统营销的手段和方式，实施网络营销具有明显的价格竞争优势，对推动企业电子商务应用开创了划时代的革命性的新纪元。

3.3.2.　B to C 网上购物和后台管理实训

　　B to C 网上购物和后台管理实训的流程界面如图 3-16、3-17 所示。

图 3-16　B to C 网上购物　　　　　　　　　图 3-17　B to C 后台管理

　　☆ **实训目的**：了解消费者的购买过程，从不同的角度体会作为一个消费者和商家的想法和要求。

　　☆ **实训要求**：

　　（1）登录电子商务模拟实训平台或登录网上的 B to C 网站（如阿里巴巴网站和能源一号）。

　　（2）了解无安全措施的网上交易、数字现金交易、通过第三方支付的交易、简单紧密支付的交易的基本内容。

（3）了解网上银行的开户内容、过程及具体要求。

（4）在网上书店购买一本书，用报告形式将购书的过程和购书环节中存在的问题写出来。

☆ **实训内容**

（1）消费者的注册过程（到认证中心申请、安装并查看证书和到银行注册申请银行卡及账号）。

（2）商家注册过程（到认证中心申请、安装并查看证书和到银行注册账号）。

（3）网上银行的开户过程。

（4）物流配送企业的运作。

1．用户及企业的具体运作程序（如图3-18所示）

用　户	企　业
1．浏览网站	1．寻找用户 用户是老用户还是新用户？
2．查找所需产品	2．展示产品 产品是否好找？网上展示如何？
3．选择产品	3．便利销售 用户如何方便选择我的产品？
4．购买产品	4．支付 存货足够？订单能否确定？支付风险如何防范？ 用户支付是否方便？
5．收到订购产品	5．产品配送 如何配送产品？产品配送是否跟踪？
6．使用产品及用后评价	6．售后服务 售后提供服务如何？如何退回产品？从那里能得到帮助和售后服务

图3-18　具体运作程序

2．网上作业

（1）你作为一个销售经理，如何能保证用户方便快捷地找到所需产品？

（2）举出两种展示产品的方法（如页面展示和链接）。

（3）用户如何选择多种产品？

（4）用户在选择过程中需要哪些有用的信息来帮助做购买决策？

（5）当用户要点击"购买"按钮和输入他的信用卡号时，他会做哪些事情？

（6）如何能让用户在途跟踪他所订购的产品？

（7）登录 www.alibaba.com.cn（阿里巴巴网站）了解 B to B 交易情况和成为阿里巴巴诚信通会员需要哪些条件？写出报告。

（8）请写出在当当网的网上购物的步骤和过程（按照如下步骤描写详细内容）。

① 消费者浏览商品。

② 消费者挑选商品。

③ 消费者接收订货表。

④ 消费者选择结算方法。

⑤ 消费者填完订单后，向销售商提交订货表，并告知所选的结算方法。

⑥ 销售商要求消费者的银行提供结算授权。

⑦ 销售商向消费者寄出装运和结算的确认书。

⑧ 销售商按订货表装运货物，或提供消费者所要求的服务。

⑨ 销售商要求消费者的银行进行结算。

3.4　B to G 和 C to C 导读

上述的 B to B 模式和 B to C 模式是当前电子商务发展的主要模式，除了这两种模式之外，进行电子商务还包括 B to C 模式和 C to C 模式。

3.4.1　B to G 模式实训

B to G 即企业与政府间的电子商务活动，可以覆盖企业与政府组织的许多事物，包括税收、商检、行政管理、法规条例的颁布、统计、信息服务及政府的网上采购等活动其结构大体上如图 3-19 所示。

　☆ **实训目的**

（1）主要了解企业在开展网上交易和对外贸易时，如何利用好政府的网上功能和网上海关的作用为企业服务。

（2）了解审证目的、熟悉商品备货过程，掌握办理出口许可证流程，学习办理商检、退税、出口核销备案，了解托运、报关过程和保险手续的办理。

　☆ **实训要求**

（1）查找有关上网的政府机构以及他们所提供的服务。

（2）上网登录网上海关。

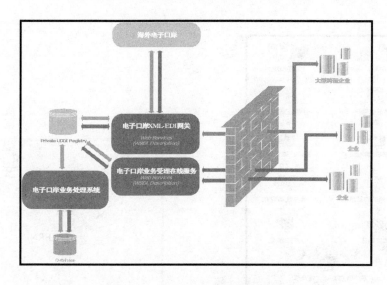

图 3-19　B to G 电子商务服务平台

☆ **实训小结:**

(1) 在财务系统中对进口商提交的信用证进行审证。

(2) 商品备货。

(3) 办理出口许可证和开发票、汇票。

(4) 办理商检、退税税票、出口核销备案。

(5) 办理托运。

(6) 到海关进行出口报关。

(7) 到保险公司办理商品保险。

(8) 到仓库系统进行商品出库。

(9) 办理送单,发送整套票据。

(10) 收到进口商汇款后到外汇管理局办理出口收汇核查。

(11) 到经贸部申请出口退税稽核。

(12) 到国税局办理退税。

3.4.2　C to C 模式实训

　　C to C 即消费者与消费者之间的电子商务活动,C to C 模式是消费者之间在网上彼此进行的小额交易活动,实际上是网站为消费者提供了一个"个人对个人"的交易平台,给交易的双方提供一个交易的场所,使每个人都有参与电子商务的机会。网上二手住房、二手汽车交易、网上商品求购和网上拍卖竞标都属于 C to C 的具体应用,如图 3-20、图 3-21

所示。

图 3-20　C to C 具体过程

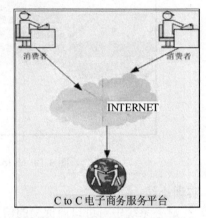

图 3-21　C to C 电子商务服务平台

☆ **实训目的：**了解网上个人进行交易的程序和步骤。熟悉网上交易的规则。

☆ **实训要求：**登录网上的 C to C 网站，在真正的网站上进行模拟。

☆ **实训的具体步骤**

（1）登录卓越网和 eBay。

（2）了解两个网站的异同。

（3）在淘宝网上注册一个账号，进行商品的买卖。

3.5　EDI 实 训

　　EDI 是利用现代化的计算机技术和通讯技术，将商务或行政事物处理，按照一个公认的标准，形成结构化的事物处理或消息报文格式，从计算机系统到计算机系统的数据传输方法。

　　EDI 的工作流程包括以下几个方面。

（1）甲企业的商务应用系统（EDP）产生一个原始文件，例如订货单。

（2）EDI 转换软件自动将订货单转换成平面文件，作为向标准化格式转化的过渡。

（3）EDI 翻译软件将上步生成的平面文件转换成标准化格式报文。

（4）通信软件将标准化报文放在含有乙方 EDI ID（识别号码）标识的电子信封里，并同时进行安全加密的处理，然后通过 EDI 通信系统传输给乙方。

（5）贸易伙伴乙收到电子信封后再进行反向的操作，直到得到最初的原始定货单，这样就完成了一次电子数据传输。具体如图 3-22 所示。

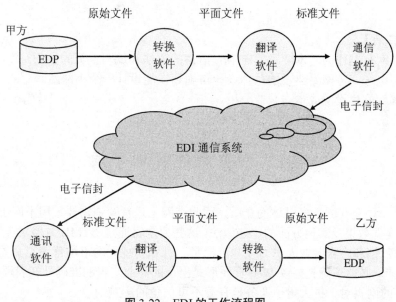

图 3-22　EDI 的工作流程图

☆ **实训目的：**了解目前 EDI 的发展状况，熟悉进出口的程序和报关的步骤。

☆ **实训要求：**登录至少两个以上海关的网站，了解无纸报关的进展和报关之程序。

☆ **实训的具体步骤：**

（1）上网了解我国的金关工程进行的情况，写出情况报告来。

（2）至少登录两个金关工程的试点城市，了解它们具体的进展情况。

（3）登录海关的网站，记录无纸报关的步骤及程序。

（4）登录北京纺织在线（www.bjtextile.com）网站浏览相关的供求信息。

（5）登录上海海关、广州海关和天津海关的网站，了解 EDI 发展的情况及报关的进展，写出报告。

第 4 章　网站建设与管理实训

- 掌握网页制作的基本要求、HTML 语言的语法和编写主页的技巧。
- 掌握电子商务网站建设的总体设计与规划，能设计一个小网站。
- 了解网站建设的成本与效益分析。

4.1　网页制作实训导读

Web 是一种交互的、多媒体的介质，因此在网上进行营销需要采用不同于其他大众媒体的结构、视觉效果及其他方面的一些做法。这些要求将通过 HTML 文档来实现这一目标。传统的市场营销和广告专业人员习惯基于纸张、音频和视频的市场营销工具的外在表现形式。但在网上，必须正确把握以 Web 页面形式出现的商业广告的准确外在表现形式。因此，制作一个好的网页对于扩大电子商务是有着不可估量的影响的。

4.1.1　网页制作的要求

要想做好一个网页，要做到以下几点。

（1）首先要养成一些好的制作习惯。

① 标识页面的所有者或作者名和电子邮件地址，以便接收访问者的反馈信息。

② 页面上要有最新版本的修改时间。要记住页面的访问者具有国际性，因此要注意选择合适的时间方式。

③ 提供一些方法接收访问者对自己页面的反馈信息。在页面上显示自己的电子邮件地址是最快也是最简单的方法，但也可以采用带有选择框和文本输入域的输入表页面，还可以采取留言簿或设置一个"网上调查表"来获取访问者的更多响应信息，以便及时了解客户对网页的态度及需求。

④ 如果页面链接到其他网站的页面上，最好在链接之前获得对方的同意。

⑤ 在本地机器里保存远程文件的备份或者多个文件的存档只是临时的方法，采用远程链接的方式更简单。

⑥ 新的 HTML 文档在开发过程中应该不断测试，完成全部测试后安装在自己的 Web 服务提供商的机器里，并要仔细检查页面中每个超链接的外形和功能。

（2）其次在规划设计 Web 页面时，应该考虑以下几个方面的因素。

① 选择定位元素。在网上使用高亮度的字和小图片用作定位元素，用户可以通过选择或点击这些定位元素浏览其他的文档或图像。

② 图标。图标是非常小的图像或图形。具有相似风格的图标集可以保持自己所有页面的一致性风格，也便于记忆，有利于保持同一站点页面的统一性。图标常用做指向其他部分或文档超链接的内嵌定位元素。图标图像文件应该很小，便于浏览器快速装入页面文档。每个图标的图像文件只需浏览器下载一次，在文档中反复调用一个图标不应降低下载的速度。

③ 标题。每个 Web 页面都利用 HTML 标志符<TITLE>和</TITLE>标记页面的标题。由于有些浏览器在显示页面时能够显示出标题，即便访问者已经进入了本页面的其他 Web 页面，仍然能看到页面的标题。

④ 规划屏幕显示。由于每个浏览器的字体大小所占的屏幕空间不一样，每个图标、菜单和按钮的宽度也不一样，不可能准确地预测 Web 页面在屏幕上的显示情况。访问者是否浏览公司站点的内容常常取决于页面的内容是否有吸引力。因此尽量在页面的前 25 行显示尽可能多的信息，避免使用过多的标题或者是不必要的大标题。另外，使用内嵌图像同样能够体现色彩和品位，比显示普通图像节省了许多空间。因此，页面的前几行应该集中体现主要的设计规划。

（3）要准确提炼网页内容。网页内容是对网站架构的具体描述，是客户了解企业网站的关键。由于受网络传输速率等因素的影响，网页的内容务必达到准确、精炼、丰富且迎合客户的口味，切不可错字累累、篇幅冗长，以保证客户能够在较短时间内了解到网站的核心内容；同时还要注意对网页内容的及时更新，特别是有关产品最新动态、企业重大活动、客户服务举措等信息。如果一个企业在网页上对本行业的信息也有全面介绍，那么不仅对企业网站是一件锦上添花的事情，同时也会提高网站的档次和访问率。因此，一个优秀的电子商务网站应包括以下一些内容。

① 企业的基本背景介绍。关于企业的历史及现状，企业的目标和经营内容以及董事长或总经理致顾客的信等，以便顾客对企业有大致的认识并产生信任感。如果企业有其他分支机构，那么也应该在网页上列出这些机构的地点和职能，包括他们的电话号码、传真号码和电子邮件地址。

② 详尽的产品和服务的内容及条款。要有详细的产品资料或服务介绍。可以将产品的全貌反映在网页上，让客户能够查询到产品的主要技术规格等一些可公开的信息。服务类企业更应该通过各种手段体现出企业的特点，也可以采用虚拟现实技术编辑构造一些虚拟场景。

③ 财务经营报表。股份制尤其是上市企业应该将重要的财务报告到网上，让股民能

够方便查询到这些信息，包括中报、年报、各种配股计划及重大事件等。

④ 客户反馈信息的收集和整理。这是任何一个商业网页必备的内容之一。在企业网站上应该至少带有一个用于收集客户和普通访问者对企业改进产品和服务的意见、建议的表单，网络管理员也应该经常检查存储反馈回来的意见，并及时转交给企业决策部门使用。

⑤ 提供丰富翔实的技术支持资料。应包括产品使用方法及常见故障处理方法，这不仅可以减轻企业技术支持人员的工作量，增加顾客对产品的信任度，同时也是对产品的一种宣传。

⑥ 网页专业设计技术的应用。优秀的网页一定是能生动地反映企业经营特点的，这就要广泛使用网页设计技术和技巧，如恰当加入超文本链接、图片以及动画、声音等。

⑦ 其他网络营销创意内容。增加一些巧妙的创意可以增加企业站点的吸引力，吸引更多的客户或网民光临。例如在网页中加入网络社区、网络广告的安排、产品使用培训园地以及网站导航等。

4.1.2　选择网页开发工具

网页的设计工具很多，现在常用开发环境和工具有以下几种。

（1）Microsoft FrontPage 2000/2003。

Microsoft FrontPage 2000/2003 是一个网站集成处理工具，使用比较简单，它把高级网页制作工具与站点维护、管理实用程序结合在一起，是理想的网页站点管理及页面制作工具。同时它也是劳动和社会保障部技能鉴定中心助理电子商务师网页制作使用的工具，掌握它十分必要。

（2）Visual InterDev 6.0。

Visual InterDev 6.0 是用于制作基于 ASP（Active Server Pages）方式的动态页面的一种工具软件。可通过 ODBC 访问各种数据源，实现动态数据访问、人机交互等动态页面功能。其中可嵌入 VB Script、JavaScript 及 ActiveX 控件等。

（3）Delphi。

Delphi 是另一种动态页面制作工具，能创建 4 种 Web 服务器应用（ISAPI、NSAPI、CGI、WNCGI）。这些应用通过数据库引擎 BDE 实现对各种数据库的访问，可编程实现各种数据浏览方式，其中还可嵌入 ActiveX 对象、JavaScript 语言段、动态的可伸缩嵌套结构等。用 Delphi 做网页还需要其他一些辅助工具，如 PowerBuilder、Visual basic、Visual C++等，用于开发 ActiveX 控件和信息发布平台。

（4）Adobe 网页制作软件。

Adobe 网页制作软件是由 Dreamweaver、Flash 和 Fireworks 组成。其中，Dreamweaver 是一个专业的、直观的网页制作软件，用来创建页面及进行站点管理；Flash 是一个向量影像与网页动画结合的软件，提供了完整的绘图工具，使用 Flash 不用编写任何程序设计语言，就可轻而易举地制作出生动的影像与网页互动效果；Fireworks 是网上图形制作软件，采用与众不同的制作流程和方法，使图形以最简洁的方式在网页上淋漓尽致地体现其魅力。如果不打算只制作出一个简单网页，而想制作出具有专业水平的网页，不妨使用这套软件。

☆ **实验目的：**

（1）通过该实验使学生掌握 HTML 语言的语法和编写主页的技巧。

（2）能熟练使用 Dreamweaver 和 FrontPage 2000 软件来编写主页的操作。

（3）能使用 Fireworks、Photoshop、Flash 等工具进行动画和图片的加工。

☆ **实验内容：**

（1）熟悉 Dreamweaver 和 FrontPage 2000 软件。

（2）按照要求先构想一个主页（个人网站、网上零售商店、企业网站、中介网站）。

（3）创建一个主页（至少要涵盖有主题、背景、按钮、超链接、表单）。

（4）站点上传。

1．Frontpage 2000 实验导读

（1）建立简单的页面（针对个人、组织、企业或中介机构）。

（2）编辑网页。

（3）使用图形。

（4）超链接（相关站点、内容及广告）。

（5）使用表格。

（6）组件的使用。

（7）使用框架。

（8）使用多媒体（声音、图片、动画及影像）。

（9）站点操作。

（10）表单设计。

（11）创建讨论组。

（12）站点的发布。

☆ **实验步骤：**根据网站设计与制作的理论和方法及电子商务网站的建站目标，用 Fireworks 设计图片，使用 FrontPage 2000 制作一个以"美婷"名字命名的女性服装展示的网站，要求如下。

（1）设计并制作主页 index.htm，要求色彩搭配合理、美观。主页中应包含：公司名称、商标、徽标、联系方法、版权、计数器、"今天是 xx 年 xx 月 x 日，星期 x"和"欢迎登录"等信息。栏目设置为：公司简介、导购、产品专栏、最新消息公告、技术咨询、加盟代理、会员制、客户热线、订制加工、相关服装网站和信息的链接等。制作横幅广告，选取多张服装图片，在主页上轮流展示并加上相应链接；使用动态按钮，按钮上应

有服装的图片。

（2）为"产品专栏"栏目设计二级页面，该页面要求展示出部分产品及产品价格。

（3）建立主页到二级页面的超链接以及相互之间的链接。

2．Dreamweaver 实验导读

Adobe 公司推出的可视化网页制作工具 Dreamweaver CS3 使制作一个功能强大的网站变得很容易，利用它可以轻易地做出以前被认为很复杂的 ASP、PHP 网站。Dreamweaver 本身不适合处理图片，需要 Photoshop 或者 Fireworks 的配合。它与 Flash、Fireworks 合在一起被称为网页制作三剑客，这 3 个软件相辅相承，是制作网页的较好选择。

☆ 实验目的：

（1）通过该实验使学生掌握 HTML 语言的语法和编写主页的技巧。

（2）能熟练使用 Dreamweaver 来编写主页。

☆ 实验要求：

（1）熟悉 Dreamweaver 的界面与面板（如工作界面、启动面板、HTML 式样编辑器、式样表编辑器、元件库编辑器、模板编辑器、历史记录器、Frames 编辑窗口、层编辑器、行为编辑器、HTML 源文件编辑器、TimeLine 编辑器、对象面板、属性面板。

（2）按照要求先构想一个主页（个人网站、网上零售商店、企业网站、中介网站）。

（3）创建一个主页（至少要涵盖主题、背景、按钮、超链接、表单）。

（4）站点上传。

☆ 实验步骤：

（1）新建站点。

（2）站点文件命名。

（3）定义页面属性。

（4）插入表格。

（5）定义页面大小。

（6）转换到布局视图。

（7）添加内容。

（8）插入导航条。

（9）转换到标准视图工作。

（10）添加链接（文本超链接、图形超链接、页面内部链接、创建 Email 链接）。

（11）使用代码片断。

（12）定义及应用 CSS。

（13）添加动态交互。

（14）链接站点各个页面。

实验练习题：根据网站设计与制作的基本理论和方法及电子商务网站的建站目标，用 Fireworks 设计图片，使用 Dreamweaver 制作一个以"美婷"名字命名的女性服装展示的网站，并与用 FrontPage 2000 制作的网站进行比较，要求如下。

（1）设计并制作主页 index.htm，要求色彩搭配合理、美观。主页中应包含公司名称、商标、徽标、联系方法、版权、计数器、"今天是 xx 年 xx 月 x 日，星期 x"和"欢迎登录"等信息。栏目设置为公司简介、导购、产品专栏、最新消息公告、加盟代理、会员制、客户热线、订制加工、技术咨询、相关服装网站和信息的链接等。制作横幅广告，选取多张服装图片，在主页上轮流展示并加上相应链接；使用动态按钮，按钮上应有服装的图片。

（2）为"产品专栏"栏目设计二级页面，该页面要求展示出部分产品及产品价格。

（3）建立主页到二级页面的超链接以及相互之间的链接。

（4）制作完毕后与用 FrontPage 2000 制作的网页进行比较。

4.2　网站建设与管理导读

4.2.1　网站建设与管理实训

☆ **实验目的：**

（1）了解并掌握电子商务网站建设的总体设计与规划。

（2）熟悉了解后台数据库的创建。

（3）会使用网页编辑语言，熟悉如何建立 ASP（Active Server Pages）和执行动态的互动式 Web 服务器应用程序

☆ **实验要求：**

（1）要求学生了解网站建设的总体思路。

（2）要求学生熟悉数据库 Access 2000 或 SQL Server 等的基本操作。

（3）要求学生熟悉 HTML、XML 和 ASP。

☆ **实验环境：**

（1）硬件环境：服务器及客户机。

（2）系统环境：Microsoft Personal Web Server on Win98、Microsoft Internet Information Server version 3.0/4.0 on WinNT/2000 Server。

（3）软件环境：HTML、VBScript、JSP、ASP、Access 2000 或 SQL Server。

☆ **实验设计流程（如图 4-1 所示）：**

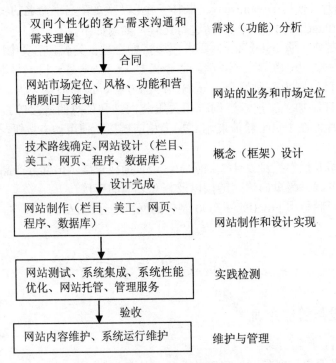

图 4-1　设计流程

☆ **实验导读：**

网站是企业向用户和网民提供信息（包括产品和服务）的一种方式，是企业开展电子商务的基础设施和信息平台，离开网站去谈电子商务是不可能的。企业的网址被称为"网络商标"，也是企业无形资产的组成部分，而网站则是 Internet 上宣传和反映企业形象和文化的重要窗口。企业网站设计显得极为重要，下面是网站设计中应注意的原则。

（1）明确建立网站的目标和用户需求。

（2）总体设计方案主题鲜明。

（3）网站的版式设计。

（4）色彩在网页设计中的作用。

（5）网页形式与内容相统一。

（6）三维空间的构成和虚拟现实。

（7）多媒体功能的利用。

（8）网站测试和改进。

1. 电子商务系统设计与分析

电子商务系统是一个综合的系统，它涉及企业的各个方面，系统由以下几部分组成，如图 4-2 所示。

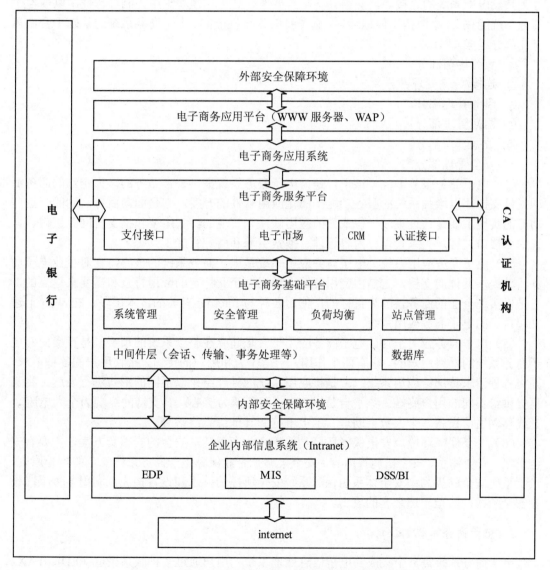

图 4-2 电子商务系统的基本组成部分

（1）企业内部信息系统（Intranet）。该部分主要是实现企业内部生产管理和信息管理的电子化和自动化，它面对的是企业内部的用户。它利用 TCP/IP、Web 等 Internet 技术进行企业内部信息系统的构建，包括企业内部 EDP、MIS 和 DSS 系统等子系统。

（2）电子商务基础平台。电子商务基础平台为企业的电子商务应用提供运行环境和管理工具及内部系统的连接等，必须具备高扩展性、高可靠性和集中控制等特性，以使电子商务系统能在 24 小时内不停地运转，它是针对系统性能的。电子商务系统的基础平台由以下几部分组成。

① 负荷均衡部分。

② 连接/传输管理部分。

③ 事务管理部分。

④ 网站管理部分。

⑤ 数据管理部分。

⑥ 安全管理部分。

（3）电子商务服务平台。该平台是为电子商务系统提供公告服务的，为企业的商务活动提供支持，以增强系统的服务功能，简化应用软件的开发。它是面向商务活动的，这些功能的实现主要是通过集成一些成熟的应用软件来实现的。它主要包括支付网关接口、认证中心接口、客户关系管理、内容管理、搜索引擎和商务智能工具等。

（4）电子商务应用系统。电子商务应用系统是电子商务系统的核心，它对企业电子商务活动提供具体的支持，它是由应用开发人员根据企业特定的应用背景和需要来建立的，它是以实现企业的商务目的为目标的，使用各种与 Internet 有关的技术手段，在 Web 上建立起自己的电子商务应用系统。

（5）电子商务应用平台。电子商务应用平台是建立在整个系统的顶层，是直接面对电子商务系统的最终用户的。它有两个作用，一是作为和用户的接口，接收用户的各种请求，并将各种请求传递给应用系统；二是将应用系统的处理结果以不同的形式进行表达，将其再提供给不同的用户终端。该平台是以 Web 服务器为核心，其支持的终端为个人电脑、无线移动通信设备、个人数字助理、掌上电脑和其他信息终端等。

（6）安全保障环境。安全保障环境是保障企业商务活动安全的一整套方案，主要有安全策略、安全体系、安全措施等内容。安全策略是企业保障电子商务系统安全的指导原则，负责系统安全的提高；安全体系由保障系统安全所需的技术和设备构成，利用各种手段设置安全防线，防范不速之客的攻击。

2. 电子商务系统的设计

电子商务系统是一个集成的电子信息处理系统，用户通过多种联系渠道（EDI、FAX、Email、Web 页和电话等）联系企业，需求被接收后，生成订单，相应的信息处理就发生了，供应链被启动，这一过程主要是在 Internet 和 Intranet 上自动完成的。下面，对电子商务系统的设计做进一步地分析。

（1）模块功能设计。

电子商务系统的功能分为客户端和服务器端两部分。

① 电子商务系统客户层设计。

用户和电子商务系统打交道最多的是电子商务系统的客户层。客户端直接将用户的请求提交给服务器，并将处理结果向用户展示。因此，进行客户层的设计应为用户提供一个功能丰富的操作界面，应具有较强的兼容性，能满足用户在不同平台环境下运行的要求，使电子商务系统能为不同类型的用户提供服务。由于不同的客户层的运行环境（如硬件配置、操作系统和浏览器）的不同，为使不同的客户端都能正常运行，需要"瘦客户端"，即放在客户端的功能越少越好，而在服务器端的功能越多越好，能支持不同的客户层的运行环境。因此，客户层设计应考虑客户端平台、网络服务的质量和通信协议的选择等因素。

电子商务客户端部分设计的主体思想是：为客户提供一个良好的电子商务应用环境，通过提供友好清晰的用户界面和方便操作的帮助系统，使客户就像进入一家随时有导购人员指引采购的商城，既轻松愉快，又操作简单方便。电子商务客户端功能主要有两部分：一是企业形象宣传，如信息发布、产品介绍、合作伙伴介绍、友情链接、网上培训、技术咨询等直观展现部分；二是客户实际进行网上商务的实际操作部分，如会员登记、客户服务、订单、洽谈等内容。客户层程序的类型大致有：Web 浏览器、Java Applets、插件（Plug-in）和 ActiveX 组件及独立客户端程序等。

② 电子商务服务器层端设计。

服务器层主要负责电子商务系统的表示逻辑，向客户端提供服务，接收客户端发来的请求，将页面传送给客户端。因此，电子商务系统的信息处理和管理功能是在服务器端实现的，这部分功能又称为后台处理。服务器层的功能模块一般有：客户配置报价管理、客户配置方案管理、客户配置方案洽谈、客户订单管理、客户合同管理、客户支付管理、客户货款情况管理、客户货物配送管理、客户技术支持管理、客户产品服务管理、客户留言处理、客户登记管理和采购信息发布等。

（2）电子商务系统的软硬件平台。

① 电子商务系统的网络设施。电子商务活动是在网络环境上开展的先进的交易方式，参与各方都必须通过 Internet、Intranet 和 Extranet 紧密相连。上网方式主要有专线接入、服务器托管、虚拟主机和数据中心等。

② 电子商务系统的硬件平台。电子商务硬件平台包括服务器设备、数据存储设备等。

③ 电子商务系统的软件平台。电子商务系统的软件平台包括网络操作系统、Web 服务器软件（Apache HTTP、IIS、iPlanet、Web Server）、中间件（基于数据库的中间件、基于 TP Monitor 的中间件、基于 ORB 对象代理请求的中间件和基于消息的中间件 MOM）。

④ 应用数据库系统。应用数据库系统包括关系数据库、多媒体数据库、全文数据库和全文检索技术。

（3）主页设计思想。

每个企业的网站的主页是企业的门户，如何设计好主页是企业电子商务成功与否的关键之一。主页代表了一个企业的形象和企业发展方向的定位，也是企业宣传自己的一幅良好画面。因此，企业的电子商务系统的主页设计思想应体现以下几个方面。

① 应全面体现企业电子商务系统的所有功能。

② 应全面展示企业的服务内容和产品内容，企业能提供什么样的产品和服务。

③ 应全面展示企业的特点和特长。

④ 网页设计作为一种视觉语言，要讲究编排和布局。

⑤ 在网页设计中，根据和谐、均衡和重点突出的原则，将不同的色彩进行组合。搭配来构成美丽的页面。

⑥ 要将丰富的意义和多样的形式组织成统一的页面结构，形式语言必须符合页面的内容，体现内容的丰富含义。

⑦ 要吸引浏览者注意力，页面的内容可以用三维动画、Flash 等来表现。但要注意，由于网络带宽的限制，在使用多媒体的形式表现网页的内容时应考虑客户端的传输速度。

⑧ 避免过多使用框架和长页面。

⑨ 防止过长的下载时间、过时信息和大量地使用表格。

（4）数据库系统设计思想。

电子商务系统数据库子系统的设计应满足能储存和处理企业庞大产品及服务的相关数据、能保持主数据库与分数据库的数据一致、具有备份数据与恢复数据的能力及较高的查询响应速度等要求。数据库的设计应考虑到数据库管理系统的选型、异构数据库的连接和设计传递方式、设计安全性及保密设计以及字典设计等问题。

（5）电子商务系统界面的设计。

电子商务系统的界面设计主要包括用户界面设计和外部界面设计。

① 用户界面设计。电子商务系统一般采用 C/S 或 B/W/D 模式体系结构，客户端应用只要使用浏览器即可，系统以 WWW 网页形式与用户进行交互，具有统一、友好、图形化的用户界面，操作简单，无须复杂的培训，用户就能使用。电子商务系统主要是对数据库操作，用户的操作主要包括数据录入、查询、修改和删除等，为方便用户的使用，同一类型的用户界面应编成统一的风格。在用户操作过程中，应有尽可能多的和详细的提示信息，如在用户未执行保存操作而要退出修改或录入界面时，要提示用户进行存盘；而用户录入数据有误或数据不合法时要及时向用户报警，要求重新输入。

② 外部界面设计。电子商务系统与 ERP 系统之间存在有产品、配件、价格、销售计划等信息交换，与成本管理系统之间存在有产品库存以及资金占用等信息交换，与条形码输入系统之间存在有产品、仓库、商业单位等信息交换。外部界面设计主要是指电子商务系统与其他信息系统之间进行信息交换时所显示的界面设计。界面设计要求显示的交换信息正确，与电子商务系统和其他信息系统保持协调。

3．企业站点的组成

企业站点就是由一张一张的网页组成的网上企业。在网络上进行网络营销首先就要通过网页的设计和组织将本企业的相关信息展示出来。如同真实企业具有管理的组织结构一样。同时，网站的内容要将企业的产品、资源、组织、特点等多种信息充分展示出来，以方便消费者的浏览和获得信息。所以，一个完整的企业站点应由以下几部分组成。

（1）主页。主页也叫企业的形象页面，是企业网站的首页。作为一个企业在网上的"门面"，主页是浏览者进入后对企业网站的第一印象，是企业网站最重要的一部分，所以它的设计对整个企业站点来说非常重要。主页应包括企业名称、标志、对站点内容进行简单有效导航的菜单或图标、企业产品购物简介、着重标明最重要的新闻或修改内容以及客户与公司联系的地址等。主页制作应遵循快速、简洁、吸引人、信息概括能力强、易于导航的原则，同时，应纳入企业 CIS 计划，与企业 CIS 的其他内容协调一致起来。

（2）新闻稿档案。新闻稿档案包括服务及产品清单、要闻快讯、活动日程等内容。

（3）参考页面。创建并链接到与企业相关的特定主题的网络论坛或其他网络资源，这是使 Web 站点除了提供公司和产品信息之外，成为增加用户访问页面频率的最简单的方法。

（4）产品页面及新产品发布。产品页面的主要内容应包括产品简介及其价格清单、单个产品的页面、建立产品名称到产品页面的链接。产品页面采用信息分层、逐层细化的方法展示公司产品服务。每个信息层都允许用户在他所使用的信息深度范围内浏览。产品页面还可以利用高级的表格形式给目录增加新的风格和生动的图像，以吸引顾客。

（5）客户支持页面。客户支持页面就是专门利用 Web 站点来为客户提供服务和技术支持页面，许多用户上网并不是要购买产品，而是寻求帮助，企业站点应尽可能为客户提供服务和技术支持。在设计客户支持页面时，尽可能地能站在客户的角度，预料每种潜在的方法，向客户提供有用的信息和服务，使他们对企业及其产品产生亲切感。

（6）市场调研页面（FAQ）。企业可通过市场调研页面制作收集客户及其对产品、服务的评价、意见等信息，由此可建立起市场信息的数据库，作为市场营销决策的量化基础。

（7）企业信息页面。网上企业的特点之一是资信不易确定，这是网上购买者不轻易下订单的主要原因之一。在企业信息页面上应尽可能多地提供一些有关企业的信息，尤其是主要客户一览表。尽量提高企业资信的透明度，让客户从多方面了解企业的营运状况。

（8）网上广告。在企业站点中添加一些广告内容可以增加站点的吸引力。因为有些客户购买时喜欢货比三家，因此要浏览一些站点的广告以获得更多的产品信息，提供广告页面正好满足了客户的要求，也能提高企业站点的访问频率。

（9）其他内容。企业站点除了以上的基本内容外，根据自身的特点和需要还可以包括其他内容，如赞助商页面、货物追踪系统、电子货币、安全保密系统等。

　　企业站点除了要做到信息涵盖面广、容量大、使站点的内容覆盖企业多个部门的信息，并使访问者从不同详细程度了解这些信息。由于企业站点信息量大，为了使访问者迅速地获取所需信息，还应编排有序，并设置导航菜单或图标。另外，企业站点内信息及其信息源的信息应交叉链接，提高站点知名度与信息利用率。

4.2.2　电子商务系统实验的具体步骤

1. 需求（功能）分析

　　随着电子商务的发展，设计一个网上购物系统，首先要考虑购物网的运行机制，即要考虑它要实现什么样的功能。通过对网上购物系统的规划，可把系统划分为 6 个模块，即搜索、购物、付款、取消定单、确认和管理，以实现网上订购的功能。

2. 概念（框架）设计（如图 4-3 所示）

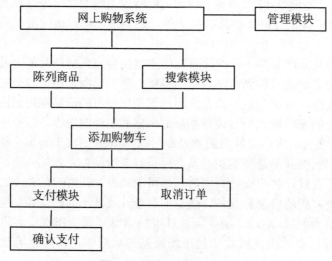

图 4-3　概念（框架）设计

以设计一个以"红房子"命名的购物网站为例，"红房子购物网"站文件清单如下。

（1）Shoppage_header.inc 包含文件，包含于每个页面的起始处，位置位于页面的顶部。

（2）Shoppage_trailer.inc 包含文件，包含于每个页面的结尾处，位置位于页面的底部。

（3）Default.asp 主页，包含其他功能的入口，例如：查看购物车、支付、商品搜索、取消定单、管理入口。

（4）Shopsearch.asp 搜索含有关键字的商品信息。

（5）Shopaddtocart.asp 实现把商品加入用户的购物车。

（6）Shopcheckout.asp 将订单信息和客户信息加入到数据库并对客户的订单进行归类。

（7）Shopadmin.asp 管理入口（包括对订购信息、商品管理、用户管理）。

3. 网站制作和设计实现

我们这里只介绍数据库的创建过程，相关 ASP 网页的制作将由其他课程具体介绍，这里不再赘述。根据对"红房子购物网"的分析，确定数据库应包含很多表，包括商品的信息、顾客的信息、支付方式、管理权限等，共需要 12 个表，因此创建一个含有 12 个表的相关数据库，如图 4-4 所示。

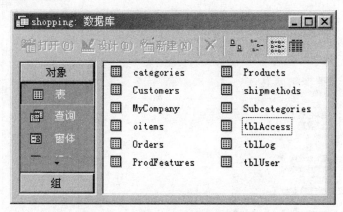

图 4-4 含有 12 个表的相关数据库

- categories： 商品类型表
- Customers： 顾客信息表
- MyCompany： 公司信息
- oitems： 订购项目
- orders： 支付方式
- Prod Features： 商品特征
- Products： 商品信息
- shipmethods： 配送方式
- Subcategories： 商品子类型表
- tblAccess： 管理权限
- tblLog： 管理日志
- tblUser： 管理员账号

（1）Categories 商品类型表。Categories 表存储编号、商品描述、材料组成、有无子分类及有无样品图片等相关信息，如图 4-5 所示。它包含下列域。

① CategoryID——长整型，自动编号。

② Catdescription——文本型，长度为 255 字节。

③ CatExtra——文本型，长度为 255 字节。

④ HasSubcategory——文本型，长度为 5 字节。

⑤ CatImage——文本型，长度为 100 字节。

表字段设计完以后，开始添加记录，也就是添加商品的类型，包括玩具、旅行包、办公文教等，根据相应的字段名确定记录的内容，记录添加完以后如图 4-6 所示。

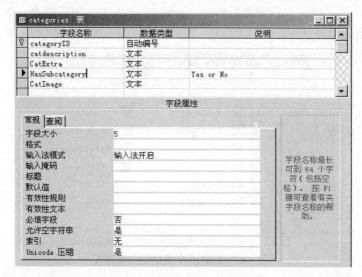

图 4-5 categories 商品类型表

categoryID	catdescription	CatExtra	HasSubcategor	CatImage
1	玩具	Extra stuff	Yes	vpdemo_whacky.gif
2	旅行包			vpdemo_cruise.jpg
3	办公文教			
4	五金、工具			
5	服装、服饰			
7	娱乐、运动			
8	工艺品、礼品			
9	电脑、网络、软件			
10				
（自动编号）				

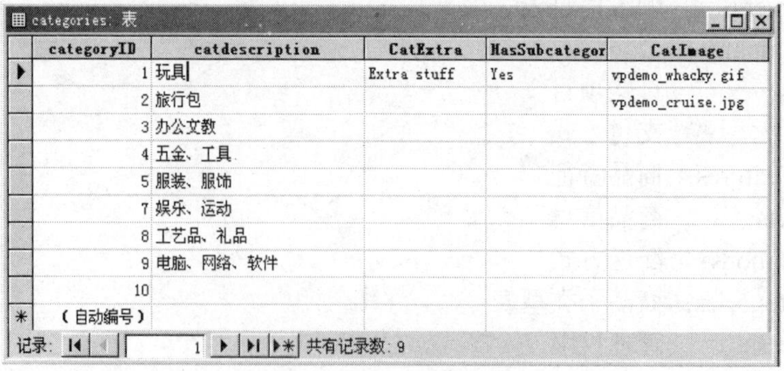

图 4-6 在表中填加记录

（2）Orders 支付方式

Orders 表存储订单编号、顾客编号、订单提交日期、订单数额及顾客资料等相关信息，如图 4-7 所示。它包含下列主要域。

① orderID——长整型，自动编号。

② ocustomerid——数字型。

③ odate——日期/时间型。

④ orderamount——文本型，长度为 255 字节。

⑤ oname——文本型，长度为 100 字节。

⑥ oemail——文本型，长度为 255 字节。

⑦ oaddress——文本型，长度为 150 字节。

⑧ ocity——文本型，长度为 100 字节。

⑨ opostcode——文本型，长度为 20 字节。

⑩ ostate——文本型，长度为 50 字节。

⑪ ocountry——文本型，长度为 100 字节。

⑫ ophone——文本型，长度为 150 字节。

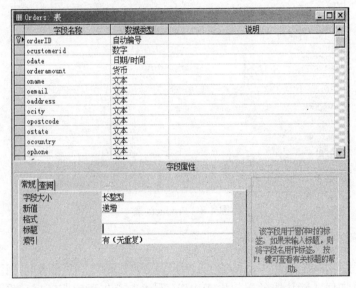

图 4-7 Orders 表

（3）Products 商品信息。Products 表存储商品目录编号、商品名称、商品描述信息、商品价格及商品特征等相关信息，它包含下列主要域，如图 4-8 所示。

① catalogID——长整型，自动编号。

② ccode——文本型，长度为 20 字节。

③ cname——文本型，长度为 50 字节。

④ cdescription——备注型。

⑤ cprice——货币型。

⑥ Features——文本型，长度为 80 字节。

⑦ cimageurl——文本型，长度为 100 字节。

⑧ Buttonimage——文本型，长度为 100 字节。

⑨ cdateavailable——日期/时间型。

⑩ cstock——数字型。

⑪ ccategory——数字型。

⑫ category——文本型，长度为 90 字节。

⑬ weight——文本型，长度为 80 字节。

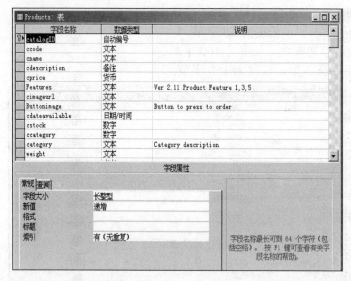

图 4-8　Products 表

4. 实践检测

基于红房子购物系统的制作，最终的目的是将购物系统上传到网上，让用户可以网上购物。那么究竟如何才能让服务器提供 WWW 服务？首先确定服务器已经连入 Internet。然后对服务器进行相应的系统配置。配置服务器时，应注意一些事项，其中最重要的是服务器应易于建立和管理。其次，应注意服务器的安全性。如果服务器只为用户提供大量的信息，那么安全性问题并不十分重要。如果需要在网上传送重要的信息，应确保数据在传输之前进行加密，这样可以使用一种安全机制进行传输。服务器必须支持 ASP。为了方便普通用户在 Windows 98 下发布自己的主页，Microsoft 推出了一种功能相对简单的 Web 服务器软件 Personal Web Server（PWS）。

（1）PWS 的安装。在 Windows 安装盘的 Add-on 目录下找到 Personal Web Server 的安装程序。运行之后将会出现如图 4-9 所示的界面。

单击"下一步"并选择"自定义"安装，选择要安装的组件和 Web 主目录所在位置后，安装程序将开始安装直至结束。Windows 桌面上将出现"发布"图标。双击该图标后就会出现 PWS 的发布页面的主屏。

（2）PWS 的设定。单击主界面的高级选项，用户可以更改主目录，添加虚拟目录，设定目录权限，设定默认文档，决定是否允许浏览目录，是否记录日志。更改主目录时，双击 Home ，出现如图 4-10 所示的对话框界面。用户可以更改 WWW 的根目录。

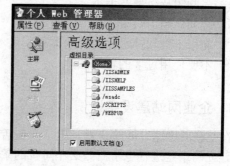

图 4-9　PWS 安装界面　　　　　　　图 4-10　"个人 Web 管理器"界面

增加虚拟目录时，用户可以把不在当前 WWW 主目录的目录设置为虚拟目录。

（3）网页发布、浏览：到现在为止，服务器可以提供 WWW 服务了。试着在 IE 上浏览红房子购物网，打开 IE，在 IE 地址栏中输入本机的 IP 地址（如果在单机上可以用 127.0.0.1 或者 localhost）。

5．维护与管理

根据站点的规模、目标和任务的轻重缓急，维护站点的工作需要用任务列表的方式分配给专人负责，定期进行维护。站点管理员要检查、跟踪链接的当前状态，督促工作人员及时地完成指定的任务，主要的维护工作包括以下几个方面。

（1）更新过时的内容。

网页的内容具有较强的实效性，经过一段时间之后，文本、图片可能将不再准确地反映最新的情况，这时就需要对文本、图片进行更新。更新图片时，必须打开每个网页，将新的图片插入到网页内。

（2）改善导航与网页横幅。

由于网页的内容已经发生了变化，导航条与网页横幅也应该进行改变，使之能及时的反应、跟踪网页的内容。导航条的位置、标签、结构、外观都是在维护站点时应该关注的对象。在维护站点的过程中，往往需要多人共同协作。在此情况下，遵循统一的原则并将它贯彻在日常维护工作中是非常必要的，应该遵循的原则包括以下方面。

① 明确意图；② 考虑对象；③ 精用图片；④ 构思精巧；⑤ 易于漫游；⑥ 查找文

件；⑦ 替换文本；⑧ 设置站点选项。

（3）网页优化时要注意的几个方面。

① 突出网站的主题。

② 商业价值永远是网站存在的意义。

③ 严谨的主页栏目，简洁就是美。

④ 去掉多余图片。

⑤ 限制图片数量及大小。

⑥ 合理使用 JPG 和 GIF 图片文件。

⑦ 利用工具软件优化图片的体积。

⑧ 不要使用过多的背景图片。

4.2.3　企业网站建设实训

在互联网迅速发展的今天，电子商务活动几乎都是通过各种网站来实现的。因此，开发和建立网站是进行电子商务必不可少的条件。企业要实行网络营销，首先必须建立自己的网络站点。企业站点是由众多的 Web 页面组成的，这些页面设计的好坏，直接影响到这个站点能否受到用户的欢迎。

1. 企业网站建设应考虑的因素

判断一个企业网站建设得好坏，要从多方面综合考虑，不能仅仅看它设计得是否华丽，而应该看这个站点能否最大限度地替用户考虑。要想制作一个有吸引力的网站，至少应该符合以下一些基本标准。

（1）产品为核心。

顾客在访问企业的网站时，关心的不是企业领导人的信息，也不是企业的组织结构图，而是能够提供什么样的产品、产品的优势是什么。所以，以产品为核心是企业网站成功的前提。产品信息一般包括以下几方面内容：产品名称、产品规格、产品用途、产品特性（指本产品与其他产品的区别或优势所在）、出口地区、产品认证情况及产品图片。其中产品规格、产品用途和产品特性等信息应尽可能详细地描述。

（2）上网速度快。

由于 Internet 发展迅猛，用户在网上浏览购物的机会越来越多，而耐心则越来越少，因此等待越长抱怨越多。如果该站点在很短的时间内不能提供有用的信息，消费者将毫不犹豫地选择另一站点。因此，企业的主页应该设计得简洁一些，以便用户可以很快有内容可看，不至于感觉等待得太久。

足够的带宽是进行快速访问的保证。虽然宽带应用日益普及，但多数单位仍采用 ASDL 共享的方式。这种方式对规模较大的网站明显不能满足访问需要。如果访问者再经常遇到诸如"本店正在装修，请以后再来"的情况，则会打击访问者的积极性，从而严重影响站点和企业的形象，其后果是降低了站点的访问率，产品的销售量和企业的效益都会受到影响。

为了解决这一问题，首先应将网页中图片和图像进行相应的优化，去除多余的图片，使用 GIF 或 JPG 格式文件，限制图片的大小，不使用大背景图像及利用工具软件使图片变小，通过以上方法加快上网速度。同时，要将网站通过虚拟主机或托管的方式架设到宽带满意的 ISP 机房。

（3）信息更新要及时。

网站信息必须经常更新。在网站建设的初期，很多人错误地认为，要想让网站吸引人，关键在于网页要尽量做得漂亮。但随着网络经济的发展，人们越来越清楚地认识到，这种看法有片面性，主页设计得好，故然会吸引人们的一两次注意，要想长期吸引住浏览者，最终还是靠网站的内容。

网上虚拟运作的最大优势，就是企业可以利用网页向客户提供最新、最及时的信息。它比传统的方式要快许多。企业经营的信息变化如价格调整、优惠安排，或者营销战略的实施可以在决策的同时，实时地在网页上反应出来。网页内容的频繁更新带来了网站内容的维护问题。特别是内容庞杂的网页，内容更新需要专业的设计。谁来负责更新网页内容？网页内容多长时间更新一次？采用何种更新的方式？这些现实问题，网上企业必须要考虑。

目前国内大多数企业的网站自建成之日起就不再更新信息，这里一方面是管理的原因，另一方面也是因为修改页面是一项技术性较强的工作，业务人员无法完成，而企业的信息技术人员往往又不了解生产和销售业务，因而造成信息发布的延迟。所以，要想真正发挥站点的功能，及时发布最新的产品住处和企业动态，网站应该为业务部门提供方便的信息管理端口，使不懂技术的业务人员能够方便地增删信息，确保信息的及时有效。

目前，常见的网页内容更新方法有三种：其一是利用具有特定功能的软件自动更新，如每天或每周将内容更新；其二是设立"新消息"栏目，利用更新软件，自动检索数据库内容的变化，并将更新的内容自动发布于"新消息"网页；其三是采用形式上的更新，有些网站将内容在表现形式上更新。即使是相同的内容，其强调的内容和排列顺序可随时间滚动变化。无论访问者何时进入该网页，都会有一种新鲜感。对于那些网站内容对时间的变化并不敏感的网页，这种更新方法也是有效的。

每次更新的网页内容要尽量在首页中提示给浏览者。由于网站内容的结构一般都是树型结构，所有文章都包含在各级版块和栏目中，浏览者并不知道更新了哪些东西，如果每次都让用户到版块或栏目中去找，会浪费用户的大量时间。所以在这种情况下，一定要在主页中显示出最新更新的网页内容，以便于浏览者浏览。另外，应及时剔除过时网页，并保持 URL 的一致性。

（4）完善的检索能力与导航能力。

网站的设计除了要考虑如何提供有价值的信息外，还要考虑网站页面的结构设置是否便于客户浏览和查询信息。如何合理地组织要发布的信息内容，以便让浏览者能够快速、准确地检索到要找的信息，这是一个网站内容组织是否成功的关键。如果网站的结构设计不能使顾客方便、快捷地找到所需的信息，再好的设计也不能长久吸引客户。即使将他吸引到了网站主页，他也会中断访问。为了达到上述设计目标，一些网站在网页上设计了信息索引、目录索引和关键词检索。使用者能很快地找到感兴趣的那部分信息。因此，有一定规模的网站一定要提供检索功能，以便于用户查找本网站的信息及相关信息。

为了给浏览者创造方便条件，网页设计者经常将网页内容设计成树状结构，方便纵向查询。访问者从主页开始就可以层层深入到所有"树权"和"树梢"的信息内容。另外，还可以设计一个搜索系统，进行目录检索，让访问者很容易地就找到相关的内容。网站的搜索系统设计应相当周全，允许访问者从任一页面进入，如详细的产品规格。同时，在网站的任何一个页面都要设计有"返回主页"的链接，以方便访问者回到首页。

（5）网站的信息交互能力要强。

网站建设必须强调其交互功能。只有当浏览者能够很方便地和企业信息的发布者自由地交流信息时，该网站的魅力才能充分体现出来。网上论坛的设立可以在消费者和企业之间展开对产品的种种讨论。网络营销人员还可以借此收集市场信息，制定有效的营销计划。而网站将消费者的反馈信息直接在网上公布，使消费者回访该网站，并由此形成与顾客的固定关系。

当顾客在网上找到感兴趣的产品时，不仅可通过电子邮件方式进行询价和反馈，企业还应对用户所提问题及时给予解答，迅速做出反应。网站上应该提供相应的信息反馈模块，使顾客能够针对某个或多个产品方便快捷地了解情况。同时，企业的业务员应该能够及时查到顾客的反馈信息并及时回复；每个业务部门或业务员应该能够针对其发布的产品，方便地管理顾客的信息和反馈信息。这种交互性应体现在信息发布交互、用户兴趣的培养及关系的融洽上。

2. 企业站点的创建步骤

企业营销网站的建设是一项技术性很强的工作，必须遵循科学的步骤，同时网页设计应以浏览者为中心，努力提高网页对顾客的吸引力。大体上创建一个企业的网络站点有以下几个步骤。

（1）确定站点的主题、营销目标。企业站点的建立必须围绕营销的目标展开，因此，创建企业网站首先应确定站点的主题和营销目标。一个站点不可能包含所有的信息，面面俱到不可能设计出好的站点来，因此在建站初期就应有明确的指导方针，确定站点的发展方向，设计几个拳头性的服务项目。每个站点都要有其目的性，或是侧重于营利，或是侧重于宣传产品。就当前来讲，许多企业在网上设置自己的网页，其目的常常不是在于直接的网上销售量，而是着眼于网络营销所带来的其他效应。如通过网络营销向潜在顾客提供有用信息使之成为购买者；提高品牌知名度；提高顾客的忠诚度从而留住顾客；支持其他营销活动；减少营销费用和时间等。企业在引入网络营销的时候可根据自身的特点，设定相应的营销目标。

（2）信息的收集、整理。在开发企业站点时，信息是其中最重要、最困难的一个方面。在信息的收集、整理过程中应注意以下问题：确定要提供信息的类型和来源；建立一个收集信息、转换为 HTML 和不断更新信息的工作流程；为信息生成一个目录结构，并在文本之间建立超文本链接；保持信息结构的灵活性，以适应更改和今后的发展；使信息的数量和质量之间保持一种平衡。

（3）对网络站点进行整体设计。总体设计在站点的建设中是非常重要的。在前期准备工作完成后，如何把信息以恰当的形式表现出来，就成为站点建设中工作的重点。必须创建一种易于人们查找的信息和站点的结构。好的页面设计以及有意义的新的内容是引起用户兴趣并鼓励其反复访问页面的关键。

（4）设计支持上述主题、营销目标的网页内容。网站的总体结构设计出来后，下一步就是对各个页面内容的详细设计。在目前的通信条件下，大多以 WWW 形式访问主页，主页页面应尽量做到简洁。在文字、图像的安排方面，应多考虑远程用户的使用方便。其指导思想是以文字信息为主，声像为辅。因为声像可以活跃和丰富页面，表达文字传送所不能表达的信息，但影响网页的下载速度。

（5）将这些文档转化为 HTML 文件并上传到网站上。

3. 网站建立的流程

建立一个网站通常要经历 3 个阶段，即网站规划、网站开发、网站发布。

（1）网站规划阶段。

任何一个成功的商务活动都起源于良好的规划，网站的规划就是对网站的建设进行总体设计，包括服务对象与目标的定位、经营模式的选择、网站内容与开发工具的确定，以及经费与进程的估算。具体来说，在网站规划阶段，需要进行的工作包括以下 9 个方面。

① 网站的定位。无论是建立什么样的网站，甚至只是做一个简单的主页，人们面临的首要问题都是：做些什么？在网页上把什么展现给大家？这些问题的回答首先都依赖于对网站的定位。网站的定位应进行以下的工作。

● 确定网站的类型和领域，如表 4-1 所示。

表 4-1 网站的几种典型类型

类　　型	具　体　内　容
信息	新闻、图书馆数据库、教育站点、联机课程、医学数据库
商务	公司站点、广告、市场营销和产品信息、产品和服务销售
社区组织	联机报纸、法律法规数据库
个人	生平简介、特殊的爱好和兴趣
其他专题	旅游、体育、科学、食品

如果不首先确定自己的网站类型和业务领域，则网站的建设就无从下手。所以，各类网站在筹建时首先应确定网站的类型。但由于网站的定位对网站的经营和发展有重大的影响，确定网站的类型与业务领域并不是一件容易的事情，特别是投资大的网站。为此，常需要运用技术经济分析方法选择网站的类型和领域。选择网站类型应考虑以下几方面的因素。

> 擅长的专业领域。
> 投资的规模。
> 可获取的技术与人才。
> 各类网站的市场需求状况。

● 确定网站的服务对象。

确定网站的类型与业务领域后，就要开始考虑网站所要面对的用户，因为即使是同一类网站也可以有不同的服务对象。确定网站的服务对象一般可以从以下几方面入手。

> 用户的年龄与性别结构。
> 用户的文化层次。
> 用户的职业与职业分布。
> 用户的地域分布。
> 用户的个性偏好。

● 确定网站的主题和服务范围。

网站的特色最重要的表现之一是有一个明确的主题。如果网站的内容和业务不相联系和衔接，则会给人主题模糊的感觉，这类网站通常难以吸引稳定的用户。主题的选择取决于事先确定的网站类型、涉及的专业领域、选择的服务对象和设计者的创意。其中，网站设计者的创意有决定性的影响，有特色的网站大多是建立在独特的主题创新基础上的。实际上，网络上的网站题材千奇百怪。对网站主题的选择应考虑以下几个方面。

> 主题要小而精，定位不宜太大，内容要精。
> 题材最好是自己擅长或喜爱的东西。
> 题材不要太滥或目标太高。太滥指人人都有的题材，如软件下载、免费信息、聊天、论坛等；目标太高指要超过知名度很高的站点。

● 选择网站的经营模式。

从组织管理的角度来分析，一个网站可分为盈利性和非盈利的。盈利性的网站要想运行好，必须有经营的理念。而经营的基础是要有一个合理的经营模式，它包括网站内容、栏目的安排、业务的处理方式及相互之间的关系等。

● 制定网站的发展目标。

目前，整个互联网还处在初级发展阶段，其中孕育的机遇十分巨大，正确地评估自己的网站在整个互联网发展历程中所处的位置，把握其未来发展的方向并做出长远的规划，才不失为有远见的经营之道。一个网站可从以下 3 个方面分析其所处的内外环境并确定其未来发展的方向。

> 市场。市场是网站运作首先要考虑的因素。没有用户和市场，网站就失去了存在的价值。

> 技术。从长远看，技术是决定一个企业命运的最重要的因素，是企业获得竞争优势的最重要源泉。在网络时代技术的发展是如此之快，以至于很多企业还没有准备好就被新技术淘汰了。因此，技术的风险是除市场风险之外影响企业生存的第二大风险。充分追踪、研究、开发新技术、评价、选择新技术才是各类网站依托技术来开发服务，使自己不断壮大的正确选择。任何离开适合自身发展的新技术支持的企业都不可能长久。因此，一个企业也好，一个网站也好，要想规划好自己的发展计划，还需要从技术的角度来加以考虑。

> 产业。任何一个企业、机构或组织都可以归属到一定的产业中去，新兴产业总是孕育着大量的机遇而具有巨大的发展空间，而新兴产业的产生和发展又得力于根本性的技术创新和市场创新。因此，新建网站在制订其长远发展目标时，不能仅仅限于现有的产业领域，而应该在更大的市场目标和更高的技术目标基础上瞄准更新的产业，这样才能获得更大的发展空间。所以，在网站建设初期，以新兴产业为发展的目标可以为之争取更大的发展空间。

② 规划网站的业务内容。

确定了网站的定位后，应该着手规划网站的具体业务内容。即表现在网站的网页版块和栏目上。一是围绕主题广泛收集和组织各种相关资料和内容；二是配合所收集的资料设计网站将要提供服务的具体内容，尤其是提供有特色的服务。在网站栏目规划和业务内容设计时，应注意以下问题。

● 内容要紧扣主题。主题定位要放在栏目设计之前，栏目是为主题服务的，需要将主题按一定方法分类，不围绕主题所规划的内容，只会使主题定位形同虚设。

● 要把最直接表现主题且最吸引人的内容放在最突出的位置。这样才能使用户直奔主题，使网站的价值在最短的时间内被用户了解。

● 应设立一个最新更新栏目和网站指南栏目。这样做的目的是为了照顾常来的访客，让主页更人性化。通过提供信息定制服务，让用户在网上定制自己感兴趣的内容，并为之提供类似"我的公文包"的栏目，使用户在登录后可以直接看到所关心的内容的最新资料，可大大提高网站对用户的亲和力。而当网站内容丰富时，应提供站内的搜索引擎并设置导航栏目，帮助初访者快速找到他们想要的内容。

● 应该包含可双向交流的栏目。良好的双向交流机制可以使用户充分参与到网站的建设中来，它可以使用户和网站双方均能获益，有助于用户从网站上获得真正想要的东西。调查表明，提供双向交流的站点比简单的留一个 Email 地址更具有亲和力。但这种栏目不宜过多，而且栏目的设置要紧扣主题。

● 可以设立一个下载或常见问题回答栏目。如果网站经常收到有关某方面的问题，最好设立一个常见问题回答栏目，既方便用户，又节约了网站维护时间。另外，网站上设立一个资料下载栏目，会得到用户的欢迎。

③ 设计业务处理流程。

完成了网站的内容规划后，就需要开始把这些内容变为可以在网站上看到的页面。但初次开发网站或设计主页的人常常会遇到这样的问题，不知道应该先开发哪些，后开发哪些，或是想到哪里就开发到哪里。结果是网站的内容不连贯，结构混乱，栏目不完整。因此，在网站设计时，为解决上述问题，可以把各项内容或各栏目当做一定的功能模块，通过设计它的业务流程来规划内容的开发步骤。

④ 确定网站的子站点布局。

对于规模比较大、存在版块划分的网站，可以考虑把整个站点分成若干子站点，每一部分内容的更新只要对子站点更新就可以了，而不要重新发布整个站点。另外当某个站点出了问题时，不会影响其他站点的浏览。

⑤ 规划网站所需页面和链接结构。

下面就要考虑这个网站的各个栏目需要哪些页面。网站的所有内容最终是要通过网页表现出来的，根据前面的介绍，可以根据业务流程设计来规划流程上各节点所需的页面。一般来说，网站的链接有两种基本形式：

- 树状链接结构（一对一）。其优点是条理清晰，访问者明确自己在什么位置，不会迷路；缺点是浏览效率低。
- 星状链接结构（一对多）。这种链接结构浏览方便，随时可到达自己喜欢的页面。缺点是链接太多，容易使浏览者迷路。在实际的网站设计中，总是将这两种形式混合使用，最好的办法是首页和一级页面之间用星状链接结构，一级和二级页面之间用树状链接结构。如果站点内容庞大，分类明细，需要超过三级页面，就应该在页面里显示导航条，帮助浏览者明确自己的位置。

⑥ 确定网页的设计风格。在具体克服每一个页面之前，还需要确定网页的设计风格，一方面可以增加网站的特色，另一方面可以避免各页面的风格不协调，特别是在进行多人分组开发时。所谓风格是站点的整体形象给浏览者的综合感受，它包括站点的 CI、版面布局、浏览方式、交互性、文字、语气、内容价值、存在意义等诸多因素。风格应该是独特的，是区别自己站点与其他站点不同的地方，一眼就能让浏览者分辨出网站的特色。另外，风格是有人性的。通过网站的外表、内容、文字、交流等，可以概括出一个站点的个性来。有风格的网站与普通网站的区别在于普通网站的用户看到的只是一堆堆在一起的信息,,而有风格的网站可以是用户浏览后能有更深一层的感受。

⑦ 选择网站开发软硬件平台和工具。

网站开发的基本思路都确定下来后，就要开始为开发配备软硬件平台和开发工具。软硬件平台和开发工具是影响网站开发效率和运行安全稳定性的重要因素，也是网站投资的重要组成部分。

- 硬件平台。一个网站的建立至少要配备一台 Web 服务器，规模较大的网站还应该有邮件服务器、数据库服务器、DNS 服务器和防火墙服务器等，小型网站可以把几种服务功能放在一台服务器上。

- 软件平台。软件平台包括 3 类：系统平台、Web 服务器平台和数据库平台。

⑧ 预算网站建设所需经费。

对于网站的投资人来说，建设费用是他们最关心的，也是网站成败的关键因素之一。一般网站的建设需要以下费用。

- 网站前期准备费用。包括市场调查费、域名注册费、资料素材收集费、网站初步设计费、硬件购置费、软件购置费、其他费用。
- 网站开发费用。主要是开发网站的人力成本。
- 网站宣传费用。
- 网站文化与更新费用。

⑨ 安排网站开发进度。

如果有了好的网站创意而迟迟不能变为现实，则很有可能在较短的时间内失去创新领先的优势。一般是把网站开发的流程确定下来后，确定出每一项任务的起止时间。中型网站（约 200 个页面，10MB 信息容量）的网站规划大约需要 10～15 个工作日，页面设计和程序设计 15～30 个工作日，网站测试 7 个工作日，共需要 2 个月左右。

（2）网站开发阶段。

① 网站开发前期。

- 申请网站的域名。
- 组建局域网。
- 安装软件平台及开发工具。

② 网站页面内容编排。

- 确定每页具体内容，尤其是首页的功能模块、版面等。
- 各页面内容的排版。
- 各页面内容的链接。

③ 网站程序设计。

④ 网页美工设计。

⑤ 站点测试与修改。

首先进行本地站点测试，其次发布站点测试，然后是网站安全性测试。

（3）网站发布阶段。

① 站点发布可采取虚拟主机方案、服务器托管方案或 DDN 专线接入方案。

② 站点更新包括原有栏目的内容更新、栏目重组与创新、网站软硬件升级等内容。

4. 企业建站应做的一些工作

（1）域名注册。企业建立网站的基本条件之一是申请域名，无论申请国际域名还是国内域名，至少有一个域名才能让访问者访问将自己的网站内容。随着企业上网的迅速发展，域名申请代理机构如雨后春笋一般涌现。当然，域名申请机构的服务范围并不仅限于企业上网。

（2）网站设计和网页制作。企业的基本信息是通过网页传达给大众的，网页制作是企业上网的基本服务项目之一。企业应找专业人士完成适合在线生意的网站设计和网页制作，并提供主打产品或服务外的附加有价值的信息内容。

（3）虚拟主机。对于大多数中小企业来说，网站内容比较简单，以发布企业产品信息为主，信息量不大，没有必要自行配置 Web 服务器，租用虚拟主机是最为便利和廉价的方式。随着企业上网数量的增加，虚拟主机提供商势必获得巨大商机。

（4）服务器托管。不能满足于虚拟主机的企业，一般可采用服务器托管的形式建立自己的网站，这种方式企业有更大的自主性，可根据自己的需要设置网站的功能，能满足较大信息流量的要求，不必受虚拟主机提供商的制约，费用比专线上网要便宜，因此，为不少中型企业所采用。

（5）建立在线交易和在线支付平台。

（6）建立网上交易的物流配送系统。

（7）制订在线推广计划。将网站中主要页面向世界各大搜索引擎和中国主要的搜索引擎登记注册；编写营销邮件；及时有效地监控在搜索引擎中的排名，并维护其排名；对竞争对手进行适时有效的监控；

（8）对员工进行网站维护知识和互联网营销知识培训。

企业在这一阶段的特征主要表现在：有上网的意识，但缺乏对网上经营的了解；没有专业人才；没有或者只有较少的财务预算；对上网时机的把握没有明确的信号；对如何上网、上网的基本条件和投资等信息缺乏足够的了解。企业上网与否，偶然因素往往起决定作用。

大多数企业上网的初期阶段非常相似：尚未建立内部信息系统，一般通过当地 ISP 申请上网账号，通过拨号的方式上网。如何找到网上资源，如何利用网上信息资源，诸如此类的问题可能都还没有完全解决。其他问题如上网后能为企业带来什么效益、如何利用互联网进行网上经营活动等都不可能制定明确的计划。因此，上网企业应怎样有效地利用网络资源，如何避免免费资源对公司形象的伤害等问题的处理，取决于企业是否逐步正规地向有计划的网上经营阶段发展。

4.3　电子商务系统的实现导读

电子商务系统的实现是一个十分复杂的系统工程，涉及方方面面，需要每个环节的配合，才能完成电子商务系统的设计和实施。其实现应进行以下几个环节的工作。

1. 进行电子商务系统建立的可行性分析

具体内容有以下几方面。

（1）企业目标和战略分析。

① 企业目前销售或提供什么样的产品和服务。

② 企业目标市场的特征和客户结构。

③ 企业当前用什么方式实现其目标、成本如何。

④ 企业用什么方式保证产品和服务质量，其核心竞争力如何。

⑤ 企业用什么树立企业形象，市场份额如何。

（2）企业内部环境分析。

① 企业内部的态度。

② 企业过去的经验和现状。

③ 企业员工的素质。

④ 企业所使用的技术。

（3）企业外部环境分析。

① 同行业竞争对手的情况分析。

② 上下游企业的基本情况。

③ 技术应用和开发情况。

④ 成功与失败的案例。

（4）成本半字线效益分析。

① 成本分析。

② 效益分析。

2. 电子商务系统实现策略的制定。

电子商务系统实现的策略有三种。

（1）自行研制和开发。该方法成本较低，开发灵活，比较适合中小型企业。

（2）全部或部分外包。该方法十分简单、省事，但企业自身的特点和需求反映较差，运作受限，需支付较高的外包费用。

（3）购买现成的电子商务软件系统。该方法比较简单，可满足企业的绝大多数功能的使用，不必自己配备软件开发人员，比较经济，但功能受制于已经开发好的软件系统的功能，无法满足自己的所有需要。

3. 电子商务系统的网站总体形象设计

一个成功的电子商务网站，必须有很高的点击率，必须能吸引足够多的人登录网站，并给他们留下难以忘却的印象。只有这样，才能使电子商务得以开展。因此，一个电子商务网站的形象的好坏就十分重要。网站的形象设计可以从以下几个方面入手。

（1）设计令人难忘的网站标志。

如果网站是一个企业网站，公司的标志或注册商标就可以直接作为网站的标志。如果没有现成的标志使用，就需要设计制作一个网站的标志（logo）。如同商标一样，logo 是站点特色、内涵和企业风貌的集中体现，看见 logo 就让大家联想起某某站点。标志可以是中文、英文字母，可以是符号、图案，也可以是动物或者人物等。

图 4-11　搜狐网站的标志图像

① 标志图像的设计创意，创意应来自网站的名称和内容。比如：IBM 公司是以英文字母稍加处理作为标志；新浪网是用字母 sina 和一只眼睛作为标志；搜狐网站把 sohu 四个字母设计得很有特色，同时还配了一个可爱的狐狸的形象，如图 4-11 所示。

② 网站标志设计创意的思路有以下几种。

- 选用网站有代表性的人物、动物、花卉等，可以用他们作为设计的蓝本，加以卡通化和艺术化，例如麦当劳的小丑、搜狐的卡通狐狸、牡丹集团的牡丹花。
- 网站有专业性的，可以以本专业有代表的物品作为标志。比如中国建设银行的铜板标志、美国苹果电脑公司的苹果标志等。
- 最常用最简单的方式是用自己网站名称的英文字母做标志。采用不同的字体、字母的变形组合可以很容易制作好自己的标志，如微软集团网站的标志就是大家十分熟悉的 Microsoft 几个黑色字母的组合。

（2）选择网站的标准色彩。

网站给人的第一印象来自视觉感受，确定网站的标准色彩是很重要的一步。不同的色彩及色彩的搭配产生不同的效果，它不但关系到网站内容的传达，并可能影响到网上浏览者的情绪。这种色彩的心理效应早就为广告业的设计师们所利用，并以企业的标准色的形式出现在企业形象之中，形成了商业文化的一个重要特点。选择网站的标准色彩应突出企业自己的标准色，也就是该企业在自己标志、产品及宣传品等方面统一使用的一个固定的颜色。如 IBM 的深蓝色，肯德基的红色，已经成为它们的标志和象征。我国的一些大企业也确定了自己的标准色，如中国邮政的绿色，联想集团的蓝色等。这种色彩与这个企业的形象已经融为一体，成为企业的象征，使人们对它由熟悉了解而产生信任感和认同感，如果将 IBM 改用红色或金黄色，将麦当劳的 M 改为深蓝色，我们会有什么感觉呢?一定是惊诧的，令人不敢确认。网站上使用企业的标准色，一方面要能体现企业形象，另一方面要有自己的特点，便于与其他公司的网站区分开。一般来说，网站的标准色彩只能是一种，具体应用时可以标准色为中心，利用它的明度变化产生不同的色彩。标准色彩要广泛运用于网站的标志、标题、主菜单和背景色块，使网站给人以整体、统一的印象。其他色彩只是作为对比和衬托，绝不能喧宾夺主。

（3）选择网站的标准字体。

有一句话叫"字如其人"，意思是说一个人写的字体能表现出他自己的性格特点，因此我们也可以说字体是有性格和感情的。这个道理同样可以用于网站对标准字体的选择上。网页默认的字体是宋体。这里的标准字体是指用于标志、标题、主菜单的特有字体。为了体现站点的"与众不同"和特有风格，可以根据需要选择一些特别字体。例如，少年儿童站点可以用咪咪体，给人以活泼童真的印象；传统艺术站点可以用篆字、隶书，可以衬托出深厚的文化底蕴；高新技术站点可以用艺术体，以显示出简洁、强烈的现代感；而政府站点的标准字体则应在宋体、黑体或楷体中做选择，显得庄重、大方。设计者可以根据自己网站所表达的内涵，选择更贴切的字体。目前常见的中文字体有近百余种，常见的英文字体种类更多，市面上可买到专门的字库软件。另外，网络上还有一些站点提供许多专用英文艺术字体下载，要寻找一款满意的字体并不算困难。需要说明的是：使用非默认字体只能用图形图像的形式出现在网页中，因为很可能浏览者 PC 的字库里没有安装你所选择的特别字体，那么你所设计制作的网页便不能被显示出来。

（4）构思网站的广告词。

冗长而又无关紧要的内容让人很难记住，在传达信息时必须进行高度精炼、使广告词简明和好记，把网站的"卖点"精简为几个字的广告词，既表达了网站的内涵，又使人过目不忘，留下深刻印象，这也是网站形象设计要考虑的问题。

标志、色彩、字体和网站广告词是一个网站树立形象的关键，确切地说是网站的表面工作，设计并完成这四项工作，网站的整体形象就有一个基本的轮廓，下一步的工作应是确定网站的栏目和版块。

（5）网站整体风格和创意设计。

网站的风格是指站点的整体形象给浏览者的综合感受。这个"整体形象"包括站点的标志、字体、标语（广告词）、版面布局、显示方式、交互方式、文字风格、内容价值等诸多因素；能给人们留下的不同感受。

① 网站的风格有以下几个特点。

● 风格是独有的、是与其他网站所不同之处。在字体、色彩或者技术上能让浏览者明确分辨出这是你的网站特有的。

● 风格是有个性的。通过网站的外表、内容、文字的交流可以概括出一个站点的个性、情绪。是温文儒雅，是执著热情，是活泼易变，还是放任不羁。像诗词中的"豪放派"和"婉约派"，可以用人的性格来比喻站点。

● 风格是一个站点成熟、有品位的标志。有风格的网站与普通网站的区别在于，普通网站只是堆砌在一起的信息；有风格的网站使人有美的感觉，站点内容精彩、或美不胜收、或高雅大方、或和蔼可亲、或严谨细腻。

② 树立网站风格需要以下几个步骤。

● 将网站的标志，自己特有的花边、线条、图案出现在每个页面上。还应该创作一些站点特有的符号或图标。比如在一句链接前的一个点，可以使用☆○◇□△→等符号等。

- 使用标准色彩和相近的底色（背景色）。文字的链接色彩，图片的色调，页面的底色，边框等色彩尽量使用与标准色彩一致或相近的色彩。
- 突出标准字体。在关键的标题、菜单、图片里使用统一的标准字体。
- 文稿的文笔风格也要统一。如果是多个人合作，可以分别负责各自的栏目板块，但风格要一致，不要使读者觉得是拼凑的文字。
- 使用统一的图片处理效果。比如，阴影效果的方向、厚度、模糊度都必须一样。

采取上述措施后，虽不能保证网站的艺术效果和品位，但网站的统一性、完整性是不会太差的。新奇的创意是网站脱颖而出的重要因素之一，它可以使电子商务系统因网站的精彩而锦上添花。然而作为网页设计师，最苦恼的就是没有好的创意来源。实质上，创意是传达信息的一种特别方式。比如有人将成语"无往不胜"中的"往"字改为"网"字，变成了"无网不胜"，用成语加谐音字巧妙地表达网络技术的重要性。这就是一个创意。创意并不仅仅来自于一时的灵感，而且也是思考的结果。首先，创意需要明确任务，提出目的目标；然后搜集相关资料，研究资料，根据已有的事物，启发新创意；在翻阅资料的过程中，将资料咀嚼消化，使意识自由发展，任意结合，极有可能激发灵感。创意是将现有的要素重新组合。比如，日历表与图画相结合而产生了挂历，网络与电话结合，产生 IP 电话。从这一点上出发，任何人都可以创造出不同凡响的创意。而且，资料越丰富，越容易产生创意。就好比万花筒，筒内的玻璃片越多，所呈现的图案越多。网络上的最多的创意来自网络技术与传统行业的结合（或者虚拟现实），例如在线书店，电子社区，在线拍卖，都可以视为新的组合关系。

4.4　成本与效益分析实训

采用电子商务系统的最终目的是要提高效率，降低成本和获得更多的效益。电子商务系统的成本效益分析涉及成本和效益两个方面。成本包括软件和硬件成本、人工成本、管理成本、系统运行成本和管理维护成本等；效益包括能够通过统计计算用数字表示的效益，即有形效益或称直接效益；另一类效益为无形效益，也称间接效益，它难以用数字来表示，如形象的改善、管理的改进和方式的改变等。电子商务系统的成本—效益分析涉及：设备成本的降低、人力成本的减少、管理成本的降低、系统运行成本的降低、采购价格的降低、库存的减少、生产周期的缩短、服务质量的提高、价格的降低、销售机会的增加和社会效益的促进等因素。

1. 收益来源

收益来源的三个方面是向用户收取的费用、广告费和商品销售收入及佣金。

2. 电子商务系统效益的影响因素分析

（1）电子商务网站的吸引力。
（2）电子商务系统成员的信息。
（3）消费者的忠诚度。
（4）使用网络进行交易的产品。
通过分析这些因素，使电子商务系统的设计和规划能够进行的更有针对性。

3. 网店经营成本预估导读

"天下没有白吃的午餐"，这个简单的经济学至理名言依然适用于当今的网络世界。正像开设一个传统的商店一样，每个网店都需要花费一定的成本。直接在互联网上架设自己独立的网店，一般要申请专线，配置主机、路由器和专业人才，一年至少要花费 10 万以上。或者寻找合适的接入网络技术经营商，申请网上主机托管服务。这不需要额外配置，由于多个客户主机共享一台主机的资源，每个客户主机用户承受的硬件费用、网络维护费用、通信线路的费用均可大幅度降低，每年的花费大约可以控制在几千元以内，是当前非常可靠实惠的做法。目前，许多企业建立网上商店都采用这种方法，这样不仅大大节省了购买机器和租用专线的费用，也可以降低雇用相关专业人员的费用。加入网络大型商场租个专柜，这些成本具体包括开店成本、广告成本及营运成本。各项成本说明及估计如下。

（1）开店成本。

① 网页设计费用：目前行情首页为 350 元到 1000 元不等，其余网页约 150 元到 300 元不等，视各制作企业品质及网页功能多少而异。

② 硬盘空间租用费用：每月约 50 元到 150 元之间（以硬盘空间 30MB 计算，约可存放 300 页），主要差别在于电子信箱的数量和服务技术的扩展支持方面。

③ 域名解析费用：独立 IP 一般一个一年需 400 元，共享 IP 一个一年需 200 元。

④ 服务器设置费用：属于一次性费用，至少约需 600 元。

以上是作为加盟店加入大型商场或租用 ISP 的开店成本。如果开单独网上商店，则需投入价格不等的专线费用、物力及人力。

（2）广告成本。对新开网店的宣传，除了传统报纸杂志广告的方式外，另一种最有效的方式就是在热门的网站上刊登广告。在一些企业的广告费用计划中，在线广告的支出已经占到总广告支出的 10% 以上。在线广告的方式一般有横幅广告（banner ad.）、标志广告（logo ad.）、邮件列表广告（list ad.）等。刊登 468×60 像素的横幅广告每月约 800 元到 8000 元左右不等，100×50 像素的图标广告每月约 500 元到 3000 元左右不等，视是否放置在主页面及其放置位置而定。刊登滚动式广告费用约为每月 300 元到 800 元左右，同样有主次页面及放置位置的价格区分。

（3）营运成本。包括售后服务成本、人事成本、网页内容维护成本、退货处理成本。网站的建设可参考网上的《美的海外市场部网站组建及电子商务方案书》的实际案例。

实验内容：到网上查找有关服务器的资料，了解 150000 元左右的企业级服务器的技术指标。要求：写出在网上成功查找资料的操作步骤，摘录该服务器的主要配置的技术参数。

4.5　网站建设与管理实验

4.5.1　实验 1　网站主页设计

实验目的：从实际中了解电子商务的基础设施及实现技术，学习使用基于 WWW 电子商务工具。

实验内容：

（1）了解所用的 WWW 服务环境。

（2）浏览一个著名的电子商务网站，如淘宝、Sina、卓越等。

（3）创建一个静态的 Web 网站主页。

4.5.2　实验 2　实现动态网页技术

实验目的：掌握诸如 ASP 技术、JavaScript 等开发工具的使用，以实现网站的动态交互的需求。

实验内容：

（1）使用日期、时间函数在浏览器页面显示客户上网浏览时间。

（2）在页面中加入计数器统计上网用户数。

（3）创建聊天室以便用做客户讨论区。

4.5.3　实验 3　数据库技术的进一步使用

实验目的：学习在网站中添加数据链接的技术。

实验内容：

（1）设计产品介绍页面，它包含一个便于用户订购商品的订单。

（2）设计页面用于反馈用户订购信息。

（3）让实验 2 中设计的主页链接到该页面。

4.5.4　实验 4　制作标题广告

实验目的：学习利用网络广告推广自己的网站。

实验内容：

（1）在你的网站主页中加人其他公司的广告图标。

（2）制作自己的网络广告图标。

（3）寻找一个合适的网络广告网站，完成网络广告的交换任务。

4.5.5　实验 5　制作购物车

实验目的：学习购物车实现技术。

实验内容：

（1）制作一个用 Form 展示的商品展示页面。

（2）加入购物车功能。

（3）完善购物车的交易处理机制。

（4）让实验 1 中设计的主页链接到该页面。

4.5.6　实验 6　规划网站

实验目的：使用已学过的电子商务的基本概念和基本实现技术，结合一些成功的电子商务解决案例，回顾前面实验中建立的网站，根据所需要的商业策略，进一步规划网站并将其实现。

实验内容：

（1）确定网站要展示和达到的目标。

（2）确定自己的 Web 上的营销技术。

（3）编写个性化的创意脚本。

（4）实现一个以主机托管方式构造的个人商业网站。

4.5.7　实验 7　使用采购和供应软件

实验目的：学习采购和供应软件的使用。

实验内容：

（1）学习在 Internet 上寻找一种你希望了解的商品的方法。

（2）在 Internet 上寻找为 EDI 企业服务的 VAN 公司（如 IBM 公司）。

（3）用 ERP 软件完成一个虚拟企业的内部网信息系统。

4.5.8　实验 8　创建 Web 网站

实验目的：掌握企业实施电子商务的步骤，即按总体设计、商情发布、建立企业的电子商务网站。

实验要求：为某公司设计一个电子商务门户网站，设计应根据公司的具体情况说明该网站包含的特色。

实验内容：

（1）将前面实现的网页网站重新审视、规划一遍。

（2）掌握动态页的制作技术。

（3）掌握创建代理的技术。

（4）到起点上学习建立网站，如 http:// base.3322.net。

（5）在局域网中，一般只有一台服务器，但是一个 Web 站点显然无法满足各方面的要求。我们可采用软件技术，在同一服务器中建立多个网站的方法，这种技术称之为虚拟服务器。在 IIS 中，每个 Web 站点具有唯一的一个标识，该标识有 IP 地址、端口号和主机头组成。可以使用多种途径达到这一目的。如某公司使用一台 Windows 2000 Server 服务器提供虚拟服务器服务，地址为 211.68.2255.1。要求：在该服务器只有一个 IP 地址的情况下，建立两个独立的网站 a、b，每个网站都有自己独立的域名 www.a.net、www.b.net。

4.5.9　实验 9　申请免费网站统计系统和申请免费留言簿

实验目的：了解网站统计的基本原理，掌握使用免费网站统计资源进行网站统计的方法。会使用免费的软件。

实验要求：掌握使用免费网站统计资源进行网站统计的方法，上网查询其他免费统计资源和申请免费的留言簿。

实验内容：

（1）登录站长统计网 http://www.leadzz.com，进行用户注册，并进行相应的操作。

（2）网站统计对改进网站有什么意义？如何根据网站的统计结果来对网站进行优化？

（3）登录到互动中国网站 http://www.hd-cn.net 申请免费留言簿。

第 5 章　电子商务安全实训

【学习目的】
- 了解电子商务对安全性的要求。
- 掌握进行电子商务的基本安全技术。
- 了解 CA 证书、域名管理的基本知识。
- 掌握系统、数据库的安全设置。

顾名思义，电子商务是运作在 Internet 上的商务活动。刚刚起步的电子商务每天需要进行千百万次的安全交易，而 Internet 本身又是一个具有高度开放性而且极不安全的网络，用户遍及世界各地，Internet 没有完整的网络安全体制。因此，基于 Internet 的电子商务在安全上无疑会受到威胁，电子商务对安全提出了前所未有的要求。安全性是电子商务中一个核心问题，如何采取高效安全的措施以保证电子商务的顺利展开，是电子商务良好运作的重要基础和关键因素。网上支付使用的工具与传统商品交易的支付工具存在很大区别，原有当面核对支付工具真伪的方式不再适用。因此，如何检验网上支付工具的真伪成为电子商务必须解决的问题。否则，对于客户而言，无论网上的物品如何具有吸引力、如何廉价，如果他们对交易安全性缺乏把握，他们根本就不敢在网上进行买卖。因此，如何构建一个安全快捷的电子商务环境成为用户和商家十分关注的问题。本章的内容主要是围绕进行电子商务交易，分几个部分来进行电子商务安全的实训。

5.1　CA 认证实训导读

5.1.1　网上浏览各 CA 认证中心的实验

☆ **实验目的**：了解认证体系的体制结构、功能、作用、业务范围及运行机制。

☆ **实验要求**：

（1）在网上通过搜索引擎百度（Baidu）查找各 CA 认证中心。

（2）登录各认证中心主页并进行浏览，并根据上网的结果写出各认证中心的主要工作内容，将报告上交。

☆ **实验步骤：**

（1）通过百度搜索各省市的 CA 认证中心。

（2）至少要登录 3 个以上的 CA 认证中心，如上海 CA 认证中心、北京数字认证中心、山西 CA 认证中心、山东 CA 认证中心、广东 CA 认证中心等。

（3）将所看到的各 CA 认证中心的情况进行比较分析，把各自申请的程序和步骤写下来，看看有什么不同。

☆ **实验小结：**

通过浏览各个 CA 认证中心，应该了解每个 CA 认证中心基本上都有个人数字证书、根证书的申请及下载等内容，在每个网上 CA 认证中心，都可以实现在网上进行电子商务的准备工作。但是，由于各 CA 认证中心各行其是，没有一个统一的 CA 认证中心，其权威性受到怀疑。

5.1.2 数字证书申请和安装实验导读

☆ **实验目的：**了解并掌握数字证书的种类及安装、导入等简单操作的方法。

☆ **实验要求：**

（1）掌握从网上申请个人数字证书、服务器身份证书、安全电子邮件证书、代码签名证书的方法。

（2）掌握数字证书的安装、导入和导出。

☆ **实验步骤：**以在北京数字证书认证中心申请证书为例，了解数字证书申请的方法与步骤及证书管理器的使用。另外，要完成根证书的导入和导出。写出详细的实验报告。

1. 数字证书的下载及申请实训

（1）首先登录北京数字证书认证中心，然后单击"在线下载数字证书"，如图 5-1 所示。

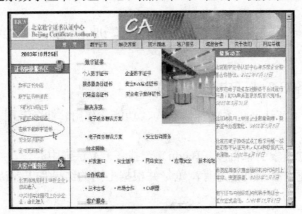

图 5-1　北京数字认证中心

（2）如果是第一次使用，则可以先下载"根证书"，如图 5-2 所示。

（3）单击"下载根证书"后，单击"确定"，可以将文件 rootie.p7b 下载到硬盘中。如果不下载根证书，可直接进入到如图 5-3 所示的页面。

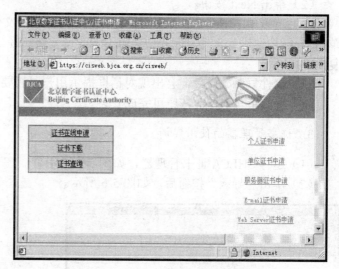

图 5-2　"根证书下载"页面　　　　　　　　图 5-3　"证书申请"页面

（4）以"个人证书申请"为例，单击后，如图 5-4 所示。

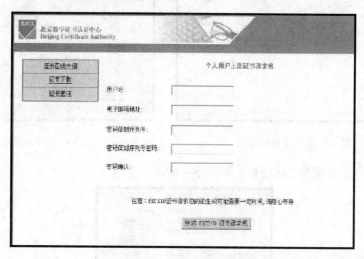

图 5-4　个人证书申请

（5）将相应的用户名、电子邮箱地址、密码信封序列号、密码信封序列号密码等项输入并单击"生成 PKCSIO 证书请求包"即可。

2.安装证书管理器实训

（1）将下载的 glq.zip 解压后，运行其中的 setup 程序。

（2）单击 Next 按钮。

（3）可以单击 Browse 来改变安装路径。选择新的文件夹后，单击 OK 按钮。此时可单击 Next 按钮进行文件复制安装；如不想改变安装路径，可直接单击 Next 按钮进行文件复制。

（4）文件复制完成后，会出现对话框提示用户是否要重启计算机。

（5）此时单击 Finish 按钮可完成安装。

3.证书管理器的使用实训

（1）运行 SHECA 证书管理器，如图 5-5 所示。

（2）单击"导入"按钮后，如图 5-6 所示。

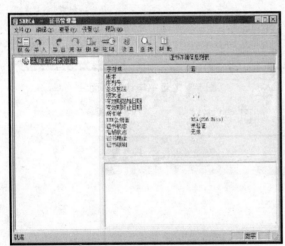

图 5-5　运行证书管理器　　　　　　　　图 5-6　"导入证书"对话框

（3）单击"导入证书"按钮后，如图 5-7 所示。

图 5-7　输入密码

（4）输入密码并单击"确定"按钮，完成对证书的导入。

☆ **实验小结**：

通过使用数字证书，可以保证在网上购物的顾客能够极其方便轻松地获得商家和企业信息，增加了对某些敏感或有价值的数据的保护。也就是说，通过数字证书保证了网络安全的四大要素，即信息传输的保密性、数据交换的完整性、发送信息的不可否认性、交易者身份的确定性的实现。

5.2　防火墙实训

☆ **实验目的**：了解防火墙技术并能正确使用常用的防火墙软件（如 Norton、Lockdown、天网、蓝盾、Checkpoint、Cisco 等）。

☆ **实验要求**：

（1）安装一个常见的防火墙软件。

（2）会使用已安装的防火墙软件。

☆ **实验步骤**：

下面以较常用的天网防火墙个人版 2.50 为例，进行安装和设置实验。

（1）运行安装程序文件。

（2）单击"下一步"按钮后，会出现选择安装位置画面。

（3）如果想更改目标文件夹，则单击"浏览"按钮。这里选择不更改目标文件夹，直接单击"下一步"，将会出现选择程序组的画面。

（4）这里不做改动，单击"下一步"直接进行软件安装。

（5）安装完成后给出提示。

（6）单击"完成"按钮，系统会弹出相应对话框。

（7）单击"确认"按钮后，系统重新启动并运行天网防火墙。

（8）单击"应用程序规则"按钮后，此时，每一个选项按钮都会有内容供选择，以 Skynet Personal Firewall 的选项按钮为例，单击时会弹出如图 5-8 所示的对话框。

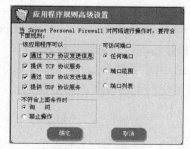

图 5-8　"应用程序规则高级设置"对话框

（9）单击"自定义 IP 规则"按钮。

（10）当单击"系统设置"按钮时，会出现对话框，单击"确定"按钮后，即可回到初始状态。

（11）当将鼠标移到"安全级别"下的"低、中、高"处时，会分别显示不同的说明。

☆ **实验小结**：防火墙是一种 Internet 网络的安全保护软件，虽然不能防杀病毒，但它可以阻止对本地信息资源的非法访问，起到保护本地网络数据的作用。

5.3　域名的管理实验导读

5.3.1　域名实验实训

☆ **实验目的**：

（1）熟知域名的申请。

（2）能熟练申请各种域名。

（3）通过学习能进行域名的管理。

☆ **实验要求**：

（1）了解国内、国际、.edu.cn 下、中文域名、.cn 下域名的域名和申请，写出国内域名和国际域名注册的程序和步骤。

（2）为国内网络公司、电子商务公司、大学、外贸企业、小企业起一个好的域名。

（3）为以上公司一个域名申请（免费域名和收费域名）。

☆ **实验步骤**：

（1）登录不同的域名申请网站（包括域名申请的中介网站及国外网站）。

（2）写出实验报告（报告应包括以上域名申请的程序、步骤、不同的价格及为以上公司的域名申请提供有益的建议等），尤其是在.edu.cn 下的域名申请。

（3）要注意一下其他与所申请域名有关的相近域名的冲突和混淆，为企业域名的保护和管理提出合理化建议。

（4）登录 www.panda.com、www.panda.com.cn、www.pandabear.com、www.pandagroup.com 等网站，了解"熊猫"域名被抢注情况，写出实验报告。

（5）登录 www.panda.com.cn 网站了解在.cn 下"熊猫"这个域名的归属情况及使用"熊猫"同一商标的熊猫电子是如何在网上解决网上网址和网下商标重合冲突的问题，根据所了解的情况写出实验报告。

5.3.2　域名的管理实验

☆ **实验目的**：通过实验学会使用相关的域名注册、管理和域名的保护。

☆ **实验要求**：通过网络了解域名、域名注册和域名管理的方法，写出国内域名和国际域名注册的程序和步骤。

☆ **实验步骤**：以虎翼网的域名管理为例，进行简单的操作。

（1）登录到虎翼网，并转到域名管理网页，如图 5-9 所示。

图 5-9　虎翼网的域名管理网页

（2）输入域名和密码后，单击"登录"按钮即可进入。

（3）单击"域名列表"，可以列出用户在"商务中国"所申请的所有与域名相关的业务，如图 5-10 所示。

域名	种类	注册日期	到期日期	业务种类
bizcn-demo.com	国际域名	2001-09-18	2002-09-18	在商务中国注册
bizcn-demo.net	国际域名	2001-09-18	2002-09-18	在商务中国注册
bizcn-demo.org	国际域名	2001-09-18	2002-09-18	在商务中国注册

图 5-10　域名列表

（4）单击"域名查询"可进入查询页面。

（5）输入相应的域名和注册日期后，将会显示符合条件的结果，如图 5-11 所示。

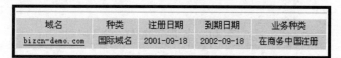

域名	种类	注册日期	到期日期	业务种类
bizcn-demo.com	国际域名	2001-09-18	2002-09-18	在商务中国注册

图 5-11　符合条件的域名

（6）用户可以随时修改相应的注册信息，包括所有者、管理者等信息。修改完毕后，单击相应按钮，信息修改即生效。

（7）可以根据实际需要方便地修改或增加域名解析记录。

（8）单击"增加 IP"后输入"主机名"及"对应的 IP"，如图 5-12 所示。增加 IP 即增加解析记录，单击"增加"后，可将域名 www.bizcn-demo.com 解析至 218.3.72.15。

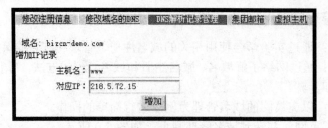

图 5-12　增加 IP 记录

（9）IP 记录增加后可对其进行修改、删除等操作。

（10）单击"增加别名"后进入下一个管理项目，如图 5-13 所示。

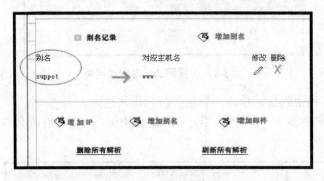

图 5-13　增加别名

（11）所有的域名管理操作完成后，若放弃操作则单击"删除所有解析"按钮。若确认填写正确，则单击"刷新所有解析"按钮以提交操作信息。记录刷新，将在 24 小时内生效。

☆　**实验小结**：域名对于商界来讲可以被称为"企业的网上商标"，因此域名管理的重要性也就不言而喻了。可以说，管理好域名是成功开展电子商务的重要保证之一。

5.4　电子邮件垃圾的防止实训

☆　**实验目的**：

（1）了解垃圾邮件（Email spam）的危害，写出有关垃圾邮件危害的报告。

（2）会使用相关的防垃圾邮件的软件。

（3）了解有关防止电子邮件垃圾的法律法规及相关规定（国内国外），为企业在不违背法律法规的前提下，利用好电子邮件这一十分有效的网络营销工具。

☆　**实验要求：**

（1）登录相关网站（如中国互联网信息中心网站 www.cnnic.net.cn）了解中国有关防止垃圾邮件的具体规定。

（2）登录国外网站了解美国政府对拉圾邮件 email spam 的规定，它是如何处罚滥用电子邮件的。

（3）将登录的以上网站情况写出相关报告。

（4）电子邮件炸弹的防止与拆除。

☆　**实验步骤：**

（1）用搜索引擎（Yahoo、Google、Froogle、Lycos、Altavista、Earthlink、Crawl、MSN、AOL）检索 email spam，了解各种解决 email spam 的技术、方法及相应软件。

（2）在网上了解垃圾邮件防止的具体规定，写出报告。

（3）了解垃圾邮件的危害究竟有多大，试申请一个邮箱，在国外和国内的网站上分别留下你的邮箱地址，看看一周内你会收到多少封垃圾邮件。

（4）熟悉电子邮件炸弹的防弹与拆弹。

5.4.1　邮件炸弹的防止实训

邮件炸弹也是垃圾信件，不同的是它会在短时间内向你的某一邮箱发送超常量的邮件数目，以使你的邮箱超载不能再使用，邮件炸弹只是一个形象的比喻。一般的"过滤邮件"办法，只能抵制垃圾邮件，很难阻止邮件炸弹。一般的做法是"转信信箱＋web 邮件过滤＋本地邮件过滤"。

（1）在 Foxmail 中，选择"工具"栏中的"远程邮箱管理"，单击"服务器"菜单，选择"在服务器上执行"，连接被邮件炸弹轰击的邮箱，选中所有的邮件，如图 5-14 所示。

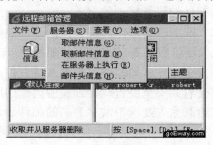

图 5-14　"远程邮箱管理"界面

（2）选择"标记"下的邮件，单击鼠标右键，在弹出的菜单中选择"删除"，然后回到工具栏单击"执行"按钮。

（3）对于邮件炸弹的善后工作基本完成了，当然不能忘记把这些垃圾邮件的来源地址设为拒收对象了。

5.4.2　用 Outlook 发送、接收有数字签名或者经过加密的邮件实训导读

（1）发送安全邮件。通过使用 Outlook Express 的"数字标识"，可以在电子事务中证明身份，就像兑付支票时要出示有效证件一样。也可以使用数字标识来加密邮件以保护个人隐私。数字标识结合了 S/MIME 规范来确保电子邮件的安全。

（2）获得数字标识。数字标识由独立的授权机构发放。在向授权机构的 Web 站点申请数字标识时，授权机构在发放标识之前有一个确认身份的过程。数字标识有不同的类别，不同类别提供不同的信用级别。有关这方面的详细信息，请参阅授权机构 Web 站点上的帮助。

（3）验证数字签名。通过"撤销校验"，可以验证带数字签名的邮件的合法性。进行校验时，Outlook Express 会向相应的授权机构索取该数字标识的有关信息。授权机构发回该数字标识的状态信息，其中包括该标识是否已被撤销。授权机构会监控由于遗失或终止等原因而被撤销的证书。

（4）设置 Outlook Express 以使用多证书。通过设置，可以让 Outlook Express 在发送数字签名邮件时使用一个证书，而在发送加密邮件时使用另一个证书。在进行此操作之前，必须获取至少一个证书。

① 在"工具"菜单中，选择"账号"。

② 选择想用来使用证书的账号，然后单击"属性"按钮。

③ 在"安全"选项卡上，选择想使用的证书类型。

（5）获取数字标识并将其添加到邮件账号中。要发送数字签名的邮件，必须首先获取一个数字标识。在发送第一封数字签名的邮件时，Outlook Express 会自动将数字标识添加到邮件账号中。如果设置了不同的回复地址（可在"账号属性"对话框中的"常规"选项卡中设置），邮件的接收者将无法用您的标识来给回复加密邮件。在发送安全邮件时，回复地址必须和用来发送数字签名邮件的账号相一致。

（6）阅读带数字签名和／或加密的邮件。可以像阅读其他邮件一样阅读带数字签名或加密的邮件。当首次打开或预览带数字签名或加密的邮件时，Outlook Express 会显示帮助屏幕。如果接收到有问题的安全邮件，如邮件已被篡改或发件人的数字标识已过期，则在被允许阅读邮件内容前，将会看到安全警告，详细说明问题的所在。根据警告中的信息，可以决定是否查看邮件。在给联系人发送带数字签名的邮件后，可以按阅读常规邮件的方式阅读发来的加密邮件。另外，接收带数字签名的邮件时，如果尚没有发件人的数字标识，则它会自动添加到通讯簿中。

【上机实习】

1. 上网查询我国有哪些数字证书认证中心可以进行免费的个人证书下载，上网了解一下，写出报告。

2．万一系统软件故障，需要重新安装系统，请问应该做哪些准备工作才能保证数字证书不会丢失，系统恢复正常后又如何恢复证书？万一证书彻底丢失怎么办？

3．为什么发送加密邮件需要对方的数字证书？其加密原理是什么？

4．能用他人的证书发送签名邮件吗？为什么？

5.5　操作系统 Windows 2000 和
WinNet 的安全设置实验导读

5.5.1　Windows 2000 中的验证协议

1．Windows 2000 验证协议

Windows 2000 中有两种验证协议，即 Kerberos 和公用密钥体制（Public Key Infrastructure，简称 PKI）。Kerberos 是对称密钥，而 PKI 是非对称密钥。用的较多的是公用密钥体制。

公用密钥基本体系是一个数字认证、证书授权和其他注册授权系统。使用公用密钥密码检验及验证电子商务中所涉及的每个机构的有效性，公用密钥基本体系的标准仍处于发展阶段。Windows 2000 公钥基础结构的证书服务基本上是一个由权威机构发布的电子声明，其作用在于担保证书持有者的身份。证书将公用密码与持有相应私有密钥的个人、机器或服务的身份绑定在一起。证书由各种公用密钥安全服务和应用程序提供，为非安全网（如 Internet）提供数据验证、数据完整性和安全通信。

2．Windows 2000 Server 的证书服务器

Windows 2000 Server 中有一个部件是证书服务器（Certificate Server），通过认证服务器，企业可以为用户颁发各种电子证书，比如用于网上购物的安全通道协议（SSL）使用的证书，用于加密本地文件的证书等。认证服务器还管理证书的失效，发布失效证书列表等。每个用户或计算机都有自己的一个证书管理器，其中既放置着自己从 CA 申请获得的证书，也有自己所信任的 CA 的根证书。

Windows 2000 基于证书的过程所使用的标准证书格式是 x.509v3，保证了与其他系统的互操作性。目前常用的是 SSL（安全通道协议）的方式，即设置 IIS 就某些特定的文件或文件目录需要访问者提供客户端证书；除非拥有电子证书及相应的私钥，一个访问者的浏览器无法获得这些文件和文件目录。SSL 的方式体现在浏览器的访问栏上，应该是 https 而不是普通的 http。

Windows 2000 Server 证书服务是 Windows 2000 中的组件，证书服务用于创建和管理

证书颁发机构（CA）。证书颁发机构负责建立和担保证书持有者的身份。证书颁发机构还会在证书失效时，将其撤消并发布证书撤消列表，供证书检验机构使用。最简单的公用密钥基本体系只有一个证书颁发机构。事实上，大多数配置公用密钥基本体系的组织使用多个证书颁发机构，并将其有组织地形成证书分层结构。

Windows 2000 的证书服务按证书颁发机构类型分为以下几类。

（1）企业根 CA，是企业中最受信任的证书颁发机构，应该在网络上的其他证书颁发机构之前安装，需要 active directory。

（2）企业从属 CA，是标准证书颁发机构，可以给企业中的任何用户或机器颁发证书，必须从企业中的另一个证书颁发机构获取证书颁发机构证书，需要 active directory。

（3）独立根 CA，是证书颁发机构体系中最受信任的证书颁发机构，不需要 active directory。

（4）独立从属 CA，是标准的证书颁发机构，可以给任何用户或机器颁发证书，必须从另一个证书颁发机构获取证书颁发机构证书，不需要 active directory。

3．智能卡支持

在 Windows 2000 中，微软为用户还提供了一套智能卡的结构。智能卡因其高安全性和轻便的可移动性，势必将发展成为类似鼠标、键盘的计算机的标准外设。

当用户用 IE 向一个认证中心申请电子证书时，就会有一对公钥和私钥自动产生出来；私钥可以存储在智能卡中，公钥和其他身份信息（比如姓名、电子邮件地址等）发给认证中心。如果认证中心批准该申请，那么包含公钥的电子证书就会被返回来，存储在智能卡中。

智能卡存储私钥和电子证书的做法，给最终用户提供了对自己安全信息的最大的控制，可以方便地从一台机器携带到另一台机器使用；可以在任何一个地点使用。一般来说，智能卡还会用一个个人密码（pin）保护起来，在要求高安全性的场合，pin 可以是一些生物信息，比如指纹等。

5.5.2　Windows 2000 安全设置的实验

与 Windows 98 相比，Windows 2000 的安全性就要高多了。但在默认的情况下，Windows 2000 有时还不能满足用户对安全性的要求，必须对这些默认的安全设置进行修改。以下就是对 Windows 2000 安全设置的实验内容。即包含以下的内容：账户策略、本地策略、公钥策略和 IP 安全策略。

☆ 实验目的：了解操作系统的安全对电子商务的重要性，学会操作系统的安全设置。

☆ 实验要求：

（1）在实验指导教师的指导下进行，操作系统的任何更改都必须得到教师的指导和许可才能进行。

（2）先熟悉操作系统的默认安全设置，然后再进行操作系统的安装设置。

☆ **实验内容：**

（1）账户策略。会设置用户密码、用户账号、密码的长度、密码的修改时间、账户锁定阈值（即登录多少次为无效登录）等。

（2）本地策略。包括审核策略、用户权利指派和安全选项等内容。学生应掌握审核对象的访问功能，会设置用户权利指派，能拒绝某个用户访问网络和硬件设备，能设置"用户试图登录时消息文字"设置登录前显示的提示文字，对非法入侵者进行警示。

（3）公钥策略。设置文件加密系统。

（4）IP 安全策略。会使用 Windows 2000 制作好的策略模板来简化操作。

5.5.3　Windows 2000 下建立 CA 中心的具体操作过程导读

证书服务的一个单独组件是证书颁发机构的 Web 注册页。这些网页是在安装证书颁发机构时默认安装的，它允许证书请求者使用 Web 浏览器提出证书请求。此外，证书颁发机构网页可以安装在未安装证书颁发机构的 Windows 2000 服务器上，在这种情况下，网页用于向不希望直接访问证书颁发机构的用户服务。如果选择为组织创建定制网页访问 CA，则 Windows 2000 提供的网页可作为示例。现在以安装独立根证书为例，安装其他类型的相类似，只是选择其他证书的类型即可。要注意的是企业根 CA 和企业从属 CA 需要 active directory。

1. 安装独立的根证书颁发机构

（1）以管理员身份登录到系统。如果您装有 Active Directory，则以域管理员身份登录到系统。

（2）执行"开始"→"设置"→"控制面板"，打开"控制面版"窗口。双击"添加/删除程序"并单击"添加/删除 Windows 组件"。

（3）在"Windows 组件向导"中，选中"证书服务"复选框。屏幕上将出现一个对话框，提示用户计算机在安装证书服务之后不能更名且不能加入域或从域中删除。单击"是"，然后单击"下一步"。

（4）单击"独立根 CA"。

（5）（可选）选中"高级选项"的复选框以指定下面的选项。完成后请单击"下一步"。加密服务提供程序（CSP）默认是 Microsoft Base Cryptographic Provider。证书服务支持第三方 CSP，但必须参考该 CSP 供应商的文档，以了解关于证书服务使用其 CSP 的信息。如果选中此选项，则可以使用现有的公钥和私钥对而不用产生新的密钥对。如果您要重新定位或重新存储以前安装的证书颁发机构（CA），则该选项很有用。

（6）填入证书颁发机构的名称和其他必要的信息。在 CA 设置完成后这些信息都不能改变。

（7）在"有效持续时间"中，指定根 CA 的有效持续时间。有关设置这个值时应考虑的事项，请参阅下面的注释。单击"下一步"。

（8）指定证书数据库、证书数据库日志和共享文件夹的存储位置。单击"下一步"。

（9）如果正在运行 WWW 发布服务，则会遇到一条要求在安装之前停止此项服务的请求信息。单击"确定"。

（10）如果出现提示，则键入证书服务安装文件的路径。

2. 安装证书颁发机构的 Web 登记支持

（1）以管理员身份登录到系统。

（2）执行"开始"→"设置"→"控制面板"，打开"控制面版"窗口。双击"添加/删除程序"并单击"添加/删除 Windows 组件"。

（3）在"Windows 组件向导"中，选中"证书服务"复选框。屏幕上将出现一个对话框，提示用户计算机在安装证书服务之后不能更名且不能加入域或从域中删除。单击"通信"，然后单击"详细信息"。

（4）清除"证书服务 CA"的复选框，确保选中"证书服务 Web 登记支持"复选框，再单击"确定"。单击"下一步"。

（5）在"计算机名称"中，键入安装证书颁发机构（CA）的计算机名称，此 CA 将使用 Web 登记页。此 CA 的名称将出现在列表中。单击"下一步"。

（6）如果正在运行 WWW 发布服务，系统将请求在进行安装之前停止此项服务。单击"确定"。

（7）如果出现提示，则键入证书服务安装文件的路径。注意安装 CAWeb 登记页之前必须在服务器上安装 Internet 信息服务（IIS）。在已安装 IIS 的服务器上安装证书服务时会默认安装 CAWeb 登记页。只有在与安装 CA 的服务器不同的服务器上安装 CAWeb 登记页时，才需要执行此过程。如果在证书服务安装期间更改了默认的选项且没有在 CA 服务器上安装 CAWeb 登记页，则可以在 CA 的命令提示行运行 certutilv root 命令以安装 Web 登记页。

3. 设置安全性以访问证书颁发机构 Web 页

（1）以管理员身份登录到系统。

（2）执行"开始"→"程序"→"管理工具"→"Internet 服务管理器"命令。

（3）在控制台树中，用右键单击 CertSrv，再单击"属性"。

（4）在"目录安全性"选项卡的"匿名访问和身份验证控制"中，单击"编辑"。

（5）清除"集成的 Windows 身份验证"之外的所有复选框。

4. 发布证书颁发机构 Web 页

（1）以管理员身份登录到系统。

（2）执行"开始"→"程序"→"管理工具"→"Internet 服务管理器"命令。

（3）设置初始页面为 default.asp，设置 IP 为本机 IP。

（4）在 Web 浏览器中填入 http://本机 IP/CertSrv，就可以看到发布的 CA 认证中心。

5.5.4　WinNT 中的安全实验

1. 实验 1：在 IIS 中实现 SSL。

☆ **实验内容：** 在 IIS 中实现 SSL。

☆ **实验目的：** 了解证书和 CA 的内容，掌握 SSL 的原理及在 IIS 中的应用

☆ **实验步骤：**

（1）执行"开始"→"程序"→ Windows NT 4.0 Option Pack → Microsoft Internet Information Server → Internet Service Manager，打开 Key Manager，请求一张证书。

（2）打开 Internet Information Server。

（3）单击工具条上的 Key Manager 图标按钮。

（4）在 Key Manager 窗口中，用右键单击 WWW 图标，然后选择 Create New Key。

（5）选择发送请求到文件。

（6）将请求保存到文件 C: \KeyRq.txt。

（7）输入 passwordl，然后单击 Next。

（8）在 Organization and Organizational Unit 一项输入 groupN，在 Common Name 一项输入 localhost，单击 Next。

（9）输入国家、城市名，然后单击 Next。

（10）输入姓名、邮件地址、电话号码等信息，然后单击 Next，再单击 Finish。

（11）在不关闭 Key Manager 的前提下，执行"开始"→"程序"→ WindowsNT4.0 Option Pack → Microsoft Certificate Server → Process Certificate Request File。

（12）在 Open Request File 对话框中，定位并选择文件 C:\ewKeyRq.txt，单击 Open。

（13）在 Save As Outfile 对话框中，输入文件名 C:\hnewkey，单击 Save 按钮。

（14）返回 Key Manager；右键单击 WWW 图标下的 New Key 图标，在弹出菜单中选择 Install Key Certificate。

（15）定位并选择 C:\newkey。

（16）输入密码 passwordl，解密证书文件。

（17）选中 Any Unassigned IP Address 和 Any Unassigned Port 两项，然后单击 OK；如果服务器绑定项为空，则应在 Server Binding 对话框中单击 Add 按钮。

（18）关闭 Key Manager 对话框，并且是否马上应用提示下选择 Yes。

（19）单击 OK 按钮以关闭 Default Web Site Properties 对话框。

（20）打开 Internet Service Manager，用右键单击默认 Web 站点，在弹出的菜单中选择 Properties。

（21）在 Secure Communications 帧中，单击 Edit 按钮。

（22）在 Secure Communications 对话框中，选中 Require Secure Channel when accessing this resource。

（23）接受默认设置，单击 OK。

（24）再次单击 OK 按钮以关闭对话框。

（25）打开 IE，在地址栏中输入 http://localhost，应该看到说明必须进行安全访问的错误提示网页。

（26）在地址栏中将 http 修改为 https 后，再进行访问。

（27）在通过安全连接查看信息的对话框中，单击 OK 按钮。

（28）单击 Yes，接受认证审核，建立安全的 SSL 站点连接。

（29）在 Secure Communications 对话框中单击 Edit 按钮。

（30）禁用 Require Secure Channel when accessing this source 属性。

2. 实验 2：发送伪造的 Email 实验。

☆ **实验内容**：发送伪造的 Email 实验。

☆ **实验目的**：验证 SMTP 服务器的不安全因素。

☆ **实验步骤**：

（1）在 WinNT 下，执行 Start → Run，键入 cmd.exe，确定后打开命令提示行。

（2）在提示符状态下输入 telnet l92.168.1x（x 为另一人的座位号），按回车键确定。

（3）在 Telnet 连接对话框下，通过菜单 Terminal → Preference 激活本地回显。

（4）输入以下字符串，注意应该一次性输入以及区分大小写（<cr>表示硬回车）：
hello<cr> mail from：fake@anydomain.com<cr> rcpt to：sx@linux-online.com<cr> data<cr> Subject：This is a fake!<cr> hello!<cr> This is a fake! Don't accept it! <cr> .<cr> quit<cr>

3. 实验 3：在 WinNT 下关闭端口。

☆ **实验内容**：在 WinNT 下关闭端口。

☆ **实验目的**：利用端口有效地保证系统的安全性。

☆ **实验步骤**：

（1）首先，确保能够通过 HTTP 或 FTP 连接到对方。

（2）右键单击 Network Neighborhood，选取 Properties → Protocols，加亮显示 TCP/IP Protocol。

（3）单击 Properties 按钮，在弹出的对话框中单击 Advanced 钮。

（4）在 Advanced IP Addressing 对话框中，选中 Enable Security 复选项，然后单击 Configure 按钮。

（5）在 TCP/IP Security 对话框中，可以通过 Permit All 和 Permit Only 选项控制关闭/打开 TCP 和 UDP 端口以及 IP 协议。

（6）在 TCP Ports 框下选择 Permit Only，然后单击 Add 按钮，加入 80 端口。

（7）单击 OK，最终返回桌面，然后在提示下重新启动计算机。

（8）分别通过 Web 浏览器和 FTP 方式访问合作伙伴，观察结果。

（9）重复上述步骤，将 80 端口替换为 21 端口，再观察结果。利用这种关闭端口的方法保护系统并不是最佳的方法，除非一台服务器很单一地提供某一种或少数的服务时，可以考虑使用上述方法。

4. 实验 4：在 IIS 中配置安全的 Web 站点。

☆ **实验内容：**在 IIS 中配置安全的 Web 站点。

☆ **实验目的：**掌握 IIS 安全配置的技能，如通过 IP 地址或域名的限制。

☆ **实验步骤：**

（1）将 C:\inetpub\wwwroot 复制到 C：根目录下。

（2）将 C:\wwwroot\重命名为 C:\webfiles\。

（3）打开 IIS（单击“开始”→“程序”→ Windows NT 4.0 Option Pack → Microsoft Internet Information Server → Internet Service Manager）。

（4）终止 Web 服务，右键单击 Default Website 节点，在弹出菜单中选择 Stop。

（5）右键单击 Default Website 节点，在弹出菜单中选择 Properties。

（6）选择 Service Properties。

（7）更改站点描述为 studentx（x 为座位号）。

（8）单击 Home Directory 标签。

（9）在 Local Path 文本框中输入 C:\webfiles，以 C:\webfiles 作为 Web 服务器根目录。

（10）打开 Directory Security 选项卡。

（11）在此选项卡内，基于 IP 地址或域名自定义针对所有用户或个别用户的安全权限。

（12）启动 Web 服务。

（13）网上的另一方应配置好站点配合测试。

5. 实验 5：在 IIS 中配置安全的 FTP 服务。

☆ **实验内容：**在 IIS 中配置安全的 FTP 服务。

☆ **实验目的：**掌握 IIS 中 FTP 站点的安全配置。

☆ **实验步骤：**

（1）移动 C:\inetpub\nproot 至 C:\ftpfiles。

（2）在 IIS 中选择 Default FTPSite 节点，终止 FTP 服务。

（3）用右键单击 Default FTPSite，选择 Properties。

（4）将 FTP 站点名称改为 sxFTP（x 为座位号）。

（5）选择 Home Directories 标签，将默认 FTP 目录改为 C: \ftpfiles，同时只保留 Read 和 Log Access 复选项。

（6）选择 Directory Security 标签，在此可设置允许或拒绝特定主机到本机的 FTP 连接。

（7）开启 FTP 服务。

（8）网上另一方在命令行提示符状态下建立到配置好的 FTP 站点的连接，试着下载、上传文件并观察结果。

（9）同样，可以通过 IP 或域名限制不希望和不必要的访问。

（10）对于 FTP 服务器，应该仅允许匿名登录。所有的用户对于 FTP 目录上的文件仅仅有读取的权限，即使有较高权限的用户，也不可能通过 FTP 服务来进行修改。

6. 实验 6：用 WinRoute 创建包过滤规则。

☆ **实验内容：** 用 WinRoute 创建包过滤规则。

☆ **实验目的：** 学习并理解包过滤的原理及配置规则。

☆ **实验步骤：**

（1）安装 WinRoute 的条件是没有安装或已卸载 Microsoft Proxy Server Client。

（2）以管理员身份登录，单击"开始"→"程序"→WinRoute Pro → WinRoute Administration，输入 IP 地址或计算机名，以及 WinRoute 管理员账号（默认为 admin）、密码（默认为空）。

（3）在菜单中执行 Setting → Advanced → Packet Filter。

（4）在 Packet Filter 对话框中，选中 Any Interface 并展开。

（5）双击 No Rule 图标，打开 Add Item 对话框。

（6）在 Protocol 下拉列表框中选择 ICMP，开始编辑规则

（7）配置 Destination 选项。Type 为 Host，IP 地址为 192.168.1.x（x 为座位号）。

（8）在 ICMP Types 选项中，选中 ALL 复选项。

（9）在 Action 区域，选择 Drop 项。

（10）在 Log Packet 区域选中 Log into Window 选项。

（11）其他各项均保持默认值，单击 OK。

（12）单击 Apply，再单击 OK，返回主窗口。

（13）网上另一方 ping 对方的 IP，应该没有任何响应。

（14）在菜单中执行 View→Logs→Security Log，详细查看日志记录。

（15）禁用或删除规则。

7．实验 7：强制使用强壮的密码。

☆ **实验内容**：强制使用强壮的密码。

☆ **实验目的**：增强密码的强度以防止字典攻击或暴力攻击。

☆ **实验步骤**：

（1）打开 Windows NT 资源管理器，查找 C:\winnt\system32 下是否有 passfilt.dll 文件，如没有，可以从教师机中获得，并复制到此目录下。

（2）单击"开始"菜单，选择"运行"，在"运行"对话框中输入 regedit32，调出注册表编辑程序。

（3）找到注册表项 HKEY_LOCAL_MACHINE\SYSTEM\Current Control Set\Control\LSA。

（4）在右边的数据栏中，双击 Notification Packages 打开此键值，并增加 PASSFILT 值。

（5）从教师机或 Windows NT 的 Recourses Kit 盘中得到 passprop.exe 文件，在命令行模式下输入 passprop/complex，把 passfilt.dll 文件看做是一个简单密码的数据库，一旦发现用户设置较简单的密码与这个数据库中的密码吻合就禁止，这样再结合 Windows NT 账号规则的密码长度策略就可以使用更强壮的密码来抵制字典攻击。

（6）重新启动后，建立一个新的账号，并设置一些简单的密码，并查看一下效果。

8．实验 8：掌握键盘记录程序的潜在危险。

☆ **实验内容**：掌握键盘记录程序的潜在危险。

☆ **实验目的**：了解键盘记录程序的工作原理及潜在的威胁。

☆ **实验步骤**：

（1）从教师机（或 http://ssl.prosofitraining.com/security）得到 Invisible Key Logger Stealth（IKS）程序，文件为 iksntlod.exe。

（2）以管理员的身份登录 Windows NT 服务器，双击 iksntlOd.exe 文件进行安装，并单击 Next，出现许可协议时单击 Yes。

（3）接受默认的安装目录即可，并单击 Next。选择 Finish 结束安装并参考 Readme 文件。在桌面上会自动建立 IKS 程序的快捷方式 （由于此程序版本为 Demo 版，所以在每次重新启动系统时，在屏幕上会出现相关的警告信息，正式版程序不会出现）。

（4）打开一个程序（如记事本）输入一些字母或数字。

（5）双击桌面上的 IKS 程序的快捷方式图标，就可以设置捕捉什么样的键盘击键记录以及日志创建的格式等参数了。

（6）单击 Go，日志文件 iks.txt 就会打开。刚才在记事本中的输入以及登录 NT 时的密码都会出现在这个文件中。

（7）如果想隐藏 IKS 程序，可以在 NT 注册表中把程序文件中的 iks.sys 重新命名为

iks.reg。有关更改注册表中的更多信息，请参考 C:\ProgramFiles\iks\Readme.txt 文件。对于多用户系统的 WinNT 来说，IKS 程序可以让管理员大概地了解用户在本机上做了哪些事情，但是如果此程序是攻击者所设置的，那么安全性就无法保障了，冰河等木马病毒都有类似键盘记录的功能。

9. 实验 9：使用 Web Trends Security Analyzer 进行安全评估。

☆ **实验内容：**使用 Web Trends Security Analyzer 进行安全评估。

☆ **实验目的：**利用第三方安全工具识别 WinNT 系统存在的安全漏洞。

☆ **实验步骤：**

（1）首先，需要从教师那里得到 Web Trends 公司的 NetIQ Security Analyzer，或从 http://www.webtrends.com 网站上下载，该程序有 14 天的时间限制。双击该程序文件就可进行安装，接受许可协议并按默认安装目录进行即可。

（2）安装完毕，当询问是否运行 AutoSync "对话框" 时，单击 No，然后重新启动系统。

（3）单击 "开始" → "程序" →InetIQ Security Analyzer→NetIQ Security Analyzer 来运行程序，当需要输入注册码时，从教师处索取。

（4）在 Security Analyzer 下面有 6 个不同级别测试的策略文件。最上面的是 Critical Security Analysis of Local host，这个级别的定制为扫描本机最重要的一些安全风险因素。根据不同的需求可以选择相应的策略或者制定一个新的策略文件。

（5）选择第一项并单击工具栏上的 Scan 按钮，选择 New Scan 并单击 OK 开始扫描，这可能会花几分种甚至更长的时间。当扫描结束后，有一个标题为 SA－Critical Security Analysis Of local host 的对话框出现，选中 Vulnerabilities 项，显示出三种不同级别的风险因素，即 High、Medium、Low。在默认情况下，右栏中显示的为 High 级别的风险，可以选中右栏中的某一项并单击下栏中的 Description，有关风险因素的详细描述就会出现在 Description 下面，可以通过单击 Fixed Needed 来查看哪些漏洞是需要修复的。

（6）还可以使用此程序创建一个容易阅读的 HTML 文档报告以方便进一步的分析，选中 Critical Security Analysis of local host 并单击工具栏上的 Report 按钮，程序开始自动生成页，这可能会需要花几分钟时间。

（7）当报告创建完毕后，会自动打开浏览器显示出结果。单击 Host Vulnerabilities 链接并选中 Most Vulnerable Hosts Graph，就可以看到对于本机扫描后所存在的一些安全漏洞。其中 High 风险级别和 Medium 以及 Low 级别各存在多少风险因素可一目了然。借助这种工具来发现系统目前存在的问题，对于预防黑客攻击十分有用。

10. 实验 10：在 Windows NT 下卸载和删除一些不必要的服务。

☆ **实验内容：**在 NT 下卸载和删除一些不必要的服务。

☆ **实验目的**：删除一些非必要的服务以增强系统的安全性。

☆ **实验步骤**：

（1）可以通过删除一些应用程序来卸载相关的服务，可是在 WinNT 中有些服务是删除不掉的，需要借助一些额外的工具或命令才可以。

（2）单击"开始"→"设置"→"控制面板"，双击"服务"图标，可以看到一些服务列表，在这里能够启动或停止这些服务，以及对启动的方式进行配置。因为此服务非常容易被黑客所利用来执行一些系统命令或可执行文件，如果只是简单地停止这个服务还不能保证其安全性，因为有些黑客工具可以远程地将此服务设为启动。

（3）如需要 WinNT Resources Kit 里面的 sc 文件，从教师机得到些文件，然后命令提示符下输入 sc qc schedule，利用此命令可以看到有关 Schedule 服务的一些信息图。

（4）当再次回到服务管理器中，发现 Schedule 服务已不复存在了，但是为了安全起见，还是要把实际的文件，也就是 mstask.exe 也一并删掉。

（5）在命令提示符下输入：del c: \winnt\system32\mstask.exe。

（6）利用类似的方法可以禁止和删除任何想要删除的服务，对于一些不是必要的服务一定要把它们卸载，才能最大限度地保障系统的安全。虽然有一些服务即使不完全删除也不会对 WinNT 系统的安全产生什么威胁，但禁止自动启动还是很有必要的。

11．实验 11：更改 Windows NT 注册表来增强系统的安全性。

☆ **实验内容**：更改 NT 注册表来增强系统的安全性。

☆ **实验目的**：更改注册表能够有效地防止多数潜在威胁。

☆ **实验步骤**：

（1）对于 Windows NT 来说，139 端口是经常开放的，远程用户可以利用 NETBIOS 的漏洞用 WindowsNT 系统运行进行匿名连接，如使用下列命令 netuse\\192.168.0.1\ipc$ " "/user: " " 即可与 IP 地址为 192.168.0.1 的主机建立了匿名连接，并且具有小组成员的权限。对于 WinNT 来说，新建文件和目录的默认权限是小组成员完全控制，这种匿名连接是非常危险的，需要禁止这种连接。

（2）单击"开始"→"运行"，输入 regedt32 打开注册表，选中 HKEY_LOCAL_MACHINE 项，打开 System\CurrentControlSet\Control\LSA 键。

（3）在 LSA 的右栏中，添加一个名为 restrictanonymous、类型为 REG_DWORD 的键值，并且将其值设为 1。

（4）保存并退出，重新启动后当再次进行第一步那样的匿名连接就不生效了。

（5）Windows NT 使用 SMB 协议来进行资源访问，并且在进行连接的时候服务器端和客户端协商使用何种认证方式，默认情况下是由客户端决定使用什么版本的 SMB，这样是不安全的，所以要改变这种情况。

（6）同样在 LSA 右栏中，新建一个名为 compatibility level，类型为 REG_DWORD 的

键值，并将其值赋为 1，将值设为 1 的目的是让服务器端来控制建立连接时认证方式。

（7）除此之外，还要设置 SMB 数据包的签名以防止一些伪造的数据包在网络中流动。

（8）打开注册表，找到 HKEY_Local_Machine\System\CurrentControlSet\services\Lan ManServer\parameters 项，在右栏中添加一名为 require security signature、类型为 REG_DWORD 的键值，并将其值设为 1，单击"确定"，保存后退出。

（9）重新启动计算机，所有设置生效。

（10）一些高明的黑客可以自己编制一个打印机的驱动程序木马，虽然这需要有很高的技术并难于实施，但从安全的角度考虑，还是有必要防范的。

（11）利用 regedt32 打开注册表，选择 HKEY_Local_Machine\System\CurrentControl-Set\Control\Print\Providers\LanMan Print Services\Servers 项，并在右栏中添加一名为 addp-printdrivers、类型为 REG_DWORD 的键值，并将其值设为 1，单击"确定"，保存后退出。

（12）对页面交换文件应不会太陌生，当系统关机时应自动清除页面文件的内容以增加安全性。打开注册表，找到 HKEY_Local_Machine\System\CurrentControlSet\Control\Session Manager\Memory Management 项，双击右栏中名为 clearpagefileatshutdown 键值，将其值设为 1，单击"确定"，保存后退出。

（13）重新启动系统使前面做的改动生效。以上仅仅是对 Windows NT 中部分重要的设置做了一些改动，对于 Windows NT 操作系统来说可以通过更改注册表避免很多潜在的风险因素，有关更多的内容可以参考一些书籍或网站 http://www.webmaster.com.cn。

5.6　数据库安全实训导读

☆ **实验目的**：了解数据库安全对电子商务的重要性。

☆ **实验要求**：

（1）管理 SQL Server 的安全性。掌握两种 SQL Server 2000 登录验证模式；掌握如何添加、修改、删除、拒绝两类 SQL Server 2000 登录账号；了解服务器角色的概念；了解 SQL Server 2000 两极权限管理的优点；掌握如何添加、修改、删除数据库用户；了解基于角色的权限管理；了解固定数据库角色；掌握如何添加、删除数据库角色以及如何为数据库角色添加和删除用户；掌握权限的概念和 3 种权限类型；掌握如何授予、拒绝和剥夺权限；了解应用程序角色的概念和采用应用程序角色的目的；了解如何管理应用程序角色。

（2）掌握数据库备份的概念，理解备份的必要性；掌握 4 种数据库备份和恢复的方法；了解备份设备的概念并掌握如何管理备份设备；掌握如何使用企业管理器、T−SQL 语句和向导备份和恢复数据库。

5.6.1　SQL Server 2000 的安全机制实验内容

（1）掌握 SQL Server 2000 的安全机制。数据库安全性与用程序安全性，两极权限管理与 Windows NT 集成的登录验证模式基于角色的安全性。

（2）管理服务器的安全性。设置服务器登录账号，设置安全验证模式，添加 Windows NT/2000 账号，添加 SQL Server 账号，修改登录账号的属性，拒绝登录账号，删除登录账号、服务器角色、sa 账号。

（3）管理数据库的安全性。添加数据库用户、修改数据库用户、删除数据库用户。

（4）管理数据库角色。固定数据库角色、创建自定义数据库角色、为数据库角色增加成员、删除用户自定义角色。

（5）管理权限。权限设置，授予、拒绝和剥夺权限，使用企业管理器管理权限，权限和系统表。

（6）应用程序的安全性与应用程序角色。创建应用程序角色，激活应用程序角色，修改应用程序角色口令，删除应用程序角色。

5.6.2　备份和恢复实验内容

（1）了解数据库备份的原因、SQL Server 2000 数据库备份和恢复体系结构和新特性。

（2）备份数据库。备份设备、使用 T−SQL 语句备份数据库、使用企业管理器备份数据库、使用向导备份数据。

（3）恢复数据库。使用 RESTORE 语句恢复数据库、使用企业管理器恢复数据库。

☆ **恢复数据库实验：**

（1）创建数据库。

（2）创建表。

（3）创建备份设备。

（4）往表中添加行。

（5）备份 Testrestore 数据库。

（6）往表中添加更多行。

（7）备份事务日志。

（8）往表中添加更多行，备份完成。

（9）关闭 SQLServer。

（10）删除数据库文件。

（11）重启 SQLServer。

（12）恢复 Testrestore 数据库。

第 6 章　网络营销实训

【学习目的】

● 熟悉网上市场调研的程序和方法，会进行基本的网上信息收集和处理。

● 能灵活使用各种网上调查手段和方法完成市场调查任务，能撰写市场调研报告。

● 了解在网上进行在线品牌的建立和管理、网上产品定位和网络营销组合的基本理论和程序及方法。熟悉网上促销的基本方式，包括网络广告促销、网上站点促销、Email 促销、病毒促销、伙伴促销等内容。了解 CRM 的基本内容和如何开展 CRM。了解分销网络的管理，掌握产品分销价格和奖励机制设计，代理商培训的技术，掌握代理商纠纷处理技术，熟悉 PRM 渠道管理解决方案。

6.1　网上市场调研实训

☆ **实验环境：**

（1）计算机。

（2）能够上网（使用专线、ADSL 或普通 Modem 上网）。

（3）计算机中预装 Windows 2000、Windows XP 或 Windows 98 操作系统。

☆ **实验目的：** 要求能利用电子邮件、邮件列表、BBS、在线广播、自动回复机等网络工具进行网上市场调研，充分收集市场信息和进行分析，并能提交最终的网上市场调研报告。

6.1.1　网上信息的收集与处理的具体步骤。

要求掌握利用多种工具收集商务信息，能熟练利用电子邮件（Email）、电子公告板（BBS）、网络新闻组（Usenet）等工具收集信息。不同的网上商务信息对不同用户的使用价值不尽相同，根据各种信息的特点，一般可将网上商务信息分为四类。

第一类是免费商务信息。这些信息多半是属于社会公益性的信息，服务于社会和公众，大约只占信息库数据量的 5%左右。这类信息主要是政府机构和信息咨询企业提供的，为了扩大本身的影响，从产生的社会效益上得到回报，推出的一些方便用户的信息，如天气预报、在线免费软件、实时股市信息等。

第二类是费用较少的信息。这类信息是属于一般性的普通类信息。这类信息的采集、加工、整理、更新比较容易，花费也较少，是较为大众化的信息。这类信息约占信息库数据量的 10%～20%，只收取基本的服务费用，不追求利润，如一般性文章的全文检索信息。

第三类是收取标准信息费的信息。这类信息是属于知识、经济类的信息，收费采用成本加利润的资费标准。这类信息的采集、加工、整理、更新等比较复杂，要花费一定的费用。同时信息的使用价值较高，提供的服务层次较深。这类信息约占信息库数据量的 60% 左右，是信息服务商的主要服务范围。网上商务信息大部分属于这一范畴。

第四类是高价的信息。这类信息是有极高使用价值的专用信息，如重要的市场走向分析、畅销商品的情况调查、新产品新技术信息、专利技术以及其他独特的专门性的信息等，成本和使用费用较高，它可为用户提供更深层次的服务。一条有价值的信息一旦被用户采用，将会带来较高的利润和收益。

1. 要充分认识到网上市场调研的不足之处

（1）网上市场调研只能反映网络用户的意见。目前我国的网络用户数量只有八千多万人，实际生活中公众受网络支配的程度很低。因此，网络调研结果只能反映对此感兴趣的少数人的想法，无法代表群体整体的需求，企业应使用其他方法来补充该方法的不足。

（2）Email 地址的缺乏。实施电子邮件调查的关键是拥有大量的 Email 地址，而实施主动浏览调研又要限制一址多答，防止出现垃圾邮件满天飞的问题。另外，大部分可供浏览访问的主题不应与访问者有太强的利益牵连。这样，感兴趣者往往需要长时间才能到达感兴趣的部分。

（3）网上的自由选择导致只有少数人愿意回复或与调查方联系，所代表的人数及范围较窄。据调查电子邮件平均回复率一般为 8%～10%。

（4）上网匿名。由于上网匿名，人们上网时会以不同的性别和人名出现，而调查者很难证实被调查者的详情。另外，担心自己的资料泄露和被一些不负责任的企业滥用，很多人都使用匿名上网。

（5）多元文化背景。由于互联网的全球性，被调查者对调研表的理解也不尽相同，企业在处理调研结果时必须有所考虑。

（6）在线注意时间较短。据统计，被调查者在回答 10～15 个问题后就会不耐烦，被调查时间最多只能在每次 10 分钟左右。

（7）网上人际之间缺乏情感的交流。

（8）多重选择答案的可信度。与其他形式调研相同，网上调研也无法保证被调查者不说谎，许多网上调研无法控制被调查者的答题和重复答题。可使用一些措施（如 Cookies、IP 地址、URL、密码）来确保网上调研的可靠，不出现重复和一人多投的现象。

2. 不能忽视网上市场调研的优势

（1）高效。互联网没有时空和地域限制。网络信息传递速度快，更新及时。

（2）准确性高。网络信息的收集减少了信息传递的中间环节，能降低信息的误传和更改，可保证所收集信息的准确。

（3）便于存储。由于各种信息量巨大，通过使用计算机和网络可十分自如地管理、查找和存储各种各样的信息。

（4）因特网的交互性使网上调研的周期大大缩短。传统方式的市场调查活动要耗费大量人力，入户调查既要担心被人拒绝又要考虑不要与工作时间冲突。网上调查就避免了这种尴尬，因为填写调查问卷的人是主动参与的。

6.1.2　进行网上信息的收集与处理实训导读

1. 使用电子邮件进行网上的收集与处理实训

目前互联网上 60%以上的活动都与电子邮件有关。公司可以将详细的有关产品、服务的信息放在网上，用户可以随时从网上获得信息，并且在网上存储、发送信息的费用都低于印刷、邮寄或电话的费用。以较为完整的 Email 地址清单作为样本框，采取随机抽样的方法发放 Email 问卷，然后再对受访对象使用电子邮件催请回答。在广告调查实施中，访问者透过多媒体技术，可以向被访者展示包括问卷、图像、样品在内的多种测试工具。尽管互联网电子邮件与传统的通信手段相比有其无可比拟的优势，但由于其本身的特点，还是有以下几个不足之处，请大家在使用 Email 时加以注意。

（1）安全性及可靠性问题。导致互联网电子邮件安全性不足。

首先，是互联网的开放性。开放性是互联网的最大优点，但也引出很多问题。由于互联网技术为大家所熟知，有很多电脑发烧友喜欢攻击网上的计算机。他们专做一些破译密码、截取信息、非法进入他人计算机等活动。虽然大部分发烧友并非出于恶意，但也给互联网用户带来很多麻烦，电子邮件系统也不能幸免这些人的攻击。由于上述原因，很多人对互联网电子邮件的安全性还是持怀疑态度。

其次，是互联网电子邮件所采用的传递机理。因为互联网电子邮件并不是直接送到目的地，而通常要经过几台计算机利用 SMTP 协议中转，而且为使信息传输简单化，SMTP并未过多考虑加密或防窃听的需要。由于中转计算机可能属于背景完全不同的人，这从另一个角度增加了信件被截取及窃听的可能性。

最后，互联网通信量的不断增加也降低了其电子邮件的可靠性。本来，速度快是互联网电子邮件的一大特点，但是，在互联网的某些部分，由于通信量过大，会出现"堵塞"现象，如果电子邮件恰好这时候要经过这些瓶颈部位，有可能几个小时都通不过，这对于十万火急的信件是不可能忍受的。

（2）兼容问题。电子邮件的另一个缺陷是与局域网电子邮件的兼容问题。很多已建立局域网的单位，通常都运行自己一套局域网电子邮件系统，例如 cc：mail 等。当这些单位试图把自己局域网的电子邮件系统与互联网邮局系统连结起来时，马上就遇到很多问题。首先是地址不兼容。局域网电子邮件的地址格式与互联网电子邮件地址格式完全不同，而且两种格式之间没有一种通用的转换方式，这样想通过一个软件同时发信给局域网用户和其他用户就相当困难；再有就是信体格式的不相容。许多局域网电子邮件为了增加一些功能，例如信件追踪、信件加密、信件压缩等，而没有采用国际通用的协议，这样，很多可以在局域网电子邮件系统中正确传送的信件，上了互联网后，由于电子邮件系统弄不清信件中的某些特殊控制符的意义，当然也就不能对信件按发信人的意思进行处理，这必然引起混乱。

（3）不宜设计包括很多问题的问卷，这种问卷的回收率通常很低。上网者通常是不耐烦比较长的问卷，所以要想让顾客回答你的问题，最好问卷每次只涉及一个具体的问题。这个问题应简洁明了，易于阅读、易于回答，顾客用很短时间就能回答完毕。所以，在设计问题时，要慎重考虑，使之取得更好的效果。

（4）要采用自动应答器，实现自动答复。为了提高回复速度，可以采用自动应答器，实现对顾客电子邮件的自动答复。自动应答器给电子邮件发出者回复一封预先设置好的信件，这样做的目的是让发电子邮件者放心，并说明邮件已经收悉，已引起公司的关注。这种自动答复可以采用某种特定格式，如"本公司经理对您的建议很感兴趣，并十分感谢您为此花费了宝贵的时间"。采取这一方法是因为经理实际上无法抽出时间来一一阅读这些信件，而电子自动应答系统则可以更好地实现这一功能。

☆ **实训内容：**

（1）上网申请邮件列表和创建邮件列表。可进入 http://www.cn99.com（希网）和 http://www.deepcast.net/deepcast/default.htm（网经）及其他提供邮件列表的网站。写出一份有关提供邮件列表的各网站的报告及如何申请邮件列表的程序。

（2）利用所创建的邮件列表来进行各种信息的发布和邮件广告宣传工作。在新注册的邮件列表中发布一条商业信息，应包括商品的名称、规格、商品价格、优惠条件、销售地点等内容。

（3）利用邮件列表给十个以上同学发去一个对电子商务的看法的调查表，对该表的回复进行总结和分析，写出分析报告及如何提高网上调查表的回复率。

2．使用网上新闻组进行信息收集实训

直接在网民中征集网上与会者，并在约定时间举行网上座谈会。该方法适用于要进行深度或探索性研究的主题。很多企业都希望能有这样一个机会去和网络用户一对一地直接交流。有的企业与网站达成协议，企业为这个站点的一个与该企业产品相关的栏目提供赞助。同时，企业希望网站能设立一个专门的讨论组，由企业的专家或销售人员与网络用户进行各个方面的交流和讨论。这样，企业就可以通过提供这个窗口与消费者建立长久的信任。企业通过这个窗口了解网络用户对其产品的看法，即有什么问题、有什么想法和有什么对企业好的建议，都可以通过窗口来解决。利用讨论组查询，值得一提的是，使用原始的讨论组的方法是比较麻烦的，不实用的信息量太大。一般情况下，使用搜索引擎提供的WWW 方式的专项服务，例如在 www.infoseek.com 中，可以首先把搜索的范围定在讨论组（通常是点击 seek 下面的选择项），然后再进行关键词的搜索。但是 Infoseek 不提供专项讨论组的搜索，无法把搜索范围限制在单一的 Business：Import-Export 组，好在 Infoseek 提供的每一个搜索结果都标明了属于哪一个具体的小组。

☆ **实训内容：**

（1）在网上寻找网络新闻组（Usenet）网址，将找到的网站记录下来，写出报告。

（2）使用 Outlook Express 或 MSN 登录网络新闻组（Usenet），分别加入计算机硬件、软件、电影等网络新闻组。

（3）进入相关的计算机硬件、软件、电子商务、网络营销等的新闻分组，收集所需的资料。

（4）在网络新闻组上寻找与电子商务有关的信息，写出报告。

（5）登录新闻论坛搜索引擎，常用的是 www.dejanews.com ，它能提供许多经过选择和分类的丰富内容。

（6）搞清楚新闻组的分类，了解以下分类的具体规则，Comp、Sci、Soc、Talk、News、Rec、Biz、Misc 等.

（7）参考以下站点：佛山新闻组（news：//ems.foshan.gd.cn/ ）、微软的新闻组（news：//msnews.microsoft.com/）、蓝剑新闻组（http://www.scfido.com/），学习在新闻组中发布信息的技巧，在新闻组中学习张贴消息或回复别人张贴的消息。

① 张贴一份有关电子商务最新发展趋势的文章

② 张贴个人网站的升级通知

③ 在新闻组中发布自己的网站，并请求别人提出意见

（8）打开 Outlook Express，设置要连接的新闻组服务器的地址，如 169 新闻组。

3．使用 BBS 电子公告板进行网上信息收集实训

网上市场调查是市场调研的一部分，其形态特点与市场调研相同。凡是市场调研采用的手段，在网上市场调查中都可以采用。所以网上市场调研也可以采用 BBS 电子公告板的形式来进行。网络用户通过 Telnet 或 Web 方式在电子公告栏发布消息，BBS 上的信息量少，但针对性较强，适合行业性很强的企业。国内著名 BBS 有新浪网（http://www.sina.com.cn）、中经网（http://www.cei.gov.cn ）、网易（http://www.163.com ）、清华 BBS 等。目前各类 BBS 的主要功能有：供用户自我选择阅读若干感兴趣的专业组和讨论组内的信息；定期检查是否有新消息发布并选择阅读；用户可在站点内发布消息或文章供他人查询。

用户可就站点内其他人的消息或文章进行评论；免费软件的获取，文件传输；同一站点内的用户互通电子邮件，进行实时对话。可以用 BBS 的信箱收发所有邮件。聊天区可以为供一个和其他人聊天的小天地。文件共享区的作用类似于 FTP 的作用，不同的是它可以让普通用户将文件复制到这里，与其他用户共享。讨论区中包括了各类的学术讨论区以及各类话题讨论区。在本区中可以挑选自己感兴趣的话题发表文章。信件区可以收发信件。由于 BBS 的用户邮件系统已经可以和互联网的邮件系统接轨，所以可以用 BBS 的信箱收发所有邮件。

☆ **实训内容：**

（1）登录国内的 BBS，了解对电子商务和网络营销的看法，将他们的看法汇总后写出报告。

（2）利用你所知道的 BBS 站点，将对电子商务的看法发表出去，了解别人对你的观点的认识。

（3）加入某一个与电子商务主题有关的 BBS，和他人谈论对电子商务的看法，说服持不同见解的网民。

（4）在网上建立自己的 BBS，设立一块空间供公众使用，让他们粘贴自己的观点和看法，你可从中了解新信息和引导公众对某一主题进行讨论。

4. 主动浏览访问进行网上信息收集实训

在高访问率网页上设置调查专题，访问者可按照个人兴趣，选择是否访问有关主题。这项研究方法的研究对象属于该网页受众中的特殊兴趣群体，它适用于对待某些问题的参考性态度研究，可以反映访问者等待所研究问题的态度。调查专题所在网页的访问率越高，调查结果反映出网民意见的可能性越大。

☆ **实训内容：**

（1）直接登录 IBM、HP 公司的网站，了解他们对电子商务的看法。

（2）利用搜索引擎 Google、Yahoo、Baidu 等的关键词查找工具，查询有关电子商务交易平台的信息。

（3）登录有关网站，如计算机和服装的网站，直接了解它们的信息和价格，对它们所提供的信息量和价格差异进行比较，写出报告。

（4）在 Yahoo、Google、Sohu、163 等搜索引擎输入同一关键词"电子商务"，了解各引擎的搜索结果有什么不同？

（5）利用网上数据库查找有关商务方面资料，如 STN 系统（http://www.stn.com）、DIALOG 系统（http://www.dialog.com）、ORBIT 系统（http://www.questel.orbit.com）、ESA-IRS 系统（http://www.eins.org）、DATA-STAR 系统（http://datastarweb.com）、FIZ Technik 系统（http://www.fiz-technik.de/en/）、DJN/RS 系统（http://www.dowjones.com）、DUN&BRADSTREET 系统（http://www.dundb.co.il）等数据库检索系统。

5. 委托市场调查机构调查进行网上信息收集实训

企业在进行的市场调查主要针对企业及其产品的调查。调查内容通常包括：网络浏览者对企业的了解情况；网络浏览者对企业产品的款式、性能、质量、价格等的满意程度；网络浏览者对企业的售后服务的满意程度；网络浏览者对企业产品的意见和建议。一般采用这种在线网上调查，都有一定的奖品或奖励给参加调查的网络浏览者，以鼓励他们的参与。在网上随时可以见到很多这种有奖问答形式的网络市场调查。

☆ **实训内容：**

（1）在网上了解一下国内有多少从事网上市场调研的网站，将他们进行分类并写出分析报告。

（2）登录国外著名的 Forrest 网站，了解它所开展的市场调研工作并写出报告。

（3）登录索福瑞网站了解如要委托它进行市场调研需要的程序和费用，写出报告。

（4）使用专业调查网站如东方国际市场研究（EMR）（http://www.chinaemr.com/）和零点调查（http://www.horizon-china.com/）等。

6. 合作方式的网络市场调查进行网上信息收集实训

由于企业和媒体合作进行，调查题目页各出一半，既可利用对方的调查技术和经验，又可节约时间和金钱。零点调查公司与 Sohu 合作对很多社会问题做在线调查，也是用的这种方式。

☆ **实训内容：**

（1）请登录零点搜狐网上调查网站，了解委托零点网站进行市场调查的程序和步骤及费用等，写出调查报告。

（2）分析进行合作网络市场调查的利弊，写出分析报告。

6.2　网络市场调查实训

☆ **实训目的：** 要求能使用各种网上市场调查方法，利用第一手资料和第二手资料进行网上市场的调研和分析，在充分收集市场信息和进行分析的基础上，能提交最终的网上市场调研报告。

☆ **实训要求：**

要求调查：

（1）网民基本情况。

（2）网络用户的地域。

（3）网络用户的收入。

（4）网上竞争对手。

☆　**查询技巧：**

（1）使用逻辑符号快速查询。一般比较大的搜索引擎网站都支持使用逻辑符号进行复杂的搜索界定。常用的逻辑符号有 AND（逻辑与）、OR（逻辑或）和 NOT（逻辑非），恰当地应用它们可以使搜索结果非常精确。另外，也可以使用括号将搜索词分别组合。

（2）使用双引号进行精确查找。如果查找的是一个词组或多个汉字，最好的办法就是将它们用双引号括起来，这样得到的结果最少，也最精确。例如，在搜索引擎的 Search（查询）框中输入 "search engine"，这会比输入 search engine 得到更少、更精确的结果。如果按上述方法查不到任何结果，可以去掉双引号再试试。

（3）使用加、减号限定查找。很多搜索引擎都支持在搜索词前冠以加号（+）限定搜索结果中必须包含的词汇，冠以减号（-）限定搜索结果不能包含的词汇。

（4）尽量少用空格。在输入汉字作为关键词的时候，不要在汉字后面追加不必要的空格，因为空格将被认为是特殊操作符，其作用与 AND 一样。例如，输入了这样的关键词"生活"，那么它不会被当作一个完整词"生活"去查询。由于中间有空格，会被认为是需要查出所有同时包含"生"和"活"两个字的内容，这个范围就要比"生活"作为关键词的查询结果大多了，更重要的是它偏离了本来的含义。

（5）有针对性地选择搜索引擎。利用不同的搜索引擎进行查询时得到的结果常常有很大的差异，这是因为它们的设计目的和发展走向存在着许多的不同。例如 Dejanews（http://www.dejanews.com）是专用于 Usenet 的搜索引擎，而 Liszt（http://www.liszt.com）则是针对邮件列表、IRC 等的搜索引擎。

（6）逐步细化法。逐步细化法就是按照搜索引擎的分类一层一层地点击下去，这对一些关键字不太确定的资料查询十分有效。例如，Yahoo 把网上的各种资料归类整理，分得很细，有休闲与运动、娱乐、健康与医药、艺术与人文等很多类别，而且可由每一大类的链接进入下层分成的很多小类。一层一层地进入链接，分类也就越来越细，离你的目标也就越来越近。由于都是链接形式，所以使用起来既方便又简单。

（7）根据要求选择查询方法。如果需要快速找到一些相关性比较大的信息，可以使用目录式搜索引擎的查找功能，如使用 Yahoo（http://www.yahoo.com）。如果想得到某一方面比较系统的资源信息，可以使用目录一级一级地进行查找。如果要找的信息比较冷门，应该用比较大的全文搜索引擎查找，如 Google（http://www.google.com）或 Hotbot（http://www.hotbot.com）。

（8）最容易忽视的搜索方法。有时词组搜索需要太精确或者一个词组无法准确表达所需要的信息，那么可以直接到信息源去查找。这种技术"简单得似乎不值一提"，但却很有效。根本不用搜索引擎，直接到提供某种信息组织的站点去。很多时候我们可以用公式"www.公司名.com"去猜测某一组织的站点。如果猜不中，那么到 Yahoo 去，或使用搜索引擎。例如：要找 Dell 公司现有附件的说明书，可直接去站点 www.dell.com；想知道 Oracle 公司有什么新闻，试一下 www.oracle.com 。然后再去新闻栏看一看。人们在搜索引擎中得到很多无用信息，却忘了试一试该方法。这种技术还可用于其他搜索目的，并不一定与公司有关。政府机构、职业协会、教育机构的网站也可以提供很好的信息资源。

（9）注意细节。在互联网上进行查询时如果能注意一些细节问题，常常能增加搜索结果的准确性。例如，许多搜索引擎都区分字母的大小写，因此，如果搜索人名或地名等关键词，应该正确使用它们的大小写字母形式。

（10）利用搜索引擎的特性进行查找。不同的搜索引擎具有一些专用的特性，应用这些特性可以使查询事半功倍。例如，若想知道某个论坛最近一段时间发表的文章，可以在 google 论坛的查找框中输入要查找的文章，进行查找。

（11）使用多元搜索引擎。多元搜索引擎是一种只需输入一次关键词就可以利用多个搜索引擎进行查询的搜索代理网站，如 Search.com（http://www.search.com）就可以同时利用多个搜索引擎进行查询。

（12）利用选项界定查询。目前越来越多的搜索引擎开始提供更多的查询选项，利用这些选项人们可以轻松地构造比较复杂的搜索模式，进行更为精确的查询，并且能更好地控制查询结果的显示。

☆ 实训内容：

（1）使用搜索引擎找寻中文的多元搜索引擎，将搜到的多元搜索引擎分类并以报告形式上报。（可登录 http://www.sowww.cn/search/）。

（2）使用的一种搜索"电子商务"一词，看看各搜索引擎的搜索结果有什么不同。必须使用天网搜索引擎、百度、雅虎、3721 等十个以上搜索引擎。

（3）从网上下载飓风搜索通和天网搜索等多元搜索引擎，使用网络搜霸、飓风搜索通、一搜等多元搜索引擎搜索"网络营销"一词，了解他们的搜索结果。

（4）使用 http://www.dogpile.com 搜索 web marketing。

6.2.1　网民基本情况、网络用户的地域分布和网络用户的收入等调查实训

☆ 实训内容：

（1）登录中国互联网信息中心网站（http://www.cnnic.net.cn），了解最近中国互联网网络发展的基本情况，将中国互联网信息中心进行的第十五次网上调查报告下载下来。

（2）登录其他的网站了解有关中国互联网网络用户的基本情况，将结果和中国互联网信息中心网站的调查报告进行比较分析，写出报告。

（3）登录诸如 http://www.forrester.com 网站，了解国外的互联网网络用户的发展情况，将世界的互联网发展的基本情况和中国的发展情况进行比较和分析并写出报告。

6.2.2　网上竞争对手调查实训

☆实训内容：

（1）寻找网上竞争对手。（在网上寻找竞争对手的最好办法是使用搜索引擎，登录如 Yahoo、Google、Infoseek、Excite、Hotbot、WebCrawler、Lycos、Sina、163 等。你在查找竞争对手之前，首先要确定查询用的关键词。关键词的确定要考虑以下因素：要在网上开展的业务的性质和一般的浏览者在网上查找这类业务时常用的关键词等。使用各大搜索引擎分别进行检索，可得到大量的结果。由于时间和精力的限制，不可能将所有的站点一一查看，所以，最好只看搜索结果的前 10 名或前 20 名的站点。如果前 10 名或前 20 名的站点有 8 个与你从事的业务相同或相近，那么，这 8 个站点就是你的竞争对手。之所以选择前 10 名或前 20 名的站点，是因为这些站点在搜索引擎上的排位就是你与他们将来竞争的地方。

（2）研究网上竞争对手。请选择电子计算机、图书、软件和钢铁等行业。研究网上竞争对手的情况，应首先从它的主页入手。一般来说，竞争对手都会将自己的产品、业务、服务和联系方法等方面的信息展示在主页中。从竞争的角度来看，要从以下几个方面进行考察。

① 把自己放在消费者的位置上去浏览竞争对手的全部信息。仔细琢磨、品味他们的主页图形创意是否能一下子把你吸引住，使你耳目一新，有一个比较深刻的印象。因为网民的时间是非常宝贵的，他不会为一个不起眼的网页而浪费他珍贵的时间，所以，你的主页有没有特色、能不能给浏览者以好感，在一定程度上会影响他们对你的兴趣。

② 对其图形设计、栏目的设置和文字的表达进行研究。看它是怎样充分利用屏幕的有限空间很好地展示出公司的形象和业务信息。全部看完之后，你对该公司的标志、色彩和主要的业务项目、服务内容是否有了一个比较清楚的感觉和认识。你是否能感觉到他们在哪个方面是刻意追求的或是突出的，也许这就是他们的特点和与众不同的地方。

③ 考察其开展业务的地理区域。一般我们可以从站点提供服务的方法和手段等方面考察其能力范围，从其客户清单中判断其实力和业务的好坏，以及他们在业务领域的影响力等。

④ 刻意留心站点主页的文字表达。看是否有语法和单词等比较低级的错误；图形设计是否过于复杂。看其图形是否过于美化，文字的强调过多地使用黑体、斜体、下划线、字符底纹等，文章的段落是否清晰易于阅读。

⑤ 每页间的链接是否方便浏览，有没有死链接，是否有调不出来的图形。

⑥ 注意其图形下载的时间长短，记录其传输速度。速度是影响浏览者耐心的关键因素。面对网上如此众多的站点，节省浏览者的时间是在给自己创造抓住来访者的机会。

⑦ 查看在其站点上是否有别人的图标广告，在这些图标广告链接的主页上有没有竞争对手的图标广告他们链接的这些站点是否也是需要的。他们在图标广告中使用的广告词和图形设计是否吸引人。他们突出的重点或能促使人们点击的秘诀是什么。

⑧ 全面考察竞争对手在网络搜索引擎、新闻组中的宣传力度。研究其选择的类别、使用的介绍文字等，特别是图形广告的投入量等；考察竞争对手是开展网上广告和营业员销前要做的工作，而定期监测对手的动态则是一个长期性的任务。每个竞争对手都在发展和变化，当你研究别人时，别人也在研究你，时时把握竞争对手的脉搏，取长补短，是保持自己优势的关键。

（3）写出调查报告并交上来。通过精心考察竞争对手情况，将从网上搜索得来的信息加工、整理、归纳分类。这样，就会对网上的竞争对手情况有一个比较清楚的了解，通过调查将知道他们都在做什么，是怎样做的，每个站点都有哪些特点、哪些产品，以及他们的服务和价格行情等。将这些收获整理成评估报告，保存在你的电脑数据库里，并可根据将来定时的监测情况添加数据，整理出长期的、动态的竞争者数据库，画出动态曲线图，以便随时进行定性、定量分析，以掌握竞争对手的发展趋势，确定自己的目标和对策。

6.2.3　网上市场信息的获得实训

网络市场调查的目的是为了了解竞争对手、了解网络客户的需求、比较各个网站的优劣，以利于网络广告的制作和投入。互联网上有许多信息资源可以供企业参考，但由于它的信息量大，检索信息非常麻烦。为了帮助企业网络调研人员更好地利用这一资源，我们将帮助你了解互联网上庞杂的资源和可用的检索工具。互联网上的整个知识库都源于网络用户的电脑中，问题的关键在于是否能打开这一宝库。所有知识库都可以通过讨论组和电子邮件来进行访问。

1. 在互联网上调查第一手资料

在互联网上进行第一手资料的调查时，有很多种方法。这时也要注意采取正确的方式，在互联网上进行广告市场调查要像在网上进行市场营销一样注意方式，遵循网络规范。

（1）可用互联网来进行任何方面的一手资料的调查，调查的步骤如下。

① 确定要调查的目标对象。

② 识别目标对象中要加入调查的讨论组。

③ 确定他们可讨论的话题。

④ 在 Usenet 讨论组话题名录下寻找你的目标对象。

⑤ 在 Usenet 讨论组话题内容下寻找你的目标对象。

⑥ 在电子邮件讨论组话题名录下寻找你的目标市场。

⑦ 登录相应的 Usenet 和电子邮件讨论组。

⑧ 登录过滤系统以便发现 Usenet 上有用的信息。

⑨ 向 Usenet 和电子邮件讨论级参与者查询其他相关名录。

⑩ 查阅"问与答（FAQ）"和讨论组的规定，以确定能否根据名录来进行广告调查。

（2）在互联网上进行一手资料的调查可采用下列方法。

① 向多个讨论组邮寄详细的问卷（不推荐采用）。

② 向若干相关的讨论组邮去简略的问卷。

③ 在自己的 Web 网址放上详细的问卷。

④ 在自己的 Web 网址放上简略的问卷。

⑤ 向讨论组邮寄相关信息，并指向放在自己 Web 网址上的问卷。

⑥ 在自动回复的信箱里放上详细问卷，并通知讨论组，以鼓励他们访问此问卷。

第一个方法是不能在互联网上采用的调查方法。注意不要向多个讨论组邮去同一份详细的问卷。后五种调查方法则是可在互联网上采用的很好例子。为了得到较好的调查效果，可以考虑同时采用这五种方法。如果想要最大程度地提高答卷率，一种有效的策略就是提供免费礼品，这样会有所帮助。

2. 在互联网上调查第二手资料

二手资料的广告市场调查是指已经由其他组织或政府机构完成的调查。互联网上有大量的二手资料，WWW 正很快地变成百科调查的中心仓库。要找到这些信息，就必须熟悉 Web 检索工具。对于二手资料的调查来说，讨论组也是极有价值的信息来源。

（1）互联网用户人口统计特征。如果需要调查互联网用户的人口统计特征，已经有多项调查结果。虽然这些调查无法提供准确可靠的统计结果，但它们都描绘出了互联网用户的人口统计特征。

（2）人口统计。可靠的人口统计对广告市场调查是很重要的，尤其是对新企业至关重要。WWW 上有世界各国的大量信息。访问美国人口调查局的数据库（http://www.census.gov/）可获得有关美国市场的人口统计资料。有关其他国家的人口统计资料可查询数据库或（http://www.altavista.com，http://www.hotbot.com）。可使用的关键词为 census、demographics、population 和所要调查的国家名。

3. 网络数据库的利用

在网络环境下，数据库是沟通企业与消费者之间的重要内容和手段，是整个信息系统的基础，也是网络营销市场调研定量分析工作的基础。目前各类商务网络站点（Web Site）开发工具大多数都提供了相应的数据库功能。企业网络站点要充分利用这些数据库功能，分类保存有用的商务信息，为各种类型的经营分析提供支持。

（1）网络数据库类型。

目前，企业商务网络站点上常设的数据库类型主要有三种。

① 客户数据库。客户数据库是网络营销过程中最重要的数据库之一。它主要存储的内容除了传统营销所需建立的客户档案外，还包括客户的 Email 地址（或网址）、客户历次购买产品或询问有关产品信息的情况、客户对产品的需求及建议和意见等信息。

② 产品（或商品）数据库。产品数据库的内容.除通常产品数据库的内容外，还包括相关产品、配套产品、相关的企业网址等信息。

③ 从网络上下载的相关产品供需信息数据库。将其他一些大型商务网站中与本企业产品或经营相关的供需信息保存到数据库中，以便企业相关人员分析参考。

（2）网络市场调研人员建立和使用数据库途径。

一般有两种途径，即利用互联网络上已有的数据库和建立企业自己专业的数据库。

① 在互联网上，企业可以将网络服务商已有的数据库连接到企业的网页上。这样不论是谁访问过企业的主页，都能进入已连接的数据库。企业营销人员根据市场调研的目的、内容，选择适当的搜索引擎，查找所需要的数据库，并经常查看每个已连接的数据库以保证数据库信息的及时和准确。

② 建立企业自身的数据库。建立企业自己的数据库，无疑要投入大量的人力和资金，但一个能及时提供有关信息，并使用户开阔眼界、娱乐身心、打破地域和交通局限的数据库必然会吸引更多的访问者，企业也会得到准确、客观、及时的市场信息。建立企业自己的网络数据库，主要有以下几种形式。

● 基于浏览器的数据库。基于浏览器的数据库，包括简单的文本文件字段和复杂的附有图表和格式化文本的主页。浏览器一般会下载整个数据库文件来搜索目标对象。为了网络用户使用方便，这种数据库文件应该有合理的大小。如果数据库超过 10 万字节，就应该将其按照逻辑顺序分成几个组成部分，并在每个部分之前附上内容提要，以使访问者选择自己感兴趣的有关内容。

● 链接型数据库。这种数据库一般使用 HTML 编辑器来建立，像其他文本文件一样，数据库文件能被写入链接。通过往数据库中写入链接，提供 HTML 文本格式和运用逻辑方式组织数据库资料和信息，就可以建立高质量的数据库。由于数据或资料会不断调整、随时改变，也可提供链接到非 HTML 文本文件中，这样只需删除旧的文本文件，再用包含最新信息数据的文本文件来代替之。除了在文件开始部分进行链接到其他章节中外，还可以从这些章节重新链接到文件开始部分，或者连接到任何章节的开始部分。这种类型的数据库需要企业营销人员投入更多的时间和精力，但这种数据库对访问者而言是极其方便的，能够高效率地利用数据库资料信息。

● 基于服务器的数据库。如果数据库需要提供的信息量巨大或者需要及时地更换、充实信息，则最好选择使用基于服务器的数据库。这种数据库使用 HTML 表单不仅能够显示日常的主页位置而且其中的文本盒还能允许使用者键入新信息，控制盒和按钮可使使用者作出自己的选择。例如，如果在使用一个有关产品系列零售价格目录的数据库，你可以用控制盒引导访问者来查看每个产品目录，输入待查看日期的范围。当访问者进入本企业的数据库主页点击申请服务区时，网络服务器就会接收到访问者发出的请求信息，并会搜索访问者申请数据的区域，进而将搜索结果格式化传送到访问者所在的计算机。为了安装、储存和保留这种数据库，企业需要和有关的网络服务商达成相关的协议。

企业建立自己的网络数据库，就能在全球便利地进行通信和交易，可以极大地提高其市场营销能力，并从根本上改变工业革命三百多年来形成的生产关系和管理模式。

4. 网络市场调研中介的选择和利用

（1）网络市场调研服务的种类导读。网上有许多专门提供网络市场调研服务的公司。若从提供网络市场调研服务的角度来看，有以下几种网络市场调研服务商。

① 互联网络服务供应商 ISP（Internet Service Provider）是向广大用户提供互联网接口与相关服务的机构。一般来说，ISP 有两大类：一类是只向用户提供拨号入网服务的 IAP（Internet Access Provider），其规模小、局域性强、服务能力有限，一般没有自己的骨干网络和信息源，可将其作为一个上网的接入点看待；另一类是 ICP（Internet Service Provider），为用户提供专线、拨号上网、各类信息服务和用户培训等服务，拥有自己的特色信息源，ICP 是 ISP 今后发展的主要方向。

② 在线服务商。在线服务商提供各类网上服务（Online　Service）。与网络广告相关性的服务包括以下几个方面。

● 搜索服务：为客户的网站提供登录，为用户提供搜索引擎，网上用户可利用搜索引擎找到要登录的网站。

● 网站主持（Web Site Host）服务：帮助企业建立网站，提供网络空间，并负责网站的维护和管理。

● 信息服务：把公司广告及其他各类信息刊载到自己的网站上。

③ 网上调查公司。网上调查公司随着互联网的发展而逐渐兴起，它们为需要进行网上营销的企业提供网上市场调查、营销活动策划等服务，如零点调查公司。

实际上，各类服务商之间的服务内容没有严格的界限，往往互相交叉重叠。

（2）网络服务供应商（ISP）的选择导读。ISP 的主要功能是为客户提供上网所需的各类硬件，如调制解调器（Modem）、路由器（Router）、网络服务器（Server）及各类联网线路（普通电话线路、T-3 线路等），并负责把企业连接上网。在选择 ISP 时应注意考虑有关的因素，如能够提供的服务、设备及性能、公司业务背景、费用等。

（3）在线信息服务商的选择导读。在线信息服务商把企业广告及其他各类信息刊载于自己的网站上，其作用相当于传统的报纸杂志媒体。企业在选择时主要考虑广告的到达率与暴露频次。在线信息服务商的选择具体考虑因素有以下几点。

① 信息服务商网站的主要读者类型特征。不同的信息服务网站所提供的信息种类不同，其所拥有的读者类型也各不相同。企业要根据信息服务网站的读者类型特征选择具有符合其需要的目标受众的网站。

② 信息服务网站的最佳组合。将不同特点的信息服务网站组合起来进行广告宣传，可互相取长补短、相辅相成，发挥协同作战的整体优势，增强广告的效果。由于信息服务网

站很多，其组合也必然复杂多变，企业要根据网站的特点、收费标准、目标受众的到达范围以及访问频率等科学合理地确定最佳的网站组合方案。

在选择在线信息服务商的过程中遇到的一个普遍问题便是缺乏对各类信息服务网站优劣的衡量标准。由于没有衡量标准，也就无法对网站的目标受众到达范围以及访问频率进行准确评价，网站单方面提供的情况又无法证实，使得广告主在作出网站组合决策时无法进行比较和选择。因此，要使网络广告更快的发展，就必须更加广泛地推行网站审计，由独立的网络审计机构提供权威的网站质量优劣证明，并提供进一步的服务，如有关曝光度、点击率及网上广告活动情况的统计数据。

（4）网上调查公司的选择导读。网上调查市场在发展的进程中必然走向专业化，网络调查将会成为网上调研公司的主要业务之一，此类公司以其独立性、综合性、战略性和具有多种人才和实验设备在市场调研工作中占有极其重要的地位。能否选择一个好的网上调查公司，决定着企业网络营销活动的成败。委托公司进行调查可无语言障碍、比较公正、客观、代价较低且效果较好。选择网上调查公司时要掌握以下要点。

① 考察网上调查公司的经营健全性及服务种类。虽然目前网上调查公司有许多，可是为数不少的公司并没有健全的经营能力。从长远来考虑，企业应选择有健全经营能力的网上调查公司进行合作。各个网上调查公司在提供服务方面各有擅长，企业应根据需要用其所长，避其所短。

② 考察网上调查公司的业务水平。有的网上调查公司没有足够的网络经营经验，不具备网络调查方面的基本条件和基本技能，不能独立完成网络调查的任务，企业在选择时须深入调查。

③ 了解网上调查公司的内部管理情况。网上调查公司的内部管理情况从另一个侧面反映了公司的实力和业务水平。内部管理科学有序、业务骨干各尽所能的广告公司，必定有较强的吸引力和凝聚力，具有更强的竞争能力和发展潜力。

④ 调查网上调查公司的资信情况。考察该公司成立以来的财务状况及信誉，如果公司的财务状况不稳定，银行信誉欠佳，很可能会出现问题，给企业带来不必要的损失。

⑤ 考虑本企业的预算。无论选择何种网络广告中介服务商，都应该遵循以下准则：一是认真听取该服务商当前其他客户的参考意见；二是自己亲自了解并访问其网站及其客户主页，以获取第一手资料。

（5）调研机构应具备的基本条件导读。调研机构应具备的基本条件如下。

① 有与各类客户打交道的经历。不言而喻，网上调研经历的越多，其越可靠。了解他们的情况可看一下网站的客户情况，注意客户与调研机构合作的时间长短及客户中是否有大公司。

② 拥有自己的实时数据处理系统，能收集到最新信息。

③ 拥有最新的网络技术和市场调研技术。

④ 有能力满足客户的需要。

⑤ 有在某一行业从事调研

☆ **实训内容:**

（1）收集 Email 地址可以通过购买，请在 163、新浪、中华网等网站上了解具体的价格，写出具体的报告来。

（2）收集 Email 地址的另一个好办法是让客户自己把电子邮件地址告诉你。即制造某种网上特殊事件让客户参与进来，如竞赛、评比、猜谜、网页特殊效果、优惠、售后服务、促销等和利用对读者有吸引力的网站信息让他留下 Email 地址及让读者相信你收集地址能给他们带来的好处等。请你为某电子商务公司设计一个收集 Email 地址的企划案。

（3）收集 Email 地址的一种方法使用电子邮件收集软件，如 Email Address Collector，请从 http://www.softsea.net/soft/141396.htm 下载并安装在你的计算机上。

6.2.4　市场调查分析报告的撰写

☆ **实训目的:** 要求掌握市场调查分析报告的基本格式，掌握市场分析报告撰写的步骤，会撰写市场调查分析报告。

☆ **实训步骤:** 市场调查分析报告的撰写，首先是以市场调查的主题及其分解的题目为中心，进行草拟；然后扩展成以一个个分项题目为主体的分列报告；再对这些分列报告进行组合、扩充，加上必要的内容后成为市场调查报告的主体；再根据主体内容的需要，编写附录；最后，根据主体的内容，写出市场调查的摘要及目录。

（1）进行市场调查的前期准备工作导读。整理与本次调查有关的资料。包括过去已有的调研资料、相关部门的调查结果、统计部门的有关资料（包括统计年鉴）、本次调查的辅助性材料和背景材料等。

整理统计分析数据。要认真研究数据的统计分析结果。可以先将全部结果整理成各种便于阅读比较的表格和图形。在整理这些数据的过程中，对调查报告中应重点论述的问题自然就会逐步形成思路，对理论假设做出接受或拒绝的结论。

① 对难于解释的数据，要结合其他方面的知识进行研究，必要时可针对有关问题找专家咨询或进一步召开小范围的调查座谈会。

② 确定报告类型及阅读对象。调查报告有多种类型，如综合报告、专题报告、研究性报告、说明性报告等阅读的对象可能是企业、公司领导、专家学者，也可能是一般用户。也就是说，要根据具体的目的和要求来决定报告的风格、内容和长度。

（2）进行市场调研报告的构思导读。

① 通过收集到的资料，获得的实际数据资料及各方面的背景材料，初步认识客观事物。然后深入研究客观事物的性质、作用、表层原因和本质原因，得出所要分析的市场问题的一般规律性。

② 在认识客观事物的基础上，确立主题思想。主题的提炼要努力做到准确、集中、深

刻、新颖。准确，是指主题能根据调查的目的，如实反映客观事物的本质及其规律性；集中，是指主题突出中心；深刻，是指主题能深入揭示事物的本质；新颖，是指主题有新意。

③ 确立基本观点，列出主要论点、论据。确定主题后，对收集到的大量资料经过分析研究，逐渐消化、吸收，形成概念，再通过判断、推理，把感性认识提高到理性认识。然后列出论点、论据，得出结论。

④ 安排报告的层次结构。在完成上述几步后，构思基本上就有个框架了。在此基础上，考虑报告正文的大致结构与内容，安排报告的层次段落。报告一般分为 3 个层次，即基本情况介绍、综合分析、结论与建议。

（3）数据资料的选择导读。市场调查报告的撰写必须根据调查所得的数据资料进行分析，即介绍情况要有数据作依据，反映问题要用数据做定量分析，提建议、措施同样要用数据来论证其可行性与效益。恰当选材可以使分析报告主题突出、观点明确、论据有力。因此有无丰富的、准确的数据资料做基础是撰写调查报告成败的关键。在确立构思、主题、论点、论据后，就要围绕主题，研究和选取数据资料。

在进行市场调查、收集资料的过程中，调研人员思想上还没有形成任何固定的观点，因此，收集到的大量调查数据资料不可能都是切中主题、能准确反映事物本质特征的典型材料，因此，必须对所收集的数据资料进行去粗取精、去伪存真、由此及彼、由表及里地分析研究、加工判断，才能挑选出符合选题需要，最能够反映事物本质特征、形成观点、作为论据的准确资料。在写作时，要努力做到用资料说明观点，用观点论证主题，详略得当，主次分明，使观点与数据资料协调统一，以便更好地突出主题。

（4）初稿的撰写导读。根据市场调研计划的要求，由一人或多人分工负责撰写，各部分的写作格式、文字数量、图表和数据要协调、统一控制。初稿完成后，就要对其进行修改，先看各部分内容和主题的连贯性，有无修改和增减，顺序安排是否得当；然后整理成完整的全文，提交审阅。

（5）定稿导读。写出初稿，征得各方意见并进行修改后，就可以定稿。在定稿阶段，一定要坚持对事客观，服从真理，不屈服于权力和金钱的态度，使最终报告较完善、较准确地反映市场活动的客观规律。

（6）提出结论导读。市场调研分析结论是市场调研分析报告的最终结果。提出的结论应当是客观的和真实的，不能有任何主观和诱导的倾向。要通过市场调研和分析找出商业活动中具有规律性的东西，来揭示市场发展的趋势和本质，提出对于经营活动具有指导意义的结论。有时，使用的分析工具不同，可能得出不同的结论，这时，需要综合各方面的情况，比较不同的分析结果，通过去粗取精、去伪存真的过程，得出最终的结论。

☆ **实训内容：**

（1）试通过电子邮件或者来客登记簿询问访问者。

互联网能在营销人员和顾客之间搭起一座友谊的桥梁，而在其中起关键作用的是电子邮件和来客登记簿。电子邮件可以附有 HTML 表单，顾客能在表单界面上单击相关主题并且填写附有收件人电子邮件地址的有关信息，然后回发给公司。营销人员通过电子邮件和来客登记簿能获得有关访问者的详细信息。如果有相当人数的访问者回应，营销人员就能统计分析出公司的销售情况。

（2）试利用确定访问者的邮编来确定地区平均收入。

营销状况在不同地区是有差别的，因此营销策略也应因地而异。营销人员应了解某一地区的平均收入情况，以便采取适当的营销策略。在互联网上，营销人员确定访问者的邮编后，就能查询到访问者所在的地区，从而对该地区的平均收入情况做出估计。

（3）不要忘记为访问者提供奖品或者免费商品，不要提及使潜在顾客恼火的问题。

如果访问者被告知能获得一份奖品或者免费商品，他们肯定会告诉你该把这些东西寄到何处。你可以很容易地得知他们的姓名、住址和电子邮件地址。这种策略被证明是行之有效的，它能减少因访问者担心个人站点被侵犯而发出不准确信息的数量，从而使营销人员提高调研的工作效率。当调查问卷提及到有关私人的问题时，访问者一般会拒绝回答。无论在任何国家，一些有关个人隐私的问题切忌不要出现在调查问卷中，如个人收入、个人最害怕的事等敏感性的内容。

（4）在网上查找相关的检测软件来检测访问者是否完成调查问卷。

访问者经常会无意或者有意地遗漏掉一些信息。营销人员能通过一些软件程序来确定他们是否正确地填写了调查问卷。如果访问者遗漏了调查问卷上的一些内容，调查问卷会重新发送给访问者要求补填，如果访问者按要求完成了调查问卷，他们会在个人计算机上收到证实完成的公告牌。但是，这种策略不能保证调查问卷上所反映信息的真实可靠性。

（5）在网上设计一个只有 10 个问题的选择性调查，了解对电子商务的看法。

人们一般乐于参加调查和意见测验，特别当提及的问题短小精悍的时候更是如此。一个有效的策略是在制定调查问卷时，营销人员应在每个问题后设置两个按钮—是（Yes）/否（No），让访问者直观地表达他们的观点。在网络上进行调研时，如果问的问题过多，访问者就越不愿意参与。因此，如何掌握调查问卷中所含问题的数量，成为营销人员设计调查问卷的一个技巧。每个行业中调查问卷的问题的最佳数目是不同的，如何使调研行之有效，有赖于营销人员从实际操作中总结，做出一份完美的调查问卷。

（6）通过信息网收集计算机硬件的价格变动、供求变化（通过中公网证券信息港、中国市场商情信息网、慧聪计算机商情网）。

（7）查找中国商品市场的产品行情请上在线广交会（http://www.cecf.com.cn）。

6.3　网络营销策划与营销计划实训

网络营销策划是对企业未来的市场营销行为的筹划。这种筹划借助于丰富的经验和高超的创造力，将各种营销要素进行优化组合，形成各种营销方案和行动措施。既要科学地分析市场，又要合理安排，有效设计和实施、控制自己的经营行为。力求在适当的时间、适当的地点、以适当的价格、向适当的消费者或用户提供适当的产品，并用适当的促销方式与他们沟通。为了使这些"适当"从理想变为现实，市场营销人员所作的分析、判断、推理、预测、构思、设计、安排、部署等工作，便是营销策划。而针对网络营销所作的上述策划即为网络营销策划。网络营销是市场营销的一种方式，它借助于联机网络、电脑通信和数字交互式媒体来实现营销目标。因此，和其他营销方式一样，在网络上进行营销必须进行一系列的策划，只有经过精心的策划才能取得良好的效果。网络营销策划要遵循营销策划的一般原理、法则和技巧，再结合现代营销新环境、新理论、新规划与新策略，抓住围绕消费者行为变化而出现的新特点所进行的符合网络经济特点的营销策划。它是对网络营销活动的全面运筹和规划，它从属于企业市场营销战略计划和企业总体战略计划。网络营销策划是对企业未来的市场营销行为的筹划。这种筹划借助于丰富的经验和高超的创造力，将各种营销要素进行优化组合，形成各种营销方案和行动措施。

☆ **实训目的：**必须认识到网络营销策划涉及企业经营活动的全部领域，它为各种营销活动设定了努力的方向、行为的依据和评价的标准。

☆ **实训要求：**

（1）了解网络营销策划分为：目标策划、对象策划、地区策划、时间策划、战略策划、战术策划、主题策划和媒体策划等。

（2）确立策划目的，掌握网络营销策划的基本步骤和程序。

（3）能很好地界定策划的问题，明确策划主题和进行综合分析。

（4）能在教师的指导下撰写网络营销策划书。

☆ **实训步骤：**

（1）准备阶段。这一阶段是为正式策划所进行的前期准备，包括物质准备、人员准备和组织准备等。这一阶段时间不易太长。

（2）调研阶段。这一阶段是为正式的策划收集资料。虽然调研阶段不是策划的核心，也不是策划的目的和结果，但它是全面策划工作的基础，也是策划成功和失败的第一个关节。

（3）方案设计阶段。方案设计是基于大量调研，借助于理论知识和实践经验所进行的思考和创意过程，这是营销策划的核心。

（4）方案实施阶段。策划方案实施阶段的时间长短由营销方案的性质来定。营销方案有两种：一是企业的营销战略方案，该方案涉及企业的全局营销，其实施阶段的长短要根据预测的未来市场和产品状况来决定；另一种是企业的营销战术方案，该方案仅涉及公司某一次或某一段时间或某一方面的营销活动，其实施阶段的长短由活动的目的和性质而定。

☆ **网站规划书的写作导读：**

一个网站的成功与否与建站前的网站规划有着极为重要的关系。在建立网站前应明确建设网站的目的，确定网站的功能，确定网站规模、投入费用，进行必要的市场分析等。

只有详细的规划，才能避免在网站建设中出现的很多问题，使网站建设能顺利进行。网站规划是指在网站建设前对市场进行分析、确定网站的目的和功能，并根据需要对网站建设中的技术、内容、费用、测试、维护等做出规划。网站规划对网站建设起到计划和指导的作用，对网站的内容和维护起到定位作用。网站规划书应该尽可能涵盖网站规划中的各个方面，网站规划书的写作要科学、认真、实事求是。网站规划书包含的内容如下。

（1）建设网站前的市场分析。

① 相关行业的市场是怎样的，市场有什么样的特点，是否能够在互联网上开展公司业务。

② 市场主要竞争者分析，竞争对手上网情况及其网站规划、功能作用。

③ 公司自身条件分析、公司概况、市场优势，可以利用网站提升哪些竞争力，建设网站的能力（费用、技术、人力等）。

（2）建设网站目的及功能定位。

① 为什么要建立网站，是为了宣传产品，进行电子商务，还是建立行业性网站？是企业的需要还是市场开拓的延伸？

② 整合公司资源，确定网站功能。根据公司的需要和计划，确定网站的功能：产品宣传型、网上营销型、客户服务型、电子商务型等。

③ 根据网站功能，确定网站应达到的目的作用。

④ 企业内部网（Intranet）的建设情况和网站的可扩展性。

（3）网站技术解决方案。根据网站的功能确定网站技术解决方案。

① 采用自建服务器，还是租用虚拟主机。

② 选择操作系统，用 UNIX、Linux 还是 Window 2000/NT。分析投入成本、功能、开发、稳定性和安全性等。

③ 采用系统性的解决方案（如 IBM，HP 等公司提供的企业上网方案）还是自己开发。

④ 网站安全性措施，防黑、防病毒方案。

⑤ 相关程序开发。如网页程序 ASP、JSP、CGI、数据库程序等。

（4）网站内容规划。

① 根据网站的目的和功能规划网站内容，一般企业网站应包括公司简介、产品介绍、服务内容、价格信息、联系方式、网上定单等基本内容。

② 电子商务类网站要提供会员注册、详细的商品服务信息、信息搜索查询、定单确认、付款、个人信息保密措施、相关帮助等。

③ 如果网站栏目比较多，则考虑采用网站编程专人负责相关内容。

注意：网站内容是网站吸引浏览者最重要的因素，无内容或不实用的信息不会吸引匆匆浏览的访客。可事先对人们希望阅读的信息进行调查，并在网站发布后调查人们对网站内容的满意度，以及时调整网站内容。

（5）网页设计。网页设计美术设计要求，网页美术设计一般要与企业整体形象一致，要符合 CI 规范。要注意网页色彩、图片的应用及版面规划，保持网页的整体一致性。

① 在新技术的采用上要考虑主要目标访问群体的分布地域、年龄阶层、网络速度、阅读习惯等。

② 制定网页改版计划，如半年到一年时间进行较大规模改版等。

（6）网站维护。

① 服务器及相关软硬件的维护，对可能出现的问题进行评估，制定响应时间。

② 数据库维护，有效地利用数据是网站维护的重要内容。

③ 内容的更新、调整等。

④ 制定相关网站维护的规定，将网站维护制度化、规范化。

（7）网站测试。网站发布前要进行细致周密的测试，以保证正常浏览和使用。主要测试内容如下。

① 服务器稳定性、安全性。

② 程序及数据库测试。

③ 网页兼容性测试，如浏览器、显示器。

④ 根据需要的其他测试。

（8）网站发布与推广。

① 网站测试后进行发布的公关，广告活动。

② 搜索引擎登记等。

（9）网站建设日程表。日程表包括各项规划任务的开始完成时间，负责人等。

（10）费用明细。费用明细包括各项事宜所需费用清单。

以上为网站规划书中应该体现的主要内容，根据不同的需求和建站目的，内容也会增加或减少。在建设网站之初一定要进行细致的规划，才能达到预期建站目的。

☆ **实训内容：**

（1）为你个人爱好（如集邮）的网站建设写出一份网站建设规划书。

（2）为一个拟在网上开展计算机软件销售的企业提供一个网站建设企划书。

（3）为一家不含酒精的饮料企业要开展网络营销进行策划，请你在网上搜寻并且列出你所发现的资料来源。

6.4　网上经营实训

☆ **实训目的：**了解在网上进行在线品牌的建立和管理、网上产品定位和网络营销组合的基本理论和程序及方法，为企业今后更好地开展电子商务活动打下基础。

☆ **实训要求：**在掌握网络营销的品牌策略、产品策略和营销组合策略的基础开展网上经营实训。

6.4.1 在线品牌的建立和管理实训导读

1. 在线品牌的内涵

品牌决策是企业的整个产品战略的一个极其重要的方面，品牌是企业的一种资产，它是由企业的信誉、产品质量、商标、企业标志、宣传口号等构成。品牌有利于控制和占领市场，识别企业和产品，有利于细分市场，它已成为产品差异化的重要手段。而在线品牌是用来识别网上销售的产品或服务的，它包括网上域名、网上标志、网站、网上宣传口号等内容。在线品牌的内涵已扩展到产品的售后服务、产品分销、和与产品相关的信息服务等方面。因此，在线品牌与传统品牌有很大的不同，在传统市场上占优势的品牌不一定在网络市场上占优，如可口可乐和耐克知名品牌的网站访问量就不高。所以，要开展网上销售，必须要树立在线品牌的形象和优势，才能在网上市场上站住脚。良好的公共关系是创建在线品牌的关键，而网站的交互能力是维系在线品牌忠诚度的基础，与客户进行及时和有效的沟通是提高在线品牌生命力及品牌忠诚度的重要环节，建立企业自己的网站是创建在线品牌的基础和使品牌价值提高的必经之路。

2. 域名策略导读

域名作为企业在网络环境下商务活动的唯一标识，具有独占性。域名是个人、企业和组织申请的独占使用的互联网标识，是对所提供的产品或服务进行承诺和提供信息交换或交易的虚拟地址。域名不仅具有识别企业的功能，还具有传递企业提供产品或服务的品质及属性的功能。从本质上看，域名不仅具有商标的一般功能，还提供在网上进行信息交换和交易的虚拟地址。虽然目前的域名申请在法律上没有规定域名的法律地位和商标特性。但从域名的内涵和实际应用来看，域名是现实市场商标的延伸，是以信息交换为基础的网上虚拟市场环境下的一种商标，是商标功能在新的虚拟交易环境中的新形式和新变种，是企业商标外延的拓展和内涵延伸。因此，重新认识域名的重要性，对企业在网络市场环境中迅速占领市场有极大的关系。域名的知名度和访问率是企业形象在网络市场环境中的具体表现，可极大地提升企业的商业价值。域名作为互联网上的一种人性化的符号与标识，可简化人与计算机进行交互操作的复杂性，便于不同使用者的信息交换和识别。由于域名的唯一性和排他性，使域名的抢注现象十分严重。因此，企业必须将域名管理纳入计划，采取措施和策略对域名进行管理和规划，设计出色的域名系统为企业的发展创造良机。

表 6-1 中列出了通用汽车和雀巢咖啡两家公司网址与品牌之间的关系，以及被抢注的网址。

3. 域名的设计导读

域名是一种地址结构，用来识别并设置互联网上的电脑。域名提供了一种易于记忆的互联网地址系统。域名系统（DNS）可以将互联网地址系统转译为网络所使用的数字化地址。域名是有等级的，它经常可以表达使用域名的实体类型。初级域名一般表示控制网站的是什么类型的组织，如".com"为商业组织；二级域名对大多数企业而言都是对域名的识别部分，域名一词多是被人们指为二级域名，二级域名是企业域名战略的重点，也是发生大量法律问题的焦点。因此，设计有效域名的基本原则如下。

（1）注重企业域名命名的目标。主要关注企业利益的实现。

（2）最好得到一个类别域名。一个不知名的企业要想有足够多的访问量，最好的办法是注册一个行业类别的域名，能迅速为上网者所了解和出名。

（3）避免让企业的域名成为费解的域名。应尽量避免令人迷惑且难以记住的域名。域名应让人易于记忆，一听一看就能记住，存在大脑中。

（4）避免第三方主机服务所产生又长又复杂的域名。如 www.tjtc.edu.cn/museumgallery/，这会给用户带来记忆的问题。

应避免出现违反法律和风俗习惯等问题。

表 6-1　通用汽车和雀巢咖啡的网址与品牌及被抢注的网址

品牌体系级别	项　　目	企业网址	被人抢注的网址
企业品牌	通用汽车	www.gm.com	www.generalmotors.com
范围品牌	雪佛莱	www.chevrolet.com	无
产品线品牌	Chevrolet Lumina	无	www.lumina.com
子品牌	Chevrolet Lumina Sports Coupe	无	无
品牌特点/部件/服务	Mr.Goddwrench	www.gmgoodwrench.com（可登录 www.gmbuypower.com）	www.mrgoodwrench.com
企业品牌	雀巢	www.nestle.com	
范围品牌	carnation	www.carnation.com.未启用	
产品线品牌	Carnation instant breakfast	www.Instantbreakfast.com 未启用	
子品牌	Carnation Instant Breakfst Swiss Chocolate	无	www.swisschocolate.com
品牌特点/部件/服务	Nutrasweet	无	www.nutrasweet.com

企业的域名战略应该与品牌建设一致，巧妙地运用域名和建立在线品牌来重新进行定位，并树立品牌的形象，将传统品牌和在线品牌结合起来，把能够延伸和改进传统品牌的在线品牌捆绑在一起，使企业的网站易于找到和易于记忆，共建企业崭新的形象。世界各国的大多数产品都规定有品牌。品牌化虽然会使企业增加成本费用，但也可以使卖主得到

以下好处：①规定品牌名称可以使卖主易于管理订货；②注册商标可使企业的产品特色得到法律保护，防止别人模仿、抄袭；③品牌化使卖主有可能吸引更多的品牌忠诚者；④品牌化有助于企业细分市场；⑤良好的品牌有助于树立良好的企业形象。

　　大多数购买者也需要品牌化，因为这是购买者获得商品信息的一个重要来源，因此，品牌化可使购买者得到一些利益，诸如：①购买者通过品牌可以了解各种产品的质量好坏；②品牌化有助于购买者提高购物效率。例如，超级市场上的商品如果都没有品牌，顾客就要逐个摸、嗅、尝；相反，如果有品牌，顾客只要购买自己想要牌子的东西就行了。

　　4. 在线品牌的发展和维护

　　提高站点内容的丰富性和服务性，是尽快发挥域名的商标特性和站点的商业价值的重要途径之一。

　　（1）在线品牌的发展。创建和发展在线品牌和创建传统品牌的方法大同小异。持续不断地塑造在线品牌形象。任何品牌都需要不断地投入和建设，使之长久发展壮大下去。主要有以下几个方面：

　　① 多方位宣传。应善于利用传统宣传手段和媒体，进行在线品牌的宣传推广工作；另外，应通过建立相关的链接扩大在线品牌的知名度。

　　② 通过产品本身的品质和用户的使用经验来建立在线品牌的形象。亲身的经历是建立品牌形象的关键，对网站的内容、服务的质量、栏目等，向在线消费者传递第一手的信息。以此来博得消费者的好感。

　　③ 利用各种公共关系活动来建立在线品牌。

　　④ 遵守网上规则。

　　（2）在线品牌的维护。品牌在经营活动中，会随着时间的变化而变化。应定期访问客户，调整品牌策略。在线品牌的维护应做到：

　　① 对会员客户进行品牌认识的调查

　　② 随机在公众中进行本品牌知名度的调查

　　③ 定期了解在本行业中本品牌的排名

　　④ 及时进行网络广告和网下广告宣传

　　☆实训内容：

　　（1）登录可口可乐、百事可乐网站，了解为什么可口可乐和百事可乐的网站登录者较少的原因。

　　（2）登录国外的 www.panda.com、www.pandagroup.com、www.pandabear.com 网站和国内的 www.chinapanda.com.cn、www.panda.com.cn，了解域名"熊猫"被抢注情况，写出分析报告来。

　　（3）针对.cn 下的域名争夺和中文域名争夺，请写出分析报告。

　　（4）请了解一下天津市有多少家企业，域名登记情况如何，请写出报告，分析为什么企业的数量和域名的数量不相符合。

（5）如何能申请注册到令企业满意的域名（收费和免费）。

（6）请同学以自己的名字（汉语拼音）来申请一个 126.com 免费邮箱，为什么没有申请成功，成功的又是因为什么？如何以最快的速度和令自己满意的邮箱地址申请到满意的免费邮箱，写出报告来。

（7）在强势产品的品牌下，如何突出自己的品牌？

（8）如何快速让你的网站被 Google 收录？

6.4.2　网上产品定位实训导读

☆ **实训目的：**充分了解适合网上销售的产品及如何在网上对自己的产品进行市场定位。

☆ **实训要求：**以报告的形式和小组讨论的形式来进行网上产品定位实训，小组的每个成员都要有具体的分工。

☆ **实训导读：**

1. 先分析产品是否适合于网络营销

（1）产品或服务是否和计算机有关。

（2）产品或服务在做出购买决策之前是否需要观察。

（3）产品或服务的性质。

（4）产品或服务是否属于高技术。

（5）产品或服务是否具有国际化。

2. 目前易于在网上销售的商品

（1）电脑软硬件产品。

（2）知识含量高的产品。

（3）创意独特的新产品（炒新）。

（4）纪念物等有特殊收藏价值的产品（炒旧）。

（5）服务等无形产品。

（6）一般性产品。

☆ **实训内容：**

（1）使用互联网对某一特定产品（进口小汽车）进行调研，分析宏观环境因素对进口小汽车销售的影响，分析进口小汽车的市场定位。写出分析报告。

（2）机会分析是营销计划的一个重要部分，它能使企业的领导人看清他们面临的外部因素和可能采用的行动。请为香烟产品进行一次机会（威胁）分析，设计一下其将来。

（3）到购物代理网站上去，如 Froogle 或 Pricescan，了解在网上的笔记本电脑的最低价格是多少，它是如何设定的？同一种规格的笔记本电脑的最高价是多少？

6.4.3 网络营销组合实训

☆ **实训目的：**要深刻了解网络营销组合的重要性和关键性，熟悉将 4P 策略灵活运用。

☆ **实训导读：**

市场营销组合是企业对可控制的各种市场营销手段的综合运用，要采取系统与整合的思路将各种企业可自己控制的市场营销手段进行搭配和组合，使它们相互配合，从而达到整体最佳的效果，以实现企业的最终战略目标。市场营销组合一般是指 4P'S 的有机组合。而网络营销与传统营销相比更具个性化，更强调以消费者为中心，考虑更多的是消费者的需要和欲望的满足，然后根据消费者的要求设计和开发新产品。制定产品价格时要多考虑消费者自身的愿望和要求。在设计分销渠道时要多考虑给予消费者以更多的方便。之后，要和消费者进行双方的互动沟通和交流，将企业的信息传达给消费者，将他们的意见反馈回来，根据消费者的需求来调整整个营销计划。如表 6-2 所示为 4P'S 和 4C'S 的对比。

表 6-2 4P'S 和 4C'S 的对比

4P'S	4C'S
Product（良好的产品）	Customer's needs and wants 从消费者的需求出发
Price（合适的价格）	Cost and value to satisfied customer's needs and wants 消费者对产品愿意支付的价格
Place（畅通的渠道）	Convenience to buy 购物方便
Promotion（多变促销手段）	Communication with customer 与消费者沟通和交流

☆ **实训内容：**

（1）请查找从事以下网络营销模式的企业成功的案例（顾客服务→增强与顾客的关系→留住顾客增加销售的模式、有用信息→刺激消费→增加购买的模式、购买方便+折扣+直接销售＋减少管理费用的模式、新的娱乐→促进顾客的参与→重复购买的模式、提高品牌知名度→获取顾客忠诚＋更高的利润的模式、数据库营销模式）

（2）登录 Dell 和 Cisco 公司的网站，详细了解他们是如何开展电子商务活动的，请将他们的具体营销组合和竞争策略进行详细的分析和总结，写出分析报告。

（3）登录 http://www.glanz.com 网站，了解格兰仕的新产品"光波炉"是如何从销量 2000 台增加到 120 万台的奇迹，它采取了哪些成功的市场营销战略和合理的市场营销组合，并在第一届中国企业营销竞赛中获得第一名的好成绩。

（4）试为网上个人花店开展鲜花销售制定相应的市场营销策略。

6.5 网站经营与管理实训导读

企业建立自己的网站可以面向客户提供详尽的产品信息或服务介绍，方便客户的信息索取，极大地节省业务接待、咨询和回应的负担及费用；可面向客户提供产品或服务的预定或咨询接待，使产品或销售范围更加广泛，销售渠道拓宽；可面向客户直接进行销售，直至完成支付和运输安排；可面向媒体和股东作为企业公共关系的重要窗口，宣传企业的最新动态和经营状况；可面向供应商或 OEM 厂商建立电子采购模式和环境，提高供应商工作规范和供应配合密切程度，降低外围成本；可面向代理厂商或其他营销渠道建立批发营销网络，完成代理支持与管理，建立订购、付货和结算的支持系统，减低管理与流转成本，增强企业掌握市场的能力和机动性能。因此，企业建立网站具有十分明显的优势。

☆ **实训目的**：会使用网页制作工具，熟练掌握创建商务网站的基本方法和熟悉 HTML 和 XML 语言的网页编写技巧。

☆ **实训要求**：能根据商务网站的具体要求设计和规划电子商务网站，熟练使用网页制作工具。

☆ **实训导读**：一个网站的建立通常要经历三个阶段：网站规划、网站开发、网站发布。

1. 网站规划阶段

任何一个成功的商务活动都起源于良好的规划，网站的规划就是对网站的建设进行总体设计，包括服务对象与目标的定位、经营模式的选择、网站内容与开发工具的确定，以及经费与进程的估算。具体来说，在网站规划阶段，需要进行的工作包括以下几个方面。

（1）网站的定位。无论是建立什么样的网站，甚至只是做一个简单的主页，人们面临的首要问题都是：做些什么？在网页上把什么展现给大家？这些问题的回答首先都有赖于对网站的定位。网站的定位应进行以下的工作。

① 确定网站的类型和领域，如表 6-3 所示。

表 6-3　网站的几种典型类型

信息	新闻、图书馆数据库、教育站点、联机课程、医学数据库
商务	公司站点、广告、市场营销和产品信息、产品和服务销售
社区组织	联机报纸、法律法规数据库
个人	生平简介、特殊的爱好和兴趣
其他专题	旅游、体育、科学、食品

如果不首先确定自己的网站类型和业务领域，则网站的建设就无从下手。所以，各类网站在筹建时首先应确定网站的类型。但由于网站的定位对网站的经营和发展有重大的影

响，确定网站的类型与业务领域并不是一件容易的事情，特别是投资大的网站。为此，常常需要运用技术经济分析方法审慎选择网站的类型和领域。选择网站类型应考虑的因素有以下几点。

- 擅长的专业领域。
- 需投资的规模。
- 需投资的规模。
- 可获取的技术与人才。
- 各类网站的市场需求状况。

② 确定网站的服务对象。

确定网站的类型与业务领域后，就要开始考虑网站所要面对的用户。因为即使是同一类网站也可以有不同的服务对象。确定网站的服务对象一般可以从以下几方面入手。

- 用户的年龄与性别结构。
- 用户的文化层次。
- 用户的职业与职业分布。
- 用户的地域分布。
- 用户的个性偏好。

③ 确定网站的主题和服务范围。

网站的特色最重要的表现之一是有一个明确的主题。如果网站的内容和业务不相联系和衔接，则会给人主题模糊的感觉，这类网站通常难以吸引稳定的用户。主题的选择取决于事先确定的网站类型、涉及的专业领域、选择的服务对象和设计者的创意。其中，网站设计者的创意有决定性的影响，有特色的网站大多是建立在独特的主题创新基础上的。实际上，网络上的网站题材千奇百怪。对网站主题的选择应注意以下几点。

- 主题要小而精，定位不宜太大，内容要精。
- 题材最好是自己擅长或喜爱的东西。
- 题材不要太滥或目标太高。太滥指人人都有的题材，如软件下载、免费信息、聊天、论坛等；目标太高指要超过知名度很高的站点。

④ 选择网站的经营模式。

从组织管理的角度来分析，一个网站可分为盈利性和非盈利的。盈利性的网站要想运行好必须有经营的理念。而经营的基础是要有一个合理的经营模式，它包括网站内容、栏目的安排，业务的处理方式及相互之间的关系等。

⑤ 制定网站的发展目标。

目前，整个互联网还处在初级发展阶段，其中孕育的机遇十分巨大，正确地评估自己的网站在整个互联网发展历程中所处的位置，把握其未来发展的方向并做出长远的规划，才不失为有远见的经营之道。一个网站可从三个方面分析其所处的内外环境并确定其未来发展的方向：

- 市场。市场是网站运作时首先要考虑的因素。没有用户和市场，网站就失去存在的价值。

- 技术。从长远看，技术是决定一个企业命运的最重要的因素，是企业获得竞争优势的最重要源泉。在网络时代技术的发展是如此之快，以致于很多企业还没有准备好就被新技术淘汰了。因此，技术的风险是除市场风险之外影响企业生存的第二大风险。充分追踪、研究、开发新技术、审慎地评价、选择新技术才是各类网站依托技术来开发服务，使自己不断壮大的正确选择。任何离开适合自身发展的新技术支持的企业都不可能长久。因此，一个企业也好，一个网站也好，要想规划好自己的发展计划，还需要从技术的角度来加以考虑。

- 产业。任何一个企业、机构或组织都可以归属到一定的产业中去，新兴产业总是孕育着大量的机遇而具有巨大的发展空间，而新兴产业的产生和发展又得力于根本性的技术创新和市场创新。因此，新建网站在制定其长远发展目标时，不能仅仅限于现有的产业领域，而应该在更大的市场目标和更高的技术目标基础上积极瞄准更新的产业，这样才能获得更大的发展空间。所以，在网站建设初期，以新兴产业为发展的目标可以为之争取更大的发展空间。进行产业分析的内容有网站的产业归属、产出结构和投入结构、产业的技术基础和技术发展方向、产业的生命周期、发展潜力和相关的产业发展动态等。

（2）规划网站的业务内容。确定了网站的定位后，应该着手规划网站的具体业务内容。即表现在网站的网页上版块和栏目。一是围绕主题广泛收集合组织各种相关资料和内容；二是配合所收集的资料设计网站将要提供服务的具体内容，尤其是提供有特色的服务。在网站栏目规划和业务内容设计时，应注意以下问题。

① 内容要紧扣主题。主题定位要放在栏目设计之前，栏目是为主题服务的，需将主题按一定方法分类。不围绕主题所规划的内容，只会使主题定位形同虚设。

② 要把最直接表现主题且最吸引人的内容放在最突出的位置。这样才能使用户直奔主题，使网站的价值在最短的时间内被用户了解。

③ 应设立一个最新更新栏目和网站指南栏目。这样做的目的是为了照顾常来的访客，让主页更人性化。通过提供信息定制服务，让用户在网上定制自己感兴趣的内容，并为之提供类似"我的公文包"的栏目，使用户在登录后可以直接看到所关心的内容的最新资料，可大大提高网站对用户的亲和力。而当网站内容丰富时，应提供站内的搜索引擎并设置导航栏目，帮助初访者快速找到他们想要的内容。

④ 应该包含可双向交流的栏目。良好的双向交流机制可以使用户充分参与到网站的建设中来，它可以使用户和网站双方均能获益，有助于用户从网站上获得真正想要的东西。调查表明，提供双向交流的站点比简单的留一个 Email 地址更具有亲和力。但这种栏目不宜过多，而且栏目的设置要紧扣主题。

⑤ 可以设立一个下载或常见问题回答栏目。如果网站经常收到有关某方面的问题，最

好设立一个常见问题回答栏目，既方便用户，又节约了网站维护时间。另外，网站上设立一个资料下载栏目，会得到用户的欢迎。

（3）设计业务处理流程。完成了网站的内容规划后，就需要开始把这些内容变为可以在网站上看到的页面。但初次开发网站或设计主页的人常常会遇到这样的问题，不知道应该先开发什么，后开发哪些，或是想到哪里就开发到哪里。结果是网站的内容不连贯，结构混乱，栏目不完整。因此，在网站设计时，为解决上述问题，可以把各项内容或各栏目当作一定的功能模块，通过设计它的业务流程来规划内容的开发步骤。

（4）确定网站的子站点布局。对于规模比较大、存在版块划分的网站，可以考虑把整个站点分成若干子站点，每一部分内容的更新只要对子站点更新就可以了，而不需要重新发布整个站点。另外当某个站点出了问题时，不会影响其他站点的浏览。

（5）规划网站所需要的页面和链接结构。下面就要考虑这个网站的各个栏目需要哪些页面。网站的所有内容最终是要通过网页表现出来的，根据前面的介绍，可以根据业务流程设计来规划流程上各节点所需要的页面。

一般来说，网站的链接有两种基本形式。

- 树状链接结构（一对一）。其优点是条理清晰，访问者明确自己在什么位置，不会迷路；缺点是浏览效率低。
- 星状链接结构（一对多）。这种链接结构浏览方便，随时可到达自己喜欢的页面。缺点是链接太多，容易使浏览者迷路。在实际的网站设计中，总是将这两种结果构混合使用，最好的办法是首页和一级页面之间用星状链接结构，一级和二级页面之间用树状链接结构。如果站点内容庞大，分类明细，需要超过三级页面，就应该在页面里显示导航条，帮助浏览者明确自己的位置。

（6）确定网页的设计风格。在具体克服每一个页面之前，还需要确定网页的设计风格，一方面可以增加网站的特色，另一方面可以避免各页面的风格不协调，特别是在进行多人分组开发时。所谓风格是站点的整体形象给浏览者的综合感受，它包括站点的 CI、版面布局、浏览方式、交互性、文字、语气、内容价值、存在意义等诸多因素。风格应该是独特的，是区别自己站点与其他站点不同的地方，一眼就能让浏览者分辨出网站的特色。另外，风格是有人性的。通过网站的外表、内容、文字、交流等，可以概括出一个站点的个性来。有风格的网站与普通网站的区别在于，普通网站的用户看到的只是堆在一起的信息，，而有风格的网站可以是用户浏览后能有更深一层的感受。

（7）选择网站开发软硬件平台和工具。网站开发的基本思路都确定下来后，就要开始为开发配备硬软件平台和开发工具。硬软件平台和开发工具是影响网站开发效率和运行安全稳定性的重要因素，也是网站投资的重要组成部分。

① 硬件平台。一个网站的建立至少要配备一台 Web 服务器，规模较大的网站还应有邮件服务器、数据库服务器、DNS 服务器和防火墙服务器等，小型网站可以把几种服务功能放在一台服务器上。

② 软件平台。软件平台包括三类：系统平台、Web 服务器平台和数据库平台。

（8）预算网站建设所需经费。对于网站的投资人来说，建设费用是他们最关心的，也是网站成败的关键因素之一。一般网站的建设需要以下费用.

① 网站前期准备费用。包括市场调查费、域名注册费、资料素材收集费、网站初步设计费、硬件购置费、软件购置费、其他费用。

② 网站开发费用。主要是开发网站的人力成本。

③ 网站宣传费用。

④ 网站文化与更新费用。

（9）安排网站开发进度。如果有了好的网站创意而迟迟不能变为现实，则很有可能在较短的时间内失去创新领先的优势。一般是把网站开发的流程确定下来后，确定出每一项任务的起止时间。中型网站（约 200 个页面，10MB 信息容量）的网站规划大约需要 10～15 个工作日，页面设计和程序设计 15～30 个工作日，网站测试需要 7 个工作日，共需 2 个月左右。

☆ **实训内容：**

（1）登录网上书店 www.Amazon.com 和网上 CD 售卖 www.CDnow.com 站点，了解他们建站进行产品销售的具体内容和成功的经验。

（2）登录以下网站了解信息型网站、信息型网站、广告型网站、信息订阅型网站和在线销售型网站的区别和其代表性企业，分析他们成功的经验，将他们成功的经验详细进行分析和总结，写出分析报告来。

（3）试构建一个网上商店在网上销售计算机软件（可使用 Frontpage 2000 或 Dreamweaver），应包括给该网站起一个好的域名，设计企业的徽标、要具备基本的信息咨询和网上购买的内容，其中要有表格和图像，产品页面及新产品发布、客户支持页面、市场调研页面（FAQ）、企业信息页面、设计业务处理流程、网站经营成本估算、开店成本等内容。

（4）尝试在互联网上进行网站的推广，请在传统媒体上宣传网站的同时，利用互联网推广宣传企业网站。其中一种方法就是在各大搜索引擎登录自己的站点，让别人可以搜索到你的网站，获取所需要的信息。查询具有自动登录功能的搜索引擎来自动登录网站，输入网站的相关信息：公司名称、Email 地址、站点名称、网址、简介、关键字、类别，就可以自动将网站登录到若干个搜索引擎中，并在较短的时间内注册完毕，你的网站就可被搜索网站收录了。

6.6 网上促销实训

☆ **实验目的：** 熟悉网上促销的基本方式，包括网络广告促销、网上站点促销、Email

促销、病毒促销、伙伴促销等内容。

☆ **实验要求**：在现代营销理论的指导下，正确运用各种网络营销的促销方法，以吸引更多的消费者进行网上购物，以保障网络营销的成功。

6.6.1　网络广告促销实训

1. 网络广告的相关术语

（1）点击数（Hit）。Hit 表示从一个网页提取信息点的数量。通常某个页面上的一个文件被访问一次称为一次点击。网页上的每一个图标、链接点都产生 Hit，所以一个网页的一次访问可以产生多次 Hits，因此用点击数（Hits）来衡量网站的访问流量和受欢迎程度是不准确的和含糊的。

（2）广告浏览数（Ad Views）。网络广告所在页面被用户浏览的次数，一般以时间为单位计算浏览次数（如：次/天）。

（3）点击次数（Click Through）与点击率（Click-Through Rate）。点击次数指网络广告被访问者点击浏览的次数；点击率指网络广告被点击的次数与被下载次数之比（点击/广告浏览）。

（4）印象（Impression）。Impression 等同于 Page View（页面浏览），即广告图片被访问的次数就是印象。

（5）访问（Visit）。用户点击进入一个网站后进行一系列点击为一次访问，它是衡量站点受欢迎程度的一个很好的统计量。

（6）每行动成本（CPA）。广告主只有在广告引起销售行为后，才按销售笔数付给广告站点费用。

（7）千人印象成本（Cost Per Thousand Impression，CPM）。以广告图形播映 1000 次为基准的网络广告收费模式，这是一个传统的计费标准，即按广告投放次数而非投放时间长度收费。目前，绝大多数网络广告采用此标准计费。

（8）千人点击成本（Cost Per Thousand Click-Through 简称 CPC）。以广告图形被点击并连接到相关网址或详细内容页面 1000 次为基准的网络广告收费模式，CPC 的收费比 CPM 的收费要高。

（9）访客流量统计文件（Log File）。由服务器产生的、记录所有用户访问信息的文件。

（10）首页浏览量（First View）。是指访问一个页面时所看到的第一屏。首页是投放广告最佳位置，一般做广告都选择这个位置。

（11）标牌广告（Banner）和图标广告（Button）。Banner 一般译作标牌广告、旗帜广告、标语广告或网幅广告，它是指在网站上的广告空间所做的横幅图像广告，是在网页上见得最多的网络广告形式。Button 类似 Banner，只是小一点，一般只有提示性图案，无广告正文和标语。

2. 目前应用比较广泛的网上广告方式

（1）在别人的 WWW 网站上发布广告。这是目前最重要、最有效的网络广告方式。媒体提供者多为访问率比较高的搜索引擎或信息内容提供商 ICP，如 Yahoo、Sina、Sohu 等。具体方法有：设置 Banner 或 Button、合办或协办站点、对网站某些栏目提供赞助、建立 Text 文字链接和设计 Micro（Mini）站点等。

（2）建立自己的 WWW 网站。建设自己的网站是一种常见的网络广告形式，同时企业网站本身就是一个活的广告。但企业的 WWW 网站不能只提供广告信息，而要建成一种有企业自身形象的网页，能提供一些非广告的信息，能给访问者带来其他利益，如可供下载的免费软件、访问者感兴趣的新闻等。

企业建立自己网页的方法有三种：一种是企业建立自己的网站，申请自己的独立域名，但这种方法投入比较大，需要专门的网络技术人员进行维护和更新。另一种方法是付一定的费用给虚拟主机提供商，虚拟主机用户只需要对自己的信息进行维护即可，无须对硬件及通信线路进行维护，可节省企业大量人力、物力、财力，还有一种方法是服务器托管，即租用网络供应商机架位置，建立企业 Web 服务系统，将企业的主机放置在网络服务商的通信机房内，由网络服务商分配 IP 地址，提供必要的维护，企业自己进行主机内部的系统维护及数据更新。此方式可节省大量的初期投资及日常维护费用，同时每月租费相对固定，便于企业控制支出。以上三种方法具体选择哪一种，取决于企业的规模和承受能力。

☆ 实训内容：

（1）利用一些著名的搜索引擎所提供的广告形式的版面来宣传自己。

（2）到热门的站点及 ISP 站点上刊登广告或者建立本企业的链接。

（3）到与本企业有关的专业协会（中国电子商务协会或全国电子商务建设联席会议）的网站上建立本企业的链接。

（4）尝试进行广告交换登录。找寻能进行广告的 2～3 个网站，广告交换是目前普遍采用的一种推广站点的方法。在登录后，将各个系统提供的代码添加到自己的网页中即可。和他们商议进行广告交换事宜。

（5）友情链接登录。与其他的网站建立链接关系可以有效地推广你的网站。不妨试一试询问其他有关的网站是否愿意将它们的网址链接到你的网站，使你的网站与他们的网址产生链接；与此同时，他们的网站也可以链接你的网址。

（6）尝试在网站排行榜上登记，以提高知名度。如果每天访问企业站点的人数很高，有幸进入排行榜的前 100 位，那么网站的知名度会大大提高，访问的人数会更多。目前，较有影响的两大排行榜是网易的中文站点排行榜和中文热讯排行榜。

（7）如何在搜索引擎上的注册网址保证排名位于前 10 名，特别是在门户网站和信息服务网站上。试写出分析报告来指导企业进行注册网址。

（8）针对种种现场促销手段，如招贴、包装袋、有奖促销、卡通人物、超市电视、现场 VCD、产品演示、电话推销术、促销员等为日用品、选购品和特殊品制定相应的促销方案。

（9）登录中文广告交换网（www.linkunion.com）、中国网众（http://www.17pr.com/html/12/t-156712.html）等和国外广告交换网 Link Exchange（www.linkexchange.com ），了解网络广告互换是一种互惠互利的方式，并能为所有加入者带来更多的机会。

6.6.2 使用电子邮件广告实训

广告主可以建立自己的电子邮件列表（Mailing List）或购买别人的邮件组广告，定期向这个邮件组发送广告信息。电子邮件广告类似于邮寄广告，但它具有成本低、针对性强、信息发布和反馈速度快的优点。发送电子邮件广告切记不要引起受众的反感，使企业信誉受到损失，失去大批现实和潜在顾客。互联网上有一个专门列举违反网络礼仪广告商黑名单的地址（http://www.cco.caltech.edu/cbtown/BL_）。发送 Email 应注意正确选择信的内容和形式，主题一定要鲜明，说明 Email 的大意。内容尽量简短，可以使用链接，如"欲了解详情，请访问我的网站"的链接。应加入相应的签名，合适的签名会起到非常突出的广告效果。再者，要选择正确的发信方式，明确信件的接收人，不要对未经分析和过滤的地址发送 Email。可采取密件抄送的方式发 Email。要有感谢词、落款、公司名称、Web 地址和 Email 地址等。

☆ **实训内容：**

（1）使用群发电子邮件软件，给班上的 10 个同学发一封同样内容的信件。

（2）设法收集到 10 个以上的电子邮件地址，以一对一的形式分别给每一个电子邮箱的主人发一份几乎一样内容的电子邮件，但不能让他感觉到你是在一对多的，通过添加电子签名和一些语气词的使用，让用户感觉到你是真心对他一个人的。

6.6.3 使用新闻组（Newsgroup）实训

在 Usenet（新闻论坛）系统中的 Newsgroup 中发布广告信息也是一种好办法。Usenet 是由众多的在线讨论组组成的。虽然在 Usenet 上存在着拒绝广告的传统观念，但是仍可以采用一些 Usenet 上可接受的方式和方法开展广告活动。Usenet 是按照主题来划分组的，企业可以选择与讨论组主题相符的网站发布一些通知、短评、介绍以提供了解某个产品或服务更详细信息的线索，但绝不能让参与者认为是纯粹的广告，这样才能被大多数网民所接受。发布这种信息的主要目的是宣传网址，因此一定要加上电话、传真、电子邮件地址和 WWW 地址，而且要把网址放在突出位置加以宣传。在 Usenet 中发布广告信息的方式主要有三种：一种是在某个组中单独挑起一个话题，吸引预定的受众对象加入进来；另一种是选择一个正好与你相关的话题，巧妙地插入，将自己的广告信息有机地融入其中；第三种是选择某个组的适当位置单纯地粘贴广告。无论选用何种方式，一定要根据广告信息的主题选择新闻组，并且要注意技巧，以免引起新闻组其他成员的不满。经常地在选定的新闻组中张贴消息或回复别人张贴的消息，张贴一些有价值的文章，告知网站升级通知和有新内容的信息，在新闻组中告知你的网站，征询宝贵意见和明确的提示内容等需注意的方面。

☆ **实训内容：**练习在新闻组中发布广告的技巧，在选定的新闻组发布求职的信息、新产品出厂信息、征求代理商的广告和信息咨询信息。每人发布同类信息一次，比较看一看谁的回复率最高。然后，相互交流一下为什么回复率高或低的原因。写出分析报告。

6.6.4　使用 IP 电话进行宣传导读

IP 电话的传输方式是借助网站服务器或电脑软件将语言信号转换为数字信号在互联网上传输。它相对于普通电话的巨大优势就是费用低廉，既能节省话费，又提供了发布广告信息的新途径，但使用 IP 电话仍有一些缺陷尚待克服，如通话质量问题和通话双方必须在线等。

☆ **实训内容：**

（1）使用 IP 电话给你的一个不认识的客户和熟悉的客户进行联系，想上门推销计算机软件，以便能更好地接近客户，你可使用事先拟定的草稿进行电话促销。在你简短地介绍了自己后，一般用户会有以下反应，你应如何对答：

a. 我不感兴趣	1. xx 先生，我十分理解您对没见过的东西不感兴趣
b. 我十分忙	2. 我需要亲自向您解释，这将给您带来独一无二的好处
c. 说说什么事	3. xx 先生，这正是我打电话的原因
d. 寄给我一张说明书就可以了	4. 我登门拜访时自然会带去一份说明书给您的
e. 很遗憾，但我没有钱	5. 我明白您的意思，但现在您花费的仅仅是时间的话
f. 你在浪费时间	6. 如果我能提供一些帮助的话，这当然不算浪费时间，你说是吗
g. 我不需要	7. 在没有明白我的建议之前，我可以理解等等。

请用 a～g 和 1～7 一一对应，用连线连上。

（答案：a−1、b−3、c−2、d−4、e−5、f−6、g−7）

（2）上网了解电脑辅助电话访谈（CATI）和交互式电脑辅助电话访谈（CATI）系统的基本情况，了解它是如何进行市场调研的。

6.6.5　使用网上传真发布广告实训

网络传真是通过互联网将传真件发送到普通传真机上或对方的 Email 信箱中的服务。它的开通提供了价廉、便利和灵活的通讯方式，尤其遇对方不在或占线，使用网上传真更为便利，但网上传真存在覆盖地域问题。

☆ **实训内容**：使用网上传真首先要选择服务提供商，注册一个账户，需要发送一个求职信，你不必担心对方不在线，只要他一旦上线，就能接收到你所发出的传真。

6.6.6　使用电子公告牌（BBS）实训

不同的电子公告牌可以提供新闻讨论、下载软件、玩在线游戏或与他人聊天等。企业可以通过 Telnet 或 Web 方式在电子公告栏发布广告信息。电子公告牌上的信息量虽然少，但针对性较强，适合行业性很强的企业。此外，还可以利用公共网站的公共黄页、行业名录、新闻传播网、网上报纸与杂志等发布企业的广告信息。

☆ **实训内容**：

登录水木清华 http://www.smth.org/guest-frames.html，搜狐社区 http://club.sohu.com/和南京大学小百合发布一则自问自答的信息，连续 4 天，看看有多少人上来看你的自问自答，然后进行分析你提供的信息和你自己进行的自问自答是否符合要求，教师要给予一定的指导。

6.7　客户关系管理 CRM

客户关系管理有助于赢得更多忠诚的客户，进行有效、迅速和明确的沟通活动，维系能为企业带来利润的客户，并促进新产品的开发。一个较完整的 CRM 系统应该包括：客户信息收集和客户关系管理及关怀，市场营销与管理，销售及售后服务与管理，各种信息数据的存储、分析与挖掘、预测对生产和市场的决策支持系统。现代企业在激烈的市场竞争环境下已越来越意识到与客户之间建立和保持坚固的纽带关系对企业的长期发展的重要性。

☆ **实训目的**：认识客户关系管理的重要性，了解 CRM 的基本内容和如何开展 CRM，理解 SFA、CALL CENTER 和 CATI 的深刻含义。

☆ **实训要求**：以案例教学和网上调查为主，要求学生深入了解客户关系管理的发展和主要内容，登录 NCR 公司和用友公司的网站了解 NCR 的软件 Relationship Optimizer 和用友公司的 CRM 软件，并登录易趣网（http://www.eachnet.com）了解易趣网的网络营销战略和 CRM 策略。

☆ **实训步骤**：

（1）学生分小组分别进行以上的内容，然后集中进行交流，教师要及时进行指导和总结。

（2）分别登录中国电信、中国网通、中国移动、中国联通、中国铁通、中国邮政等网站，了解他们的呼叫中心是如何运行的，各有什么特点。

（3）上网了解有关中国邮政 CRM 实验系统的内容，写出报告。

（4）假设客户与企业保持交易时间 $n=10$ 年，企业最初吸引每个客户的成本 $C_0=500$，客户第一次购买的产品价格 $P_0=3000$，企业期望每年从每个客户处增加的收入 $In=1000$，利率 $r=8\%$，每年的直接服务成本 $C_s=100$，用模型分别计算客户的终身价值。

（5）进行以下的角色扮演的实训。

紧急突发事件的处理模拟

☆ **实训目的**：训练学生运用 CRM 和公共关系管理的理论与实务，对影响企业的重大事故进行处理，以此来重塑企业形象。使学生理解，掌握全面应用 CRM 的能力，同时掌握公关在企业的作用与地位。

☆ **实训内容**：企业遇到危机时的应变管理

☆ **实训项目计划**：如表 6-4 所示。

表 6-4　实训项目计划

序　号	内　　容	场　　景
1	企业办公会议：布置危机公关工作	厂办、中层以上干部
2	公关部会议：贯彻企业办公会议精神；提出企业遇到危机时的应变管理措施	公关部办公室
3	讨论危机公关实施方案计划	公关部办公室
4	公众意见调查	厂办
5	公关预测	厂办
6	新闻发布会：关于生产与事件真相	厂办，媒体记者及有关消费者代表
7	用户座谈茶话会	厂办、各企业代表及消费者
8	新闻报道之一：某公司总结生产与事件教训，加强质量管理初见成效	厂办
9	新闻报道之二：某公司盈利不忘助学，赞助 100 万在西部建希望小学资助贫困学生	厂办
10	公益广告策划：让燕子飞回他的屋檐下	厂办
11	工作评估：全面评估工作业绩及问题	公关部办公室

☆ **角色扮演**：总经理是企业处理危机时的第一责任人，因此，在企业办公会议上，他要抓住以下几点，布置危机公关处理工作。

（1）弄清事故发生的原因。

（2）弄清给客户造成的人身伤害和财产损失。

（3）媒体给造成的负面影响，主要是这网络、电视、广播、报刊四大媒体。

（4）自己内部的产品质量分析。

（5）当地技监，消协，工商管理，公安等有关部门的分析报告。

（6）企业形象损失和社会影响的分析与调查。

（7）听取与会者意见。

（8）部署危机公关开展工作和其他相应部门的工作。

☆　**公关部会议**：它是具体贯彻执行企业办公会议关于危机公关部处理的工作落实会议，在这个会议上，要根据公共关系运营的客观规律，特别是运用处理危机公关的手段与措施来处理生产与事件后为企业带来的市场损失与形象损誉，就要像美国康宁玻璃制造公司处理咖啡壶事件那样，公关人员全力以赴开展公关工作。

（1）分析生产与事件给企业带来的公关负面影响，挽回公众印象，重塑企业形象；

（2）提出危机公关管理方案；

（3）落实危机公关工作步骤，全面开展危机公关工作；

☆　**公关策划室**：它是公关部内设机构，此项目是该室落实公关部会议精神，制定危机公关实施方案计划。

☆　**公众意见调研室**：它是公关部内设机构，它将负责落实公关部会议精神，开展出现事件后公众意见和企业形象的调查。

（1）设计调查问卷：

① 是否式；

② 多项式；

③ 综合式；

④ 尺度法。

（2）采用等距抽样（Systematic random sampling）确定调查样本；

（3）写出生产事件调查分析报告，提出重塑企业形象的意见和建议；

① 以公司的名义召开新闻发布会，由公关媒体联络室具体策划。

② 目标明确。

③ 刻意求新，精心筹划。

④ 选择恰当时机。

⑤ 精选会议工作人员。

⑥ 准备充分的发言和媒体报道提纲，准备录像资料，企业与客户方面的互动资料，展示企业前景资料。

⑦ 确定会议主持人。

⑧ 邀请媒体和有关政府、企业知名人士。

⑨ 布置会场。

⑩ 具体事务安排。

☆ 酒会、宴会、文艺晚会和用户座谈茶话会的筹备：

酒会、宴会、文艺晚会和茶话会主要的目的是与客户对话，在生产事件发生之后的特定时期里，其意义于企业是十分重要。两项是生产事件发生后的几个月内，因公关媒体联络室营销部门公司办公室，质量管理科室，产品设计室，以及质检，技术管理方面的专业技术人员，管理员等在统一思想，制定措施的基础上，连续写出具有相当份量的公关新闻报道，沟通客户感情，化解公众情绪，达到展示和提升公司形象的目的。

☆ 由公关媒体联络室策划公益广告：

（1）主题明确且形式新颖；

（2）广告最好由平面广告、电视广告、广播广告、网络广告几方面构成，产生轰炸效应；

（3）危机公关评估是产生事件后，开展全面公共关系工作后的成果与教训的评估；

（4）分析危机公关开展工作情况；

（5）听取客户（特别是受损客户）的评论；

（6）写出危机公关评估报告。

☆ 由各小组写出分析报告、解决方案和处理意见，并提交自己的方案和报告，大家进行评估和分析，然后再进行一轮以上的分析研究，重新提出自己改进后的方案，拿出来供大家参考，最终要达到基本的一致。教师在实训期间要及时给予指导和分析，以帮助他们解决问题。

6.8　分销渠道管理实训

☆ 实训目的：了解分销网络的管理，掌握产品分销价格和奖励机制设计、代理商培训的技术、掌握代理商纠纷处理技术、熟悉 PRM 渠道管理解决方案。

☆ 实训要求：分销网络管理培训

☆ 实训步骤：

（1）分销中的角色。分销中的角色分为厂商、总代理、代理、经销商、批发商、储运公司、零售商和银行等。

（2）物流系统。建立以信息流为主干，独立的商品流通组织结构是健康分销网络的基础。

① 物流：商品的流通。

② 资金流：商品流通中的应收应付款项。

③ 信息流：整个商品流通过程中反映整个经营状况的信息。

（3）分销网络管理业务模式。分销网络业务模式包括分销网络结构、价格策略、奖励制度、储运方式、销售结算方式、市场策略、促销策略、培训系统等。根据自己的现有资源、产品特点和竞争地位来设计自己的分销业务模式。业务模式从如下几方面进行评估：覆盖地区、市场份额、销售额、销售利润、回款率、资金使用率、销售成本、库存、储运效率与成本、客户反馈、代理忠诚度、售后服务和促销手段。

（4）分销网络结构。以销售区域为中心的分销网络、以销售行业为中心的分销网络、以产品为中心的分销网络、以服务为中心的分销网络等（全球代理制、地区代理制、产品代理制度、OEM、加盟、特许经营、连锁、专卖、专柜、网络销售、MLM 等）。分销网络结构设计的必要条件是充分、完整、准确的市场与产品信息，它需要对竞争对手的分销网络调查、产品竞争性分析、潜在代理商调查、市场调查和典型客户调查等。

（5）渠道模式发展趋势。

① 渠道扁平化。

② 信息透明化。

③ 销售专业化。

（6）渠道设计组织与流程。渠道设计由营销总经理、销售部门、市场部门、产品部门、财务部门、顾问共同组建分销渠道设计小组，如图 6-1 所示。

不同行业分销渠道的设计要考虑到日用消费品销售网络应宽大和商品流转快的特点，设计关键在组织设计。专业通信产品的渠道网络层次最少，对代理商要求很高，设计关键在于渠道的甄别与培训。电脑分销网络庞大，价格变化快，设计重点为组织与市场反馈系统。图书分销网络分第一渠道和第二渠道，要根据不同种类的图书进行设计。

（7）分销网络建设设计练习。代理商考察与选择、代理培训（老板的信用就是代理的信用，老板的学习能力就是代理的学习能力，接受理解厂商的经营理念和市场策略与分销成功的关键）、代理商管理（管理组织与岗位责任、有效且相互合作制约的分销组织的建立、代理危机管理、奖励积分机制、结算方式、串货冲货解决方案）。

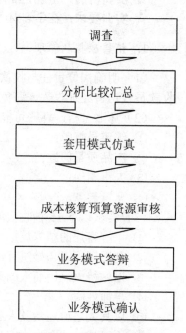

图 6-1　渠道设计流程

☆ **实训讨论题：**

（1）何谓快速、科学、简单、健康的分销网络？分销网络的管理极限是什么?什么样的产品适合超大规模网络？为什么同样的公司同样的产品会采用不同的分销网络？

（2）只有专业产品才能走行业渠道吗？

（3）什么样的产品可以用相同的渠道？

（4）所有的服务都能分销吗？

（5）代理商管理的关键是什么？

（6）什么样的产品适合开专卖店？单一产品适合专卖吗？

☆ **实训内容：**

（1）登录 http://www.cisco.com，了解 Cisco 公司是如何开展网上采购和网上销售的，写出分析报告。

（2）请登录 http://www.dell.com，分析 Dell 公司是如何进行计算机的直销，写出分析报告。

6.9　网络营销资金管理实训

☆ **实训目的：**了解企业资金管理的重要性，学习如何管理好资金。

☆ **实训要求：**在学习财务管理的基础上，对销售的往来账进行科学有效的管理。

1．销售应收款管理

（1）明确岗位责任与收款流程。收款是分销活动的最后环节。中型企业应设立专门的收款员或销售经理收款。避免现金收付，尽量利用银行业务。

（2）坏账分析。坏账可能有以下几类：

① 销售员舞弊；

② 产品质量问题；

③ 人事纠纷；

④ 恶意欠款。

（3）尝试以下 15 种收款的方法。

① 了解客户的结算周期尽量挤进结款的"头班车"。

② 利用第三者巧妙进行结算。

③ 以诚待人，用商人的意识与商人打交道。

④ 事前催收。

⑤ 以其人之道还治其人之身。

⑥ 不要怕催款会失去客户，要直截了当解决问题。

⑦ 以高频率和小金额来收回应收款项。

⑧ 风险责任划分明确，借助严密的合同。

⑨ 借助双方的领导。

⑩ 如果不能及时回收现金，可考虑以物抵账。

⑪ 聘请律师或委托追债公司进行追讨。

⑫ 利用还款保证追债。

⑬ 调动群众力量，充分利用跟踪和纠缠来力争回收货款。

⑭ 利用人情关系，巧妙利用钓鱼法。

⑮ 观察动向，小心债务人逃脱。

（4）学习相关法律法规。合同法、反不正竞争条例、刑法等。

2．财务管理

（1）公司资产管理。每一项公司资产都要有两人负责，使用人对资产安全负责，管理人员对完整性和质量负责，建立定期的回检核审制度。

（2）现金管理。利用银行工具管理现金、现金收复不得停留 12 小时、利用银行卡管理销售费用、制定现金收支预算等。

（3）实行三级管理制度。三级管理制度即责任管理、主管管理、资产管理。

（4）商品管理。

① 销售与商品配送由不同的系统完成。

② 实时统计代理库存落实仓库位置。

③ 商品编码管理。

④ 商品摆放管理。

⑤ 跟踪商品流向。

（5）销售工具管理。销售工具要根据代理合同及销售区域销售额制定领用计划与使用报告，费用摊入促销预算，建立月结算年评估的制度。

（6）利润核算与销售员奖金计算。以销售额为标准和以销售毛利润为标准。

（7）报表管理。

① 销售预报表。

② 销售报表。

③ 产品库存表。

④ 销售报告。

⑤ 代理商客情报告。

⑥ 促销活动计划。

⑦ 销售员访问报表。

☆ **案例研究：一个小公司的网络营销实践给我们的启示**

广州市振佳运动器材有限公司（以下简称振佳公司）是一家以生产、销售、出口运动健身器材为主营业务的小规模公司。拥有十多年体育用品设计和制造的经验，其主要产品是可折叠式家用健身器材，可以帮助都市人克服工作繁忙、空气污染、居室狭小及预算限制等诸多原因，随时在家中进行健身运动，实现自身的健康、健美、长寿和精神享受。是一个有市场前景的产品。

振佳公司在开展网络营销之前，宣传手段以报纸、专业媒体为主，受资金的限制，只能在国内部分媒体上发布企业和产品的广告，不但广告的数量和区域受到较大的限制，广告投放非常盲目，广告效果也难于评估。

随着互联网的飞速发展，振佳公司的经营决策者意识到互联网蕴藏着无穷的商机，于是决定开始网络营销实践的尝试。通过分析振佳公司的需求，结合振佳公司的实际情况，振佳公司聘请的专家提出了"网络营销+传统媒体"的网络营销解决方案。

（1）网站建设。网站营销的基础是建立一个符合企业形象、体现企业价值的网站。基于对振佳公司的产品特性、竞争环境、目标用户和营销目标的综合分析，赛百威公司为振佳（如图6-2所示）明确了网站的定位：面向国内外经销商，以产品宣传为主的信息型站点。网站设计上以产品为核心，网站内容特别是产品部分的内容必须详尽、实用；网站的结构和组成科学合理，避免给浏览者造成混乱和浏览的困难；网站应能够分析对访问者的偏好和来源等。

图6-2 某运动器材公司网站的主页设计

（2）网络营销。网站建设仅仅是网络营销的第一步，站点建成后，如何增加站点访问量，尤其让潜在的用户访问，是一个非常重要的课题。同时网站获得一定的访问量并不代表着高购买率。所以，一方面要通过技术手段进行网络营销，另一方面也和传统的市场推广和广告宣传相结合，才能取得较好的整体效果。在技术手段的网络推广中，主要以国内

外搜索引擎登记注册和大型贸易站点的登记注册为主，让国内外的经销商都能非常方便地
搜索到并登陆网站。同时通过网站跟踪统计系统掌握访问网站的客户的行动轨迹和活动规
律；了解客户与网站的互动情况。再根据对客户访问行为的统计和分析情况，用客观的数
据指导公司传统媒体的投放。

在 2001 年 10 月—2002 年 1 月份期间，网站跟踪统计系统显示通过搜索引擎来自全球
的访问者中以西欧和东南亚居多，且有教多数量的重复访问者。这表明在上述两地存在一
定数量的潜在用户。为此振佳公司在西欧和东南亚的专业媒体投放了配套的广告。最终引
起了德国一家专业运动器材经销公司的注意，并最终签订了价值 2000 万的产品供销合同。
同时两地还有不少的经销商通过电子邮件和企业建立了长期业务联系。

振佳总经理翁先生深有体会地说："作为一家规模和实力有限的公司，企业营销策略
一直是我们最难把握的。以前的广告投放浪费资源极大，而且效果并不明显。网络营销让
我们真正地了解到客户情况，基本上做到了有的放矢，让我们尝到了互联网的甜头。"

点评：传统广告和互联网相互结合、优势互补，可以促进企业传统业务的发展，可以
使得企业的电子商务走得稳健和踏实，更加有生命力。我们必须清醒地认识到，网络营销
的本质还是营销，在这点上网络营销和传统营销没有什么差异，传统营销的理论仍然适合
网络营销。网络营销只是可以通过电子化的渠道来运用一些更方便、更具交互性的方式来
突破传统营销在现实的营销活动中存在的一些难以逾越的障碍。对传统营销而言，网络营
销是一种创新和补充，并非一种否决。任何一个企业从传统营销走向网络营销的过程，实
际上都是对自身传统营销方式进行冲洗审视与定位的过程。从学习的角度来看，传统市场
营销理论仍然是学习网络营销的必备预备知识。

第 7 章　电子商务运作实训

【学习目的】
- 掌握浏览和获取网上各种信息的基本理论和手段。
- 了解电子支付的基本内容、手段、阶段和步骤。
- 充分认识到物流对电子商务的重要性，了解物流的基本流程和影响物流的主要因素，掌握物流的基本理论和方法。
- 通过啤酒游戏来体会 SCM 的重要性。

电子商务运作与传统商务不同，电子商务是以计算机网络平台为基础，在信息技术、软件技术和相关高技术的支持下从事商务交易活动的，主要涉及三个方面内容：信息传递、电子数据交换和电子资金转账。电子商务运作的模式可以从消费者或从销售商两个方面来考虑：从消费者角度看，其模式为购买一项产品或服务时所发生的一系列活动；而从销售商的角度看，是为了完成消费者订单所采取得一系列活动。因此，电子商务活动和传统商务活动基本相同，其活动阶段都包括交易准备、交易谈判合同签订与执行三个阶段，他们的根本目的都是为了获取相应的利益，所不同的是所使用的工具不同。大多数电子商务活动的过程完全按照实际的传统商务流程进行设计，与实际的商务过程无差异，只不过使人感觉似乎方便一些了。从目前的情况来看，电子商务活动仅仅只是企业整体商务活动的一个补充，对多数企业而言，电子商务才刚刚开始。

7.1　电子支付实训

☆**实训目的**：了解电子支付的基本内容、阶段和步骤，认识清楚电子支付和传统支付的不同点，能在网上开展电子交易。

1. 电子支付导读

电子支付是以金融电子化网络为基础，以商用电子化机具和各类交易卡为媒介，以计算机技术和通信技术为手段，以电子数据（二进制数据）形式存储在银行的计算机系统中，并通过计算机网络系统以电子信息传递形式实现流通和支付。电子支付是采用电子手段利用电子数据的传输来完成货币的支付,以实现资金的转移和结算。而网上支付是基于 Internet 的在线电子支付。电子支付的范围更广,而网上支付是电子支付的一种形式,主要是指基于 Internet 的在线电子支付。像传统的使用信用卡的 POS 支付系统、ATM 系统就属于电子支付,而不属于网上支付。网络金融是电子商务体系中必不可少的一环。完整的电子商务活动一般包括商务信息、商务磋商、资金支付和商品配送 4 个环节,表现为信息流、商流、物流和资金流。在网络上提供连接买卖双方的金融服务,是电子商务体系中最关键和最重要的环节之一。下面讨论的主要是网上支付。

(1) 网上支付具有以下特点。

① 以计算机技术为支撑,进行储存、支付和流通。

② 集储蓄、信贷和非现金结算等多种功能为一体。

③ 可广泛应用于生产、交换、分配和消费领域。

④ 使用简便、安全、迅速、可靠。

⑤ 网上支付通常要经过银行专用网络。

(2) 实行网上支付必须具备的技术条件 (如图 7-1 所示)。

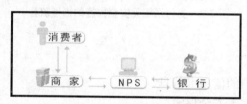

图 7-1　网上支付流程图

① 商家系统。指安装在商家网络服务器上的支付服务系统,其与支付网关相连。

② 客户系统。指安装在客户计算机上的支付系统,如电子钱包等。可网上下载或由网上银行提供、或用普通信用卡。

③ 支付网关 (Payment Gateway)。即连接银行网络与 Internet 的一组服务器,起到数据转换与处理中心的作用。主要完成银行与客户商家之间的通信、协议转换、数据加密、解密。

④ 安全认证。包括 SET 与 SSL 安全认证协议与认证机构 (CA 认证中心)。

(3) 网上购物的主要付款方式。

① 脱机付款的传统方式:用电话、电传等手段传送信用卡信息或银行账户信息。

② 网上直接付款的网上支付方式:直接传递信用卡、银行账户信息、间接 (通过第三方) 传递付款信息和把存款转换成电子货币用电子货币直接付款。

2．网上电子支付系统

(1) 电子货币系统。

(2) 支付清算系统。

（3）银行卡支付系统。

3．网上支付方式

（1）银行卡。

（2）电子现金。

（3）电子支票。

（4）智能卡。

4．电子交易模型

（1）支付系统无安全措施的模型流程（如图 7-2 所示）。

图 7-2　支付系统无安全措施的模型流程

其特点如下。

① 风险由商家承担。

② 商家完全掌握用户的信用卡信息。

③ 信用卡信息的传递无安全保障。

（2）通过第三方经纪人支付的模型流程（如图 7-3 所示）。

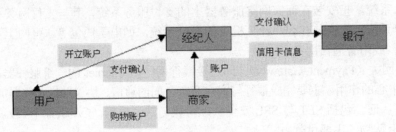

图 7-3　通过第三方经纪人支付的模型流程

其特点如下。

① 用户账户的开设不通过网络。

② 信用卡信息不在开放的网络上传送。

③ 通过电子邮件来确认用户身份。

④ 商家自由度大，风险小。

⑤ 支付是通过双方都信任的第三方（经纪人）完成的。

（3）数字现金支付模型流程（如图 7-4 所示）。

图 7-4　数字现金支付模型流程

其特点如下。

① 银行和商家之间应有协议和授权关系。

② 用户、商家和数字现金的发行都需要使用数字现金软件。

③ 适用于小额交易。

④ 身份验证是由数字现金本身完成的。

⑤ 数字现金的发行负责用户和商家之间实际资金的转移。

⑥ 数字现金与普通现金一样，可以存、取和转让。

（4）简单加密支付系统模型流程（如图 7-5 所示）。

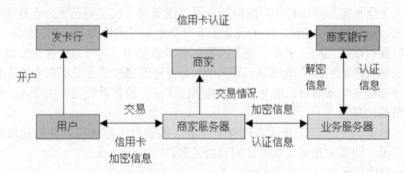

图 7-5　简单加密支付系统模型流程

其特点如下。

① 信用卡等内容的关键信息需要加密。

② 使用对称和非对称加密技术。

③ 启用身份认证系统。

④ 以数字签名确认信息的真伪。

⑤ 需要专用服务器和专用软件的支持。

5. 新的电子支付工具

（1）电子现金（E-cash）。电子现金也称数字现金，是一种表示现金的加密序列数，它可以用来表示现实中各种金额的币值。它不仅具有数字化的便利，而且具有纸质现金不具有的安全性和隐私性。电子现金必须具备货币价值，它必须得到现金（货币）、银行认可的信用或银行承认的本票的支撑。若一家银行创造的电子现金能被其他银行接受，那么银行间必须能够毫无障碍地进行对账。若没有银行的支撑，电子现金就有可能因为所代表的现实资金不足而被退回。电子现金的发行和结算可采用电子钱包、智能卡或专用的电子辅币。它应具有以下特点。

- 电子现金必须具有可交换性。它必须能够交换成纸币、商品或服务、银行账户的存款、债券等。
- 为让电子现金能得到广泛使用，多家银行就必须使用同一种电子现金。
- 电子现金必须可存储和检索。可以存储在远程计算机、智能卡或其他易于转换的标准或专用设备上。
- 远程储存和检索（如通过电话）允许用户从家里、办公室或旅途中交换电子现金。
- 电子现金最好存储在一个不可变更的专用设备中。这个设备应该具有统一的界面，可以通过口令或其他方式来鉴别使用者的身份，还要有一个显示器来显示相关内容，不能被轻易地复制或篡改。
- 电子现金和实际货币有共同的特征，即只能支付一次。电子现金不是实物，甲支付给乙以后甲就不再拥有。电子现金由于只是电信号和账号及密码，本身具有无形性，所以要设法防止同一笔电子现金的复制和双重使用。同时必须保证支付出去的电子现金所代表的实际货币只属于某一个人。另外匿名性要保证买卖双方在使用电子现金时都能避免暴露自己的身份，匿名性也防止了销售者收集有关个人或组织的消费习惯的信息。
- 电子商务的全球广泛开展要求电子现金必须能自由穿越国界并自动转换成所在国的货币，即要能在买卖双方之间自由转账。
- 可分解性决定支付单位的大小。

① 电子现金的优缺点：其优点和缺点都十分突出，好处是更方便、成本更低、没有距离问题和人人都可使用；缺点是国家和地区的征税问题以及洗钱问题。

② 电子现金的工作原理（如图 7-6 所示）。

- 消费者到银行开户，并提供身份证明和证件。
- 当使用电子现金消费时，通过互联网访问银行并提供身份证明（CA 颁发的数字证书）。
- 银行确认身份后发给消费者一定量的电子现金，并从消费者的账户上减去相同金额（收取处理费）。

- 消费者将电子现金存在自己的计算机的电子钱包或智能卡上。
- 消费者找到接收电子现金的商务网站，即可花费电子现金。
- 商家验证电子现金（检查是否伪造、是否属于该消费者）。
- 当商品送达消费者时，商家才能将电子现金交给发行银行，银行将此金额转进商家的账户中（收取服务费）。

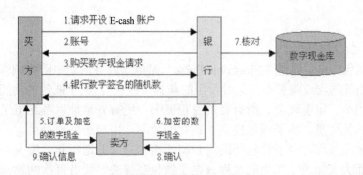

图 7-6　电子现金的工作原理

③ E-Cash 支付系统中数字现金的产生原理。

消费者联机交易时，E-Cash 系统软件根据消费者的具体要求的数量创建一个"硬币"（Coin 带有货币序列号），并封装在一个虚拟的"信封"（Envelope）里（即序列号被盲签名协议盲化），再把"信封"传输给消费者的开户行。银行收到"信封"后根据请求从消费者的存款账户中提出所需数量资金，再在"信封"上贴上有效"邮票"以证实该"硬币"的价值，再把"信封"返回给消费者，消费者收到返回的"信封"时，即可用该笔钱来消费。

④ E-Cash 支付系统的盲签名原理。

- 客户把购买数字现金的请求发送给其开户行。
- 由其开户行转账给数字现金的发行银行，也可以直接由客户把资金转入数字现金发行银行。
- 数字现金的发行银行根据客户要求产生数字现金，并由计算机为该数字现金运算出序列的编号，再生成一个随机数（即致盲系数），用致盲系数乘以序列编号即得到数字现金匿名后的编号，从而得到匿名的数字现金。
- 客户将匿名的数字现金用客户的公钥加密通过 Internet 传送给商家，再由商家解密即得到带序列号的匿名的数字现金，完成支付。
- 商家将匿名的数字现金发送给 E-mint，由 E-mint 去掉致盲系数，对数字现金进行验证。
- 验证后，由 E-mint 将资金转入商家开户银行账号。
- 再由商家开户银行通知商家已入账。
- 商家给客户发货。从而完成整个支付过程。

⑤ 现行的电子钱包解决方案。

- IBM（Mini-pay）。
- DigiCash。
- CyberCash。
- Netcash。
- Modex。
- Millicent。
- 中国的 CNAPS。

（2）电子钱包。电子钱包（Electronic Purse）是电子商务活动中购物顾客常用的一种支付工具，是在小额购物或购买小商品时常用的新式"钱包"。电子钱包的功能和实际钱包一样，可存放信用卡、电子现金、所有者的身份证书、所有者地址以及在电子商务网站的收款台上所需的其他信息。电子钱包提高了购物的效率，用户选好商品后，只要点击自己的钱包就能完成付款过程，电子钱包帮助用户将所需信息（如送货和信用卡）自动输入到收款表里时，从而大大加速了购物的过程。电子钱包要解决消费者每次购物都重复输入送货地址和结算信息的问题，如图 7-7 所示。

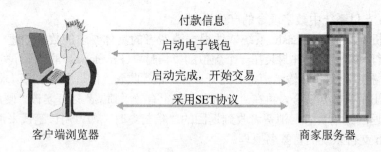

图 7-7　电子钱包

① Agile Wallet。Agile Wallet 技术由 CyberCash 公司开发，可处理消费者结算和购物信息，提供快速和安全的交易。用户第一次用 Agile Wallet 购物时需要输入姓名、地址和信用卡数据。这些信息会被安全地存储在 Agile Wallet 服务器上。以后访问支持 Agile Wallet 的商家网站时，在商家的结算页面上会弹出有顾客购物信息的 Agile Wallet 框。用户验证了框内信息的正确性后，用鼠标点击一次就可完成购物交易。用户还可将新的信用卡和借记卡信息加入到受保护的个人信息中。可处理消费者结算和购物信息，提供快速和安全交易。

② eWallet（免费的钱包软件）。eWallet Launchpad 技术公司的 eWallet 是一个免费的钱包软件，消费者可下载并安装到自己的计算机上，而不像其他钱包那样存在中心服务器上。和其他钱包一样，eWallet 将顾客个人信息和结算信息存在钱包里。eWallet 甚至还专门为用户留出放照片的地方（就像真正的钱包一样）。购物完成时，只要单击图标并输入密码，然后从 eWallet 中选定信用卡并拖到结账表中，eWallet 就能把你在安装软件时所提供的个人信

息填写到表中。为保护个人信息，eWallet 还有加密和密码保护措施。运作方式是在交易前，客户必须下载电子钱包。

③ Microsoft Wallet。Microsoft Wallet 预装在 Internet Explorer 4.0 及以上版本（英文版）里，但不会预装在网景公司的 Navigator 中。其功能与大多数电子钱包一样，在用户需要时可自动填写订单表。Microsoft Wallet 是微软公司为电子钱包的标准化而推出的。输入到 Microsoft Wallet 里的所有个人信息都经过加密并用密码进行保护，它的新版本还能同电子现金系统、网络银行账户及其他结算模式交互。目前它支持运通卡（American Express）、万事达卡（Master）和维萨卡（Visa）。当用户在支持 Microsoft Wallet 的网站上选好商品后，切换到电子结账台时，网站的软件会询问用户是自己输入信息还是让 Microsoft Wallet 代用户输入。若选择后者，就会显示出钱包中的信用卡清单，用户可挑选一种信用卡并输入用户的口令。若用户有多个送货地址，用户可告诉 Microsoft Wallet 究竟让商家把商品送往何处。剩下的工作就由 Microsoft Wallet 和商家网站来完成了。

（3）电子支票。

电子支票是类似于电子现金的一种加密形式。以纸制支票为模型，用电子方式生成，它使用数字签名进行签名和背书，而且要求用数字证书来确认付款人、付款人的银行和账户。其安全认证需要数字签名的支持。电子支票可使买方不必使用写在纸上的支票，而是用写在屏幕上的支票进行支付活动。电子支票几乎和纸质支票有着同样的功能。目前的电子支票有 NetCheque、NetBill。电子支票如下图 7-8 所示。

①即使用者姓名及地址；②即支票号；③即传送路由号（9 位数）；④即账号

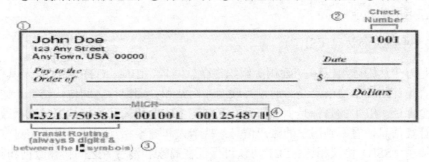

图 7-8　电子支票

电子支票的使用流程如图 7-9 所示。

① 用户先注册第三方账户服务器，然后开具电子支票。账户服务器也能进行结账服务。各账户服务器的注册程序不一样，有些会要求用户有信用卡或银行账户。

② 注册后，用户就可以与销售商联系。

③ 用户用电子邮件或其他传送方法向卖方寄去一定金额的电子支票。

④ 卖方兑付时，支票就是进行账户转账的依据，将支票金额从买方账户转到卖方账户

即可。

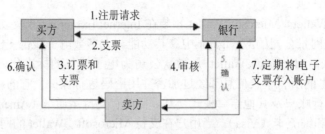

图 7-9　电子支票的使用流程

（4）智能卡。

在线购物大部分用信用卡和借记卡进行结算，信用卡和借记卡是目前电子结算的最常用方式。

① 借记卡。先存款，后消费，不允许透支同电子支票一样用于处理在线交易，从用户的银行账户上直接划款。借记卡事先不规定消费限额，使用者在结算期末要交清所有开销。借记卡没有信用限制，也不收取累积利息。

② 信用卡。按用户的信用限制事先确定一个消费限度。在每次结算期内时，信用卡用户可花光卡上的金额，并可透支一定的额度。信用卡的发卡银行会对透支款额收取一定利息。信用卡基本功能有 ID 功能来证明持卡人的身份；结算功能用于支付，是非现金、支票和期票的结算；信息记录功能则是将持卡人的属性（身份、密码）、对卡的使用情况等各种数据记录在卡中的功能。

6. 安全电子交易协议（SET）

SET 是万事达国际组织和 Visa 国际组织在微软网景、IBM、GTE、SAIC 及其他公司的支持下联合设计的安全协议，是为通过互联网在网站和处理银行之间传输结算卡结算信息时提供安全保证。SET 的目标是保证信息在互联网上安全传输，不能被窃听或篡改，商家只能看到订货信息，看不到用户的账户信息；持卡人和商家相互认证，以确定对方身份。与安全套接层（SSL）协议相比，SET 协议可保证在商家和消费者之间传输数据和其他敏感信息的安全，可验证交易方的身份，但 SSL 不能验证消费者是否是结算卡的持有人，如图 7-10 所示。

（1）使用 SET 前的准备工作

① 交易前，交易双方都必须在一家使用 SET 的金融机构开立账户，金融机构还必须拥有能使用 SET 的软件，如能为顾客提供 SET 支持的浏览器和能为卖主提供 SET 支持的 WWW 服务器。

② 当顾客在银行开立账户时，会收到一个证书和两对公钥和私钥。其中一对用于订单

的加密和数字签名，另一对用于认证和结算信息。

③ 银行给顾客和卖主发放证书，这个证书是一个计算机文件。每次订货时都要交换证书的副本，这样由卖主加密的信息只有顾客可以阅读，反之亦然。

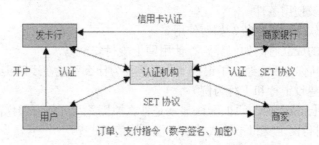

图 7-10　安全电子交易协议

（2）SET 的运行原理

对用户来说，SET 是透明的，他们只需确认订单已发送给卖主就行了。其他都由软件自动执行的。

① 用户选择好商品并下了订单后，卖主会用一份自己证书的副本作为给顾客的答复。顾客证实卖主的身份，然后用对称密钥加密订单，并用卖主的公钥加密这把对称密钥。

② 卖主使用自己的私钥解密对称密钥，然后解密订单。

③ 它将结算信息连同订单副本一齐转发给银行，因为它要依赖银行对交易进行认可。

④ 银行证实卖主的身份和消息的完整性。它打开结算信息，证实结算的金额是这笔交易的金额，是付给这个卖主的。

⑤ 银行还要检查顾客的信用额度，保证交易可以进行，并准许卖主将交易进行下去。

⑥ 卖主然后将顾客订购的商品装运给他。

安全套接层（SSL）协议是由网景（Netscape）公司提出的一种安全通信协议，它能对信用卡和个人信息提供较强的保护。SET 协议比 SSL 协议复杂，在理论上安全性也更高，因为前者不仅加密两个端点间的单人会话，还可以加密和认定三方的多个信息，而这是 SSL 协议所未能解决的问题。SET 标准的安全程度很高，它结合了数据加密标准（DES）、RSA 算法和安全超文本传输协议（S-HTTP），为每一项交易都提供了多层加密。SET 也有自己的缺陷，例如目前大多数基于 SET 的交易都要通过信用卡进行处理。此外 SET 过于复杂，所以对商户、用户和银行的要求都比较高，推行起来遇到的阻力也比较大。

☆ 实训内容：

（1）电子代币适用于哪种交易？电子代币的类型有哪些？

（2）结算系统的安全、匿名和认证方法是什么？

（3）W3C 提出的标准和 ECML 标准是什么？

（4）写出使用信用卡结算的基本步骤？

（5）在网上申请一张中国银行的长城电子借记卡（http://www.bank-of-china.com），并画出申请的流程图。

（6）上网了解 First Virtual 电子信用卡的支付流程、CyberCash 支付流程和 NetBill 电子支票系统支付流程及使用条件

（7）电子钱包软件如何安装？如何使用？

（8）电子合同的成立时间如何界定？使用网上支付安全吗？

（9）如果有人问你，我已经有了银行卡，可是我为什么不能在线购买，你该如何回答？（请以招商银行、建设银行和工行为例）

（10）使用信用卡支付时，页面无法显示是什么原因？（如何升级您的浏览器密钥？）

（11）请进行讨论网上支付不能成功的可能原因有哪些？

① 电脑没有接入 Internet 或其访问区域受限；

② IE 版本过低，密码位数不足，IE 参数设置不正确；

③ 交易途中若出现网络通信故障（上网速度过慢、modem 掉线、在访问受限制的局域网内等）会导致提交中断或失败；

④ 进行网上支付的安全系统认证连接时（即单击选择的银行支付通道后），您进行刷新连接页面的操作，出现系统提示："订单重复错误"。该设置是为防止网上的一些不正规的行为导致银行结算的发生，请重新下订单进行在线支付；

⑤ 输入的支付卡的账号和密码不正确；

⑥ 使用的支付功能未经过银行认证；

⑦ 支付卡上的金额不足以支付购物款；

⑧ 使用的支付卡不正确。

（12）登录 DigiCash 的 www.digicash.com 、CyberCash 的 www.cybercash.com、Clickshare 的 www.clickshare.com 和 eCoin 的 www.eCoin.net 网站了解各种电子现金的情况，并写出报告来。

（13）在线存储和离线存储的区别？

7.2　网上物流与供应链实训

☆**实训导读**：没有一个高效的、合理的、畅通的物流系统，电子商务所具有的优势就难以得到有效地发挥，没有一个与电子商务相适应的物流体系，电子商务就难以得到有效地发展。电子商务作为一个新兴的商务活动，它为物流创造了一个虚拟性的运动空间。电子商务可使物流实现网上的实时控制，将改变物流企业对物流的组织和管理。电子商务使企业物流业务的采购行为实现了电子化，信息化和无纸化。第二次物流革命是伴随电子商

务的产生而出现的，这是一次脱胎换骨的变化，不仅影响到物流本身，也影响到上下游的各体系，包括供应商、消费者，将使物流更有效率。以计算机网络为基础的电子商务推动着传统物流配送的革命。如何充分利用电子商务技术，建立和完善企业物流管理体制，提高企业物流供应链管理水平，是一项重要工作内容，数字物流将在未来的许多领域扮演着重要的角色。

☆ **实训目的**：充分认识到物流对电子商务的重要性，了解物流的基本流程和影响物流的主要因素，掌握物流的基本理论和方法。

☆ **实训内容**：

（1）登录中远的 www.5156.com 网站。

（2）在网上了解我国 TPL 的发展现状和未来的走势，将有关资料和数据下载下来并存盘。

（3）在网上了解电子标签的发展情况，有哪些电子标签的标准，电子标签和条形码的区别。

（4）了解我国目前的物流模式有哪些？各有哪些利弊？请列出前 5 名的国内物流企业。

（5）了解当今在欧美等发达国家兴起的 ECR、QR、ACEP 等供应链管理策略。

（6）了解物流条码的标准体系（码制标准和应用标准）。

（7）上网查找 EAN-13、EAN-8 和 UPC 商品条码符号结构。

（8）上网了解 Wal-mart 的配送中心的情况，写出分析报告来。

（9）了解两个有代表性的跨国公司在华企业的物流组织机构情况，写出分析报告。

（10）某制造商共有 3 个工厂 P1、P2、P3，它们需要使用同一种原材料，每年需要的量分别为 600 吨、500 吨和 300 吨，这种原材料同时有 3 家供应商可以供应，但根据合同，这 3 家供应商 S1、S2、S3 的最大供应量是有限的，分别为 400 吨、700 吨和 300 吨。运价表如表 7-1 所示。

表 7-1 运价表

运价（元/吨）\ 工厂\ 供应商	P1	P2	P2
S1	4	7	6
S2	5	5	5
S3	9	5	8

请你用 Excel 规划求解计算一下，该制造商应如何制定它的最佳供应计划？（即成本最低，需求得到满足）。

（11）某加工企业对某种原材料的年需求量为 8000 吨，每次订货的费用为 2000 元，该原材料的单价为 100 元/吨，存贮费用率为 8%（即每吨原材料贮存一年所需的存贮费用为原材料单价的 8%）。试计算在理想状况下，企业的经济订货批量，每年的订货次数以及总的库存成本。

（12）某化工企业经营 14 种产品，各种产品的年销售额与销售排名见表 7-2，根据 ABC 法，引起销售额增加的产品占主要产品种类中的 20%左右，故再将这些产品分为 A、B、C 三类各占 10%、20%、30%。根据表中的数据确定哪些产品属于 A 类，哪些属于 B 类，哪些属于 C 类？对这些产品物流的管理应如何对待？

表 7-2　某企业产品销售统计表

产品编号	按销售额排序	月销售额（万元）	分类
AA-5	1	5056	
AA-3	2	3424	
AA-4	3	1052	
AA-6	4	893	
AA-1	5	843	
AA-2	6	727	
AA-7	7	451	
AA-10	8	412	
AA-8	9	214	
AA-9	10	205	
AA-14	11	188	
AA-13	12	172	
AA-12	13	170	
AA-11	14	159	

（13）海尔物流案例分析：

① 什么是海尔物流的一流三网？

② 海尔为什么要进行物流流程再造？

③ 物流流程再造如何成为海尔超常规发展的新利器？

④ 什么是三个 JIT 同步流程？

⑤ 海尔怎么做 JIT 采购？

⑥ 海尔怎么做 JIT 生产？

⑦ 海尔怎么做 JIT 配送？

⑧ 海尔如何进行物流观念再造？

⑨ 海尔如何进行物流机制再造？

⑩ 海尔如何进行物流竞争力再造，物流职能结构会有何变化？

⑪ 海尔物流经再造后作业模式有何变化？

⑫ 海尔取得了哪些明显的经济效益？

（14）什么时候需要物流外包？物流外包时应注意哪些事项？

（15）什么是标杆法？可从哪些途径收集标杆资料物流绩效评估？

（16）物流主要包括哪些显性和隐性成本？如何有效控制物流成本？

（17）全球制造业物流 3 大模式？

（18）电子商务物流系统包含了哪些子系统？

（19）何为 RFID 技术？

（20）何为"第四方"物流？

7.2.1　供应链管理实训导读

物流和供应链管理以一个闻名全世界的经典游戏为背景进行实训，下面就介绍一下如何进行啤酒游戏。该游戏可在网上联机进行，也可在网下分小组或个人进行实训。上网可登录该网址（http://beergame.mit.edu），进行联机实训，图 7-11 为该网站的首页。

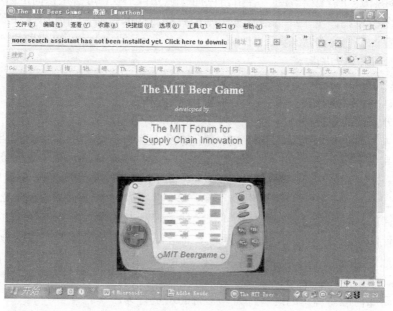

图 7-11　啤酒游戏

☆ **实训目的：**

① 了解企业进销存的基本流程。

② 理解需求信息偏差会逐级放大，也会误导"过热"、"顽固性"和"可重复性"。

③ 投资更可能在"风险"的盾牌后面推动"经济过热"。

④ 应该怎样治理也有这些原因的"过热"呢？

☆ **实训步骤：**

啤酒游戏是闻名全世界的经典游戏，亦是认识系统的最佳方式，参加者可从游戏中学习决策、物流系统和供应链系统的互动影响，重新看待系统结构。

啤酒游戏的　　背景是这样的。啤酒游戏是上个世纪 60 年代麻省理工学院（MIT）的斯隆管理学院开发出来的一种类似"大富翁"的游戏。斯隆管理学院的学生们每次玩这个游戏，相同的危机还是一再发生，得到的悲惨结果也几乎一样。下游零售商、中游批发商、上游制造商，起初都严重缺货，后来却严重积压。然而，消费者的需求变动，也仅仅是两周变化一次而已。无论是来自不同背景的人参加游戏，其结果却都惊人的类似。啤酒游戏里，有 3 种角色可让你来扮演。从产/配销的上游到下游体系，依次为：啤酒制造商、啤酒批发商和零售商。

这 3 个个体之间，透过订单/送货来沟通。也就是说，下游向上游下订单，上游则向下游供货。游戏是这样进行的：由一群人，分别扮演制造商、批发商和零售商 3 种角色，彼此只能透过订单/送货程序来沟通。各个角色拥有独立自主权，可决定该向上游下多少订单、向下游销出多少货物。至于终端消费者，则由游戏自动来扮演。而且，只有零售商才能直接面对消费者。零售商的常态如下。

① 销售、库存、进货。

② 订货时间约为 4 周。

③ 每次订货 4 箱啤酒。

（1）安分守己的零售商。

首先，先假设你扮演的是零售商这个角色。你是个安分守己的零售商，店里卖许多货品，啤酒是其中一项颇有利润的营业项目。平均来说，每个星期，上游批发商的送货员都会过来送货一次，顺便接收一次订单。你这个星期下的订单，通常要隔 4 个星期才会送来。"情人啤酒"是其中一个销量颇固定的品牌。虽然这品牌的厂商似乎没做什么促销活动，但相当有规律的，每周总会固定卖掉约 4 箱的情人啤酒。顾客多半是 20 来岁的年轻人。

为了确保随时都有足够的情人啤酒可卖，你尝试把库存量保持在 12 箱。所以，每周订货时，你已把订 4 箱"情人啤酒"视为反射动作。为了方便起见，把进货、订货、售出、原本库存量、结余库存量这 5 项数字，用图形来表示为好。接下来，就来看看啤酒游戏的进行，零售商如何应对客户的购买行为、上游的进货行为。

零售商 1～8 周。

第 1 周：风平浪静，一如往常，卖出 4 箱、进货 4 箱、结余 12 箱。所以你也一如往常，向批发商订货 4 箱。

第 2 周：多卖了 4 箱。第二周比较奇怪，情人啤酒突然多卖了 4 箱，变成 8 箱。因此，店里库存就只剩下 8 箱。虽然你不知道为什么会突然多卖了 4 箱，也许只是有人举办宴会、多买了一些啤酒吧！为了让库存量恢复到 12 箱，你这个星期向批发商多订了 4 箱，也就是订了 8 箱。

第 3 周：这一周跟上一周一样，还是卖出了 8 箱。批发商的送货员来了，送来的情人啤酒数量，正是 4 周前向他所订的 4 箱。现在，情人啤酒的库存量只剩 4 箱了。如果下个星期销售量还是这样的话，下个星期结束时，就要零库存了！为了赶快补足库存，你本来打算只订 8 箱，但是，怕销售量会再上升，为了安全起见，多订了一点，订了 12 箱。

第 4 周：这一周，还是跟上一周一样，卖了 8 箱情人啤酒。有一天，你抽空问了一下买情人啤酒的客人，才知道原来在第 2 周时，有个合唱团的新专辑的主打歌里，结尾是一句"我喝下最后一口情人啤酒，投向太阳"的歌词。可能因为这样，所以销售量就变多了。你在想，如果这是啤酒制造商或批发商的促销手段，为什么他们没先通知我一声呢？这一周进货量为 5 箱，嗯，批发商也开始反应，是我增加的订单了。你预期销售量可能还会上升，而且库存也只剩下 1 箱了。所以，这一次一口气订了 16 箱。

第 5 周：库存没了，本周还是卖了 8 箱。进货 7 箱，表示上游批发商真的开始响应了。不过，库存变 0 了。望着空空的货架，你决定跟上周一样，订 16 箱，以免落得"流行啤酒没货"的窘状，影响商誉。

第 6 周：开始欠货。真惨！本周只到了 6 箱情人啤酒而已。还是有 8 箱啤酒的顾客需求量，但库存已耗尽。你只好跟两位预约的老顾客说："下次一有货，一定先通知你们"。望着空空的货架，想着：要是还有货，不知道可以多赚多少笔呀，真可惜，好像在方圆百里，只有你这一家才有卖情人啤酒。而且，照顾客预约的情况看来，抢手程度好像还会增加；以前可从来没有人会预约的。本来想再多订一点，但一想到前几周多下的订单，可能就快送过来了。于是，你抑制住冲动，还是维持原状，订了 16 箱。希望本周欠 2 箱的惨状能赶快解决掉。

第 7 周：这一周，还是只进货 5 箱情人啤酒，刚把其中两箱卖给上周预约的顾客，不到两天，剩下的又卖完了。更惨的是，有五位顾客留下他们的联络资料，希望你一有货就通知他们。结果，本周欠了 5 箱货。你另外订了 16 箱，并祷告说下周会真正开始大量到货。

第 8 周：还是只进货 5 箱。你火大了！"该不会是制造商的生产线还没赶上增加的需求量吧！真是的！反应这么慢！"本周，你订了 24 箱，以免欠货量越来越大，生意不用做下去了。

先别急，让我们换个角色，看看批发商的情况。

（2）安分守己的批发商。

你是个安分守己的批发商。你代理了许多品牌的啤酒，情人啤酒也是其中之一。比较特别的是，你是本地的情人啤酒独家代理商。你本周向制造商下的订单，通常约 4 周会送过来。因为情人啤酒销售量一向很稳定，每周销给零售商的总数量都差不多是 4 卡车的量，所以，你固定每周向制造商订 4 卡车的情人啤酒，维持 12 卡车的库存。

批发商 1～8 周。

第 1 周：一如往常，风平浪静，所以，你还是向制造商订 4 卡车啤酒。

第 2 周：有一两个零售商多订了一点情人啤酒，不过，总地来算，总订单数量还是一样。所以，你还是向制造商订 4 卡车啤酒。

第 3 周：小波动。好像多一点的零售商多下一点订单了，所以，你多销出 2 卡车的情人啤酒，库存也减少了 2 卡车的量。为了恢复原先所维持的库存量，你向制造商多订了 2 卡车，也就是订了 6 卡车的情人啤酒。

第 4～6 周：持续畅销。情人啤酒的销售量似乎越来越好，使零售商给的订单越来越多。但是，上游制造商给的货还没增加，没办法同时满足所有零售商的需求，所以，只能一边给他们比平常多一点点的情人啤酒，一边向制造商下多一点的订单。等到制造商送过来多一点的数量，才能把零售商给的订单消化光吧。

第 6 周某一天，你偶然听到一首流行歌曲有"情人啤酒"的字眼，恍然大悟！可能这种畅销趋势还会持续好一阵子。

第 6 周结束，库存量变负的了，总共积欠了 8 卡车的数量。真惨！赶紧向制造商下 20 卡车的订单！

第 8 周：越来越惨。零售商的订单持续增加，制造商的进货却还没反应过来。对零售商积欠的数量也一直增加，欠了 40 卡车的订货。你开始着急了。打电话和制造商联络，赫然发现他们居然两个星期前（也就是第 6 周）才增加生产量！你在想"我的天！他们真是反应迟钝！我要怎么跟下游零售商交代呢？只好先比照上个星期的数量给他们了……"从零售商传过来的订单越来越多，看起来，情人啤酒的销售成绩似乎真的一直上升，一咬牙，把向制造商下的订单提高到 30，但愿能赶快把积欠订单消化掉。

9～17 周：

第 9～13 周：订单持续增加、存货持续赤字、进货缓慢增加。 总之：持续恶化！可怜的你，开始增加流连在附近酒吧的时间了，因为你开始害怕接听零售商打来的抱怨催货电话了。显然，情人啤酒制造商也跟你一样的逃避想法，因为你也开始找不到他们的负责人员。

第 14～15 周：进货终于大量增加了，积欠数字也终于可以开始减少了。这时，零售商送来的订单也减少了，你想，可能是这两周送给他们的货，让他们可以少订一点了吧！

第 16 周：你已收到前几周所下的订单的数量——55 卡车量。你望着成堆的啤酒箱在想，这些啤酒很快就可以卖出去了，终于可以痛痛快快地大赚一笔。可是，零售商送过来的订单，怎么一个个都变成 0 了呢？怎么搞的？前几周，他们不都一直嚷嚷着要多一点啤酒吗？怎么我一有足够的货，他们却都不要了？一股寒意涌上心头，你赶紧取消向制造商发出的订单。

第 17 周：制造商送来 60 卡车的情人啤酒，但零售商仍然没再下订单。上周的 55 卡车量，加上这星期的 60 卡车量，真糟糕！堆积如山了！可恶！那首情人啤酒歌不是还正流行吗？怎么这些零售店都不再要求进货了？之后，零售商还是没再下订单。该死的制造商，却仍然一直送来 60 卡车的情人啤酒。可恶的制造商！干嘛还一直送货进来？

（4）制造商

6 周后：你刚被这家啤酒制造商雇来做配销及行销主管。情人啤酒是其中一项产品，从制造到出货，约要花上 2 周的时间。它的品质不错，但行销不太出色，公司希望你能加强行销。

第 6 周：订单急剧上升。不知怎么的，就任才 6 个星期，情人啤酒的订单突然急剧上升。运气真好！怎料到一首带有"情人啤酒"字眼的流行歌曲，刚好在你上任时就冒出来，更想不到的是，它还会让订单猛然变得那么多！真是无心插柳柳成荫呀！因为从制造到完成共需约 2 周的时间，所以你赶快增加生产线。

第 7～16 周：成为英雄。订单持续增加，但生产线才刚扩大一点，库存量又有限，很快的，就耗光了。于是，你又扩大生产线，希望能赶快消化订单。此时，你已成为公司里的英雄。厂长也开始给员工奖励，以鼓励他们加班，并考虑招募新的帮手。订单不断增加，你已开始盘算自己的年终奖金会增加多少。不过，产量仍然赶不及订购量。直到第 16 周，才真正赶上未交的积欠数量。

第 17 周：生产量赶上了，但，怎么批发商送来的订单变少了？

第 18 周：奇怪，他们怎么都不订了？有些订单还可以看出打个大叉叉的删除痕迹。

第 19 周：订单还是 0，可是生产好像开始过剩了，你战战兢兢地向主管提出解释。这也许是暂时现象吧，应该是消费者需求暴起暴落。但几个星期过去了，情况依旧，面对堆积如山的过剩生产量，你叹口气，准备递上辞呈。

（5）检讨

真的是"客户需求暴起暴落"吗？啤酒游戏源自 1960 年代 MIT 的 Sloan 管理学院，成千上万的各式各样背景的学员、经理人都实验过，得到的悲惨结果也几乎一样：下游零售商、中游批发商、上游制造商，起初都严重缺货，后来却严重积货。这位配销行销主管推测原因是"客户需求暴起暴落"。他的推测是正确的吗？如果仔细看看客户的购买行为，可发现。只有在第二周购买量变成 8 箱，而后就一直维持 8 箱的购买量。自第二周起，购买量一直稳定不变，并没有所谓的"客户需求暴起暴落"现象。那么，问题出在哪里呢？该怪罪谁？零售商起初怪罪批发商不快点增加进货，到了后来，却抱怨批发商进过多的货让他们库存自第 16 周起开始暴增，所以不再订货。批发商一方面怪罪下游零售商，一开始时拼命增加订单，到第 16 周却又取消订单。另一方面他也怪罪上游制造商，一开始一直缺货，第 17 周起却一直进太多的货。制造商也怪批发商一会儿要太多货、到后来却不再要任何货。只好推测是"客户需求暴起暴落"导致。但是，从这 3 个产配销角色里可以看到，每个人都在自己的岗位上，以自己的理性，尽力做好行动与判断决策。那么，到底该怪谁？

☆**实训小结**：结构影响行为。从这个啤酒游戏的教训，可知：结构会影响系统的综合行为。不同的人，置身于相似的结构当中，倾向于产生类似的结果。但是，参与系统的各个份子，常常只见树而不见林，只能针对眼中所见的本地区和本部门的利益和信息，做适合本地区和本部门的最佳决策。不幸的是，每个人做的适合本地区和本部门的最佳决策，不见得是整个系统的最佳决策。像啤酒游戏里头，不管是下游零售商、中游批发商、上游制造商，每个人都在自己的岗位上，对自己所能接触的本地区和本部门的信息，做出了最符合本身利益的预期和最佳决策，但结局却是如此之惨不忍睹，能怪罪他们中的任何一人吗？

经济学里，有一个"存货加速器理论"（inventory accelerator theory），正是用来解释这种"需求小幅上扬，却导致库存过度增加，进而引起滞销和不景气"现象的商业景气循环理论。缺乏全面系统的角度，就无法逃脱这种为部门和个体结构所局限的个体行为。如果不能跳出本部门和本地区的视野，不能很好地综观全局，那么，各子系统的理性决策，就可能不是最好的。结构不只是"外在"的环境及条件限制；有时候，参与者自身的倾向也是系统结构的一部分。像啤酒游戏里头，各子系统的理性，都是在尽可能做好自己份内的事"，各子系统都是理性个体，但在整个系统中，只注意细节、没看到全局的话，会导致意想不到的后果。前面举的许多例子，都是缺乏这种全局能力的产物。可参看后面的牛鞭效应，来加深对物流管理和供应链管理的认识。"啤酒游戏实际上反应的是需求变异性放大的问题，零售终端一个小幅的需求振动，通过整个系统的加乘作用，便会引起供应链上游的批发商和生产商订购量的大幅度惊人的增加。这恰似混沌理论所称的"蝴蝶效应"。

"蝴蝶效应"原意是指北京的一只蝴蝶挥动了一下翅膀，便导致美国的佛罗里达州刮起了暴风。在啤酒游戏的整个操作中，零售商、批发商、生产商都在尽可能地满足客户需求，并保持一个安全库存水平，按常理来说，这种思考和操作方式没有任何错误。然而，正是这种常规的思考方式，才导致了需求变异性放大这种可怕现象的出现。

人们通常的思考方式是直线式的、片面的、以自我为中心，专注在自己的利益和需求上，完全漠视供应链其他各方的利益，以及可能由此而引发出来的问题。如果改变心智模式，以系统全面的方式思考，将自己置身于一个大系统里，把自己当成是系统中的一个小节点，每个节点环环相扣，休戚与共，荣辱共享，风险共担。当某一个节点出问题时，大家就不会袖手旁观、不会漠视回避，也不会只想着如何明哲保身，而会站在整个系统的角色去思考，并提出有利于各方，有创造性的解决方案，如此一来，便可实现整个系统的共赢。

在企业内部存在着许多分工的部门，例如业务部门负责接单、生管部门负责规划生产排程、物管部门负责所需物料的规划、采购部门负责物料采买、制造部门则依照计划负责生产。事实上，各个单位之间的依存关系正是供应链体系的缩影。在这个供应链中的每个成员，都利用所拥有的数据做出了其所认为的最佳决策。但正如同"啤酒游戏"的结局，每个环节的最佳决策，并不一定会获得整个供应链系统的最大利益。这样的结果，并非起因于每个环节的决策错误，而是各个单位究竟是以怎么样的数据推导出他们的最佳决策。以企业内部的供应链为例，各部门拥有的数据包含了订单数据、产能数据、物料库存数据、在制品数据以及采购单数据。试想在制定生产计划时，若缺乏其中一种信息，势必将落入局部最佳化的陷阱，并危害到整体供应链的运作。因此，企业内部供应链的改善，除了仍需藉由内联网达到信息的快速传递外，还要利用整体数据进行全面思考，才能为内部供应链谋取整体利益的最大化。

7.2.2　网下游戏的参考做法

这是某校进行啤酒游戏的具体做法，指导教师可参考进行。

　　游戏简介：该游戏是生产与配销单—品牌啤酒（情人啤酒）的产销模拟系统中进行的。参加游戏的学员各自扮演不同的角色—零售商、批发商和制造商。他们只需每周做一个决定，那便是订购多少啤酒，唯一的目标是尽量扮演好自己的角色，使利润最大。三者间的联系只是由卡车司机通过一张纸上的核对数字（订货单、发货单）来沟通信息。

　　☆ **实训目的**：此游戏是在一出货时间延迟、资讯不足的产销模拟系统中进行的。在该游戏中，由于消费者需求的小幅变动，而通过整个系统的加乘作用将产生很大的危机，即首先是大量缺货，整个系统订单都不断增加，库存逐渐枯竭，欠货也不断增加，随后好不容易达到订货单大批交货，但新收到订货数量却开始骤降。通过该游戏使学员们认识到以下几点。

　　（1）时间滞延、资讯不足对产销系统的影响。

　　（2）信息沟通、人际沟通的必要性。

　　（3）扩大思考的范围，了解不同角色之间的互动关系，认识到自己若想成功，必须其他人能成功。

　　（4）突破一定的习惯思维方式，以结构性或系统性的思考才能找到问题并有改善的可能。

　　（5）避免以下问题的产生。

　　① 局限思考。

　　② 归罪于外。

　　③ 缺乏整体思考的主动积极。

　　④ 专注于个别事件。

　　⑤ 煮青蛙效应。

　　⑥ 从经验学习的错觉。

　　⑦ 管理团体的问题。

　　☆ **实验步骤**（如图 7-12、图 7-13、图 7-14 所示）

图 7-12　操作流程示意图 1

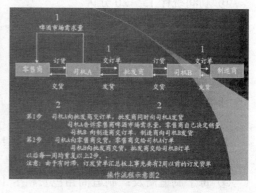

图 7-13　操作流程示意图 2

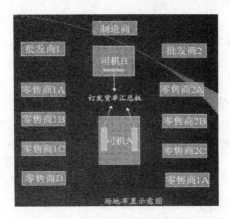

图 7-14 场地布置示意图

（1）角色设置

游戏中教师担任司机，消费者角色，并负责适时发布一定的信息。其中，零售商由 12 组学员扮演，每组 2 人；批发商由 3 组学员扮演，每组 3 人；制造商由 1 组学员扮演，为 3 人。啤酒游戏角色结构为：分组方案:全班分为 2 队，每 1 队 15 人。每 1 队中制造商 1 组，每组 3 人；批发商 2 组，每组 2 人；零售商 8 组，每组 1 人。每 1 批发商下有 4 组零售商。

（2）时间安排

① 角色分工 3～5 分钟。

② 分发道具 3～5 分钟。

③ 明确角色任务 10～15 分钟。

④ 进行模拟时间为 90～110 分钟。

⑤ 进行 20～30 回合（第 1～10 回合最高时限 5 分钟，第 11～30 回合最高时限 3 分钟）。

⑥ 利润统计 15～20 分钟。

⑦ 分析探讨小组反思 20～30 分钟。

⑧ 各组讨论发言 20～30 分钟。

⑨ 合计 180 分钟。

（3）道具

订单计总数和订单（订货单和发货单）的制作参见图 7-15 和图 7-16。

① 每个零售商发：零售商角色资料卡 1 张，零售商订货单 30 张。

② 每个批发商发：批发商角色资料卡 1 张，各零售商订发货统计表 1 张。

③ 批发商订货单 30 张，批发商发货单 30×4=120 张。

④ 每个制造商发：制造商角色资料卡 1 张，各批发商订发货统计表 1 张。

⑤ 制造商发货单 30×3=90 张。

⑥ 订发货单均可用自备纸条代替。

⑦ 订单汇总板 8 个（每 1 个批发商要配 1 个，每 1 个制造商要配 1 个）。

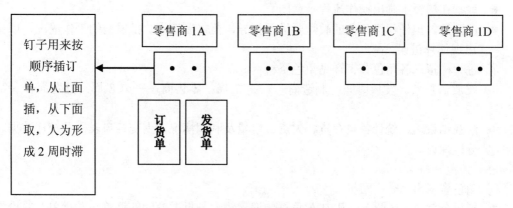

图 7-15　订单汇总板示意图

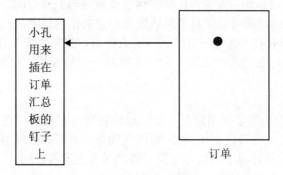

图 7-16　订单示意图

（4）程序

① 角色分工。

② 分发道具。

● 每个零售商：零售商角色资料卡 1 张，零售商订货单 30 张。

● 每个批发商：批发商角色资料卡 1 张，各零售商订发货统计表 1 张。

● 批发商订货单 30 张，批发商发货单 30×4=120 张。

● 每个制造商：制造商角色资料卡 1 张，各批发商订发货统计表 1 张。

● 制造商发货单 30×3=90 张。

● 订发货单均可用自备纸条代替。

● 草稿纸若干。

③ 明确各角色任务。

● 各角色资料卡阅读。

- 教师说明有关注意事项。
- 教师在黑板上画出操作流程示意图。
- 前两周，担任司机角色的教师要进行指导，监督制造商、批发商的工作情况，以免出现计算错误。

④ 进行模拟：各角色分工详见角色资料卡。

⑤ 发放信息条。发放时间：制造商——第 7 周；零售商——第 8 周；批发商——第 10 周。

⑥ 游戏结束后，统计各自存货、欠货、销量及利润情况，上交各自表格及统计数据。

⑦ 分析探讨。

(5) 角色资料卡。

① 角色资料卡 A——司机。

- 司机分为 A、B 两人，其中 A 负责传递零售商与批发商间的订单与发货单，并扮作消费者提供啤酒市场需求量；B 负责传递批发商与制造商间的订货与发货单。
- 司机需在一定的时间内以信息条形式发布一定的信息：啤酒需求增加的原因（某流行音乐录影带中以"我喝下最后一口情人啤酒，投向太阳"作为歌曲的结尾）。信息条发布时间：制造商——第 7 周；零售商——第 8 周；批发商——第 10 周（参见附件）。
- 时滞的实现。

司机接到订单后，由于多家用户及一定的运输距离，在两周后送到批发商或制造商出处，批发商或制造商立即发货，司机在 2 周后送到货。时滞的实现是利用订发货单汇总板来实现的，事先在板上挂好前 2 周的订（发）货单（事先准备好的），然后根据步骤完成第 1 周的两步。注意订发货单必须从上面插，从最底下取。所有订货、销货和发货均在期初进行。司机 A、B 确认第 1 周结束，开始第 2 周，游戏将在第 5 周时进入正轨。司机 A 每一周以信息条形式向零售商发布啤酒市场需求量信息——第 X 周，你的顾客向你要货 XX 箱，具体箱数由司机 A 填写。

② 角色资料卡 B——零售商。

- 情人啤酒是你的主营项目，以箱数为单位，每周订货一次，到货一次，所有订发货业务均在期初完成。
- 发订单到收到该批货物需时 4 周（例如在第 3 周发的订单，将会在第 7 周送到。）
- 标准库存为 12 箱，第 1 周期初，零售商为标准库存。
- 与批发商的联系只是通过订发货单由司机 A 来完成。
- 每周由教师将告诉你啤酒需求量，同时扮演司机 A 接受你的本周订单，并给你送货（先给货，再接订单）。
- 零售商在此游戏中除填写订货单外，还需填写零售商情况表，如表 7-3 所示。

表 7-3 零售商情况表

周次	啤酒市场需求量 A	销量 B	本期欠货量（顾客）C	期初库存量 D	批发商送货量 E	本期欠货（批发商）F	累计欠货量（批发商）G	期末库存量 H	订货量（批发商）I	本期利润 J
1				12						
2										
⋮										
29										
30										

演练成绩：第_____组，零售商_____，总利润额_____。

表格说明：

- 第 t 周的欠货量（顾客）=第 t 周的啤酒市场需求量－第 t 周的销量

$$C(t) = A(t) - B(t)。$$

- 第 t 周的累计欠货量（批发商）=第 t－1 周的累计欠货量（批发商）+第 t 周的本期欠货量（批发商）

$$G(t) = G(t-1) + F(t)。$$

- 第 t 周的期初库存量=第 t－1 周的期末库存量

$$D(t) = H(t-1)。$$

- 第 t 周的期末库存量=第 t 周的期初库存量+第 t 周的批发商送货量-第 t 周的本期销量

$$H(t) = D(t) + E(t) - B(t)。$$

- 第 t 周的利润额＝第 t 周销量×10－第 t 周欠货量×2－第 t 周期末库存量×1

$$K(t) = B(t) \times 5 - C(t) \times 2 - H(t) \times 1。$$

③ 角色资料卡 C——批发商。

- 情人啤酒是其主营项目。
- 你有固定的 3 个零售/商。
- 以箱数为单位。
- 标准库存为 24 箱(8×3=48)。
- 每周零售商们向你订货一次，订购后大约 4 周货才可送到。比如，零售商们第 3 周订的货，将会在第 7 周送到。
- 每周向制造商订货一次，订单平均需时 4 周，即在你订购后大约 4 周货才可送到。
- 与零售商、制造商间联系仅仅是通过订单、送货单，分别由卡车司机 A 和 B 完成。
- 卡车司机 A 给你带来各零售商的订单，同时你给零售商们发货；卡车司机 B 给你送货，并接受你的本周订单。

- 每次发货量不得大于订单量加累计欠货量。
- 每周结束后，批发商计算本期利润额，游戏结束后，各批发商计算总利润额并将结果上报给教师。
④ 批发商在此游戏模拟中需填写表7-4、表7-5、表7-6。

表7-4　批发商发货单

零售商（如1A）	
发货时间（第几周）	
发货数量（箱）	

表7-5　批发商情况总表

批发商（1.2.3.4）	
订货时间（第几周）	
订货数量（箱）	

表7-6　批发商情况汇总表

周次t	零售商订单总量A	发货总量（零售商）B	本期总欠货量（零售商）C	本期累计欠货量（零售商）D	期初库存量E	制造商送货量F	本期欠货量（制造商）G	累计欠货量（制造商）H	期末库存量I	订货量（制造商）J	本期利润K
1					24						
2											
3											

演练成绩：第_____组，批发商_____，总利润额_____。

表格说明：

- 第t周的总欠货量（零售商）= 第t周的零售商订单总量－第t周的本期发货总量。
$$C(t) = A(t) － B(t)。$$
- 第t周的累计欠货量（制造商）= 第t−1周的累计欠货量（制造商）+ 第t周的本期欠货量（制造商）。
$$H(t) = H(t-1) + G(t)。$$
- 第t周的累计欠货量（零售商）= 第t−1周的累计欠货量（零售商）+ 第t周的本期欠货量（零售商）。
$$D(t) = D(t-1) + C(t)。$$
- 第t周的期初库存量=第t−1周的期末库存量 $E(t) = I(t-1)$。
- 第t周的期末库存量=第t周的期初库存量+ 第t周的制造商送货量－第t周的本期

发货总量。

$$I(t) = E(t)+F(t)-B(t)。$$

- 第 t 周的利润额＝第 t 周送货总量×5－第 t 周累计欠货量×2－第 t 周期末库存量×1。

$$K(t) = B(t)×5-D(t)×2-I(t)×1。$$

- 每一周批发商均在周初向零售商发货，周末制造商发来的货物才能到达批发商处。

表 7-7 各零售商情况表及发货单与订货单

周次	零售商 A				零售商 B				零售商 C				零售商 D			
	订货量	发货量	欠货量	累计欠货	订货量	发货量	欠货量	累计欠货	订货量	发货量	欠货量	累计欠货	订货量	发货量	欠货量	累计欠货
1																
2																
3																
4																

⑤ 角色资料卡 D——制造商。

- 在某地区由 4 家批发商独家代理。
- 以箱数为单位。
- 与制造商间联系仅仅是通过订单、送货单，由卡车司机 B（教师）完成；他给你带来各批发商订单，在此同时你给批发商们发货。
- 每周批发商们向你订货一次，订单平均需时 4 周，即订购后大约 4 周货才可送到。比如，批发商们第 3 周发出的订单，将会在第 7 周收到货。
- 每周制造商都可以对自己生产的啤酒量作一次决定，但注意从决定啤酒生产量到啤酒产出至少需要 2 周。
- 保持一定的库存，标准库存为 96 箱。
- 在扩大规模前，最低生产水平为 30 箱，最高生产水平为 60 箱，在扩大规模后，最低生产水平为 60 箱，最高生产水平为 120 箱（**注意：扩大生产后，生产量不得低于相应的最低生产能力**）。
- 每次发货量不得大于订单量加累计欠货量。
- 每周结束后，制造商计算本期利润额，游戏结束后，制造商计算总利润额并将结果上报给教师。

⑥ 制造商在此游戏模拟中须填写表 7-8 和表 7-9。

表 7-8　制造商发货单

批发商（1.2.3.4）	
发货时间（第几周）	
发货数量（箱）	

表 7-9　零售商情况表

周次	零售商 A				零售商 B				零售商 C				零售商 D			
	订货量	发货量	欠货量	累计欠货	订货量	发货量	欠货量	累计欠货	订货量	发货量	欠货量	累计欠货	订货量	发货量	欠货量	累计欠货
1																
2																
3																
4																

演练成绩：第_____组的制造商，总利润额_____。

表格说明：

- 第 t 周的本期发货欠货量=第 t 周的批发商订单量－第 t 周的本期发货量。

$$C(t) = A(t) - B(t)$$

- 第 t 周的累计欠货量=第 $t-1$ 周的累计欠货量+第 t 周的本期发货欠货量。

$$D(t) = D(t-1) + C(t)$$

- 第 t 周的制造产出量=第 $t-2$ 周的计划生产量。

$$F(t) = H(t-2)$$

- 第 t 周的期初库存量=第 $t-1$ 周的期末库存量

$$E(t) = G(t-1)$$

- 第 t 周的期末库存量=第 t 周的期初库存量+第 t 周的制造产出量－第 t 周的本期发货量

$$G(t) = E(t) + F(t) - B(t)$$

- 生产能力限额为：

	基本生产能力	扩大生产后生产能力
每周最低生产量	30	60
每周最高生产量	60	120

注意：扩大生产后，生产量不得低于相应的最低生产能力。

- 欠货与库存均有成本。

   第 t 周的利润额＝第 t 周发货量×5－第 t 周累计欠货量×2－第 t 周期末库存量×1。

   $$J(t) = B(t) \times 5 - D(t) \times 2 - G(t) \times 1$$

- 每一周制造商均在周初向批发商发货，制造商两周前生产的货物在周末时才能进入仓库，如表 7-10 所示。

表 7-10　各批发商情况表

周次	批发商 A				批发商 B				批发商 C				批发商 D			
	订货量	发货量	欠货量	累计欠货	订货量	发货量	欠货量	累计欠货	订货量	发货量	欠货量	累计欠货	订货量	发货量	欠货量	累计欠货
1																
2																
3																
4																

☆　**游戏体验**：游戏的操作并不是很复杂，但是最精彩的部分还在于实际游戏过程中每个人复杂微妙的思考决策过程。伴随着游戏指令竞赛进行着，每个人都尽心尽力地为自己的角色负责。但是，人人都尽职尽责，是否意味着整个供应链小组的运作是有效率的呢？交叉着争论与思考，伴随着各种困惑与不解，各个供应链小组的比赛结果是大相径庭的。有些小组物流供应顺畅，总成本很低，有些小组则在每个人都很负责与尽职的情况下，出现了大范围的缺货或者库存。这也正是这个游戏令人称道之处！因此，学生们对供应链竞争的印象将是极其深刻的。供应链竞争的核心意义在于，供应链厂商之间必须高度协作与同步，才能整体上增加整个供应链的收益。各个厂商如果仅仅为自身利益而进行决策，而不重视整个供应链上下游的整体价值，则反而会导致整个供应链的效率低下，利益受损。该游戏对现实的情况的模拟是相当接近的，尤其是设计了信息延迟和战略联盟两种游戏参数，使得整个游戏的复杂性和对比性更加强烈。下面来详细看看这些影响供应链竞争效果的因素。提前期对物流的影响：在现实情况中，产业链条中的上下游，也就是供应方与需求方之间的信息，往往存在着信息传递的延迟，同时包括交通运输在内的物理时滞，将要求以提前数周定货的方式来确保物流供应。这将导致很高的沟通成本，并且在一定程度上导致决策的孤立性。在游戏中是这样反映这种因素的：从每个环节（除了零售商以外）到下一个（下游）环节都会有两个星期的运输延迟，也就是说，这个星期发运的货物会在两个星期后抵达。同样，每一个环节在处理上一个（上游）环节的订单时也会有延时。工厂通过"生产需求"安排生产。在接受定单后三个星期，才能生产出啤酒满足需求（一星期处理定单，两星期等啤酒"成熟"）。因为提前期因素的影响，对每一个同学决策和预测

的要求大大增高。每次决策，都要考虑到三周乃至四周的物流供应情况。本周的一些微小定单误差，经过数周的累积，经过提前期因素的影响将会在未来几周内大大放大，许多游戏小组都出现了整个供应链链条中大范围缺货或者大范围库存的情况。饱受提前期预测问题之苦的 EMBA 同学们深切体会到供应链上下游厂商之间同步协作的关键意义了。

　　☆ **信息分享与战略联盟**：对于每一个决策角色而言，为了发出定单，都必须有一个关于消费者需求的大致预测。市场上需求是否平稳？是否会有新出现的因素大大改变市场状况？竞争的关键就是在市场不确定情况下，是否还能够保持供应链厂商之间的同步物流供应。在现实中，能够直接接触到市场需求信息的是零售商，而其他上游厂商只能根据历史经验与需求方定单的变化来进行预测，旺季的来临，新竞争对手的加入，大型促销活动的发生，都会在短期内大幅度改变定单需求，令厂商们紧张万分。在游戏中也真实地反映了这种特征。由于天气原因，春末和夏季的几个月中的每周需求量要比初春和冬季的月份高一些。此外，一项将在初秋进行的新的促销活动或许会增加秋季的销售量。战略联盟意味着上下游厂商之间通过高度的信息沟通，共同确保物流供应的同步，降低在整个供应链上的价值浪费。对于每个小组而言，对市场需求信息的准确把握和共享，将会大大提高整个供应链厂商之间的协作程度，共同降低库存和滞发成本。为了体验信息分享和战略联盟对供应链厂商带来的共同好处，游戏过程中学生们分两种模式来进行对比：一部分小组允许各厂商之间分享市场需求的变化信息，而另一部分小组则不允许分享此类需求信息。结果是显而易见的，可以分享信息的小组，各厂商之间对提前期的把握，对物流供应的协作都大大增加了，总成本大大降低，两种模式之间的成本差异居然可以如此之大。

　　☆ **游戏反思**：同学们在游戏后，普遍表现得十分兴奋与满意，大家纷纷对自己的成功与失误，对游戏过程中反映出来的问题展开热烈的讨论。一位运作较为成功的"批发商"同学这样总结自己的经验：我尽量保持定单数量的稳定，即使供应链环节上其他厂商出现了一定的滞发和库存，但只要我判断出市场的需求平稳，则我依然尽力保持定单的稳定，而不是随其他厂商的波动而波动，以便给上下游厂商进行自我调整提供空间。而另一位"分销商"同学则这样分析自己的失误：我原以为 7-9 月的高峰期会有持续的需求，因此在 7 月份接到大额定单后，就向上游工厂下了一系列大额定单。那是由于提前期的时滞效应，新下的定单表现为实际的物流之后，实际上所对应的是 9 月以后的淡季，因此导致大量库存。我深切体会到不能对市场信号做出想当然的判断，一定要多方面多因素地权衡。在比赛结束后，同学们一起热烈地评出最优秀的供应链小组以及最优秀的厂商个人。而对于失误较为明显的"厂商"同学，游戏的惩罚是喝啤酒，这才让"啤酒游戏"名至实归。整个游戏，整个课堂，在同学们轻松而满足的笑容中结束。

　　当前的市场竞争趋势，已经不再是单个企业之间的竞争，更多地表现为整体供应链之间的竞争。一个知名企业的成功，其实代表着一条物流增值与供应链上数家乃至数十家企业的共同成功。对于中国企业而言，改变传统的企业竞争眼光，更加重视上下游产业的协作与同步计划，才能够在新的国际制造业竞争浪潮中占领制高点。

7.2.3 牛鞭效应

"牛鞭效应"是美国著名的供应链管理专家 Hau L. Lee 教授对需求信息扭曲在供应链中传递的一种形象描述。其基本思想是：当供应链的各节点企业只根据来自其相邻的下级企业的需求信息进行生产或供应决策时，需求信息的不真实性会沿着供应链逆流而上，产生逐级放大的现象，达到最初的供应商时，其获得的需求信息和实际消费市场中的顾客需求信息发生了很大的偏差，需求变异系数比分销商和零售商的需求变异系数大得多。由于这种需求放大效应的影响，上游供应商往往维持比下游供应商更高的库存水平。这种现象反映出供应链上需求的不同步现象，它说明供应链库存管理中的一个普遍现象："看到的并非是真实的"。图 7-17 显示了"牛鞭效应"的原理和需求变异加速放大过程。

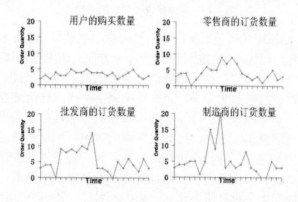

图 7-17 牛鞭效应示意图

需求放大效应最先由宝洁公司（P&G）发现。宝洁公司在一次考察该公司最畅销的产品——一次性尿布的订货规律时，发现零售商销售的波动性并不大，但当他们考察分销中心向宝洁公司的订货时，吃惊地发现波动性明显增大了，有趣的是，他们进一步考察宝洁公司向其供应商，如 3M 公司的订货时，他们发现其订货的变化更大。除了宝洁公司，其他公司如惠普公司在考察其打印机的销售状况时也曾发现这一现象。

牛鞭效应是需求信息扭曲的结果，图 7-18 显示了一个销售商实际的销售量和订货量的差异，实际的销售量与订货量不同步。在供应链中，每一个供应链的节点企业的信息都有一个信息的扭曲，这样逐级而上，即产生信息扭曲的放大。

早在 1961 年，弗雷斯特（Forrester）就通过一系列的实际案例揭示了这种工业组织的动态学特性和时间变化行为。在库存管理的研究中，斯特曼（Sterman）在 1989 年通过一个"啤酒游戏"验证了这种现象。在实验中，有 4 个参与者，形成一个供应链，各自独立进行库存决策而不和其他的成员进行协商，决策仅依赖其毗邻的成员的订货信息作为唯一的信息来源。斯坦曼把这种现象解释为供应链成员的系统性非理性行为的结果，或"反馈误解"。

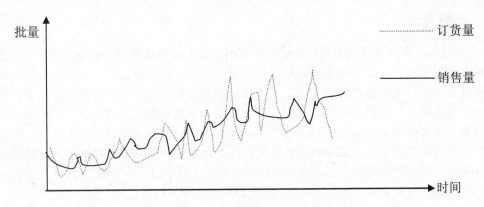

图 7-18　实际需求与订货的差异

"牛鞭效应"产生的原因在哪里？美国斯坦福大学的李教授（Hau L. Lee）对需求放大现象进行了深入的研究，把其产生的原因归纳为 4 个方面：需求预测修正、订货批量决策、价格波动、短缺博弈。需求预测修正是指当供应链的成员采用其直接的下游订货数据作为市场需求信号时，即产生需求放大。举一个简单的例子，当你作为库存管理人员，需要决定向供应商订货量时，你可以采用一些简单的需求预测方法，如指数平滑法。在指数平滑法中，未来的需求被连续修正，这样，送到供应商的需求订单反映的是经过修正的未来库存补给量，安全库存也是这样。订货决策指两种现象，一种是周期性订货决策，另一种是订单推动。周期性订货是指当公司向供应商订货时，不是来一个需求下一个订单，而是考虑库存的原因，采用周期性分批订货，比如一周、一月订一次。分批订货在企业中普遍存在，MRP 系统是分批订货，DRP 也是如此。用 MRP 批量订货出现的需求放大现象，称为"MRP 紧张"。价格波动反映了一种商业行为："提前购买（Forward Buy）"，价格波动是由于一些促销手段造成的，如价格折扣、数量折扣、赠票等。这种商业促销行为使许多推销人员预先采购的订货量大于实际的需求量。因为如果库存成本小于由于价格折扣所获得的利益，销售人员当然愿意预先多买，这样订货没有真实反映需求的变化，从而产生需求放大现象。短缺博弈是指这样一种现象：当需求大于供应量时，理性的决策是按照用户的订货量比例分配现有的库存供应量，比如，总的供应量只有订货量的 50%，合理的配给办法是所有的用户获得其订货的 50%。此时，用户就为了获得更大份额的配给量，故意地夸大其订货需求，当需求降温时，订货又突然消失。这种由于个体参与的组织的完全理性经济决策导致的需求信息的扭曲最终导致需求放大。

解决"牛鞭效应"的对策：由于牛鞭效应危害整个供应链的运作，导致总库存增加、生产无序和失衡、业务流程阻塞、资源浪费、市场混乱和风险增大。为此，必须运用先进的管理技术和信息技术对它加以妥善解决，消除需求信息的扭曲和失真现象。

（1）提高预测的精确度。这需要考虑历史资料、定价、季节、促销和销售额等因素，有些数据是掌握在零售商和分销商手中，必须与他们保持良好的沟通，及时获得这些数据，采取上下游间分享预测数据并使用相似的预测方法进行协作预测，来提高预测的准确性；

（2）实现信息共享。这是减小牛鞭效应最有效的措施之一。供应链成员间通 Internet/EDI 来实现实时交流和共享信息，减少和消除信息的不对称性，准确把握下游的实际需求；

（3）业务集成。供应链成员间实现业务紧密集成，形成顺畅的业务流，这既能减少下游的需求变动，又能掌握上游的供货能力、安心享受供给保障，不再虚增需求；

（4）合理分担库存。免人为处理供应链上的有关资料的一个方法是使上游企业可以获得其下游企业的真实需求信息，这样，上下游企业都可以根据相同的原始资料来制定供需计划。例如，IBM、惠普和苹果等公司在合作协定中明确要求分销商将零售商中央仓库 产品的出库情况反馈回去，虽然这些资料没有零售商销售点的资料那么全面，但这总比把货物发送出去以后就失去对货物的信息要好得多。

使用电子数据交换系统（EDI）等现代信息技术对销售情况进行实时跟踪也是解决"牛鞭效应"的重要方法，如 DELL 通过 Internet/Intranet、电话、传真等组成了一个高效信息网路，当订单产生时即可传至 DELL 信息中心，由信息中心将订单分解为子任务，并通过 Internet 和企业间信息网分派给各区域中心，各区域中心按 DELL 电子订单进行组装，并按时间表在约定的时间内准时供货（通常不超过 48 小时），从而使订货、制造、供应"一站式"完成，有效地防止了"牛鞭效应"的产生。

联合库存管理策略是合理分担库存责任、防止需求变异放大的先进方法。联合库存管理是使供应商与销售商权利责任平衡的一种风险分担的库存管理模式，它在供应商与销售商之间建立起了合理的库存成本、运输成本与竞争性库存损失的分担机制，将供应商全责转化为各销售商的部分责任，从而使双方成本和风险共担，利益共用，有利于形成成本、风险与效益平衡机制，从而有效地抑制了"牛鞭效应"的产生和加剧。

（5）缩短提前期。一般来说，订货提前期越短，订量越准确。根据沃尔玛的调查，如果提前 26 周进货，需求预测误差为 40%；提前 16 周进货，需求预测的误差为 20%，而在销售时节开始时进货，则需求预测的误差为 10%。因此，缩短提前期能够显著地减小牛鞭效应。

（6）规避短缺情况下的博弈行为。首先，当出现商品短缺时，供应商可以通过信息系统查询各下游企业以前的销售情况，以此作为向他们配货的依据，而不是根据他们订货的数量，从而杜绝了下游企业企图通过夸大订货量而获得较多配给的心理。惠普公司就采用这种办法。其次，通过信息系统，链中所有企业共用关于生产能力、库存水平和交货计划等方面的信息，增加透明度，以此缓解下游企业的恐慌心理，减少博弈行为。制造商也能够了解到更加准确的需求信息，合理有序地安排生产。

（7）建立战略伙伴关系。通过实施供应链战略伙伴关系可以消除牛鞭效应。供需双方在战略联盟中相互信任，公开业务数据，共享信息和业务集成。这样，相互都了解对方的供需情况和能力，避免了短缺情况下的博弈行为，从而降低了产生牛鞭效应的机会。

总体来说，利用信息技术是可以消除牛鞭效应的，如在企业内部采用 ERP 和 APS 系统，在企业间采用供应链管理 SCM 系统，运用 Internet/EDI 技术，开展电子商务，对各信息系统进行集成，实现企业间的业务数据集成和信息共享，应用供应链协同技术使供应链上下游企业间业务流程的整合，共同协作开展业务，都能有效地消除牛鞭效应。

7.2.4　新编啤酒游戏

　　某地，有一个啤酒生产厂家，为 10 个啤酒商供货，每个啤酒商又为 10 个喝啤酒的人提供服务，每个人每天都喝 1 瓶酒，这样啤酒厂每天只要生产 100 瓶酒就刚刚好。有一天，由外地新迁来一户人家，该户男主人也爱喝酒，每天也到就近的啤酒商甲那儿去买 1 瓶。然而，甲比较糊涂，并没有掌握这一新信息，只是发现从某天以后，店里每天都缺酒，今天是张三没酒喝，明天是李四没酒喝。而且，为了储备防止缺货，王五又可能一天就买了 5 瓶酒。如此一来，甲得出了一个结论：该区对啤酒的需求有较大增加，可能每个人都要喝啤酒了。于是，等到下次进货的时候，他不再以每天 10 瓶的量进货了，而改为每天订货 20 瓶。由于啤酒厂每天还是按 100 瓶的量进行生产，甲买走 20 瓶后，乙、丙、丁等就买不到或者买不足。啤酒供不应求的信息因此就传递到了该地区的各个角落。于是，每个消费者在能买到酒的时候都加倍买，每个啤酒商在能进到货的时候都加倍进。当所有这些信息汇总到啤酒厂的时候，啤酒供不应求的程度已经被扩大了 100 倍。

　　面对这一需求量大大增加的"大好形势"，若干个投资者做出了一个看来非常符合市场规律的决定：就暂时不按订单汇总的需求，增加 100 个啤酒厂吧，先新建 3～5 个新的啤酒厂，来满足不断增长的需求，一定没错！最后的结果可想而知，已有的 1 家和新建的 3～5 家啤酒厂，他们以及他们的啤酒商的库存量不断增加，即使不断地降价销售也无济于事，可能最后还要压缩、下马、关门其中相当一部分（虽然，这也可能有竞争，并在竞争中淘汰。但这种竞争淘汰，过于"残酷"，成本太高了）。

　　☆ **实训内容：**

　　（1）根据不同需求特征制定物料进货批量的控制方法（JTT、EOQ、LOT 控制方法）。

　　（2）进行物料库存控制（ABC 控制方法、定量控制方法、定期控制方法、变动系数控制法）。

　　（3）分析上海通用汽车网上订货系统，分析其优点和缺点。

　　（4）何谓供应商的库存寄售制？

　　（5）上网了解 ISO9000、QS9000、VDA6.1、16949 国际质量论证对仓储管理的要求。

　　（6）上网了解 MRP 系统的运作程序原理。

　　（7）上网了解青岛海尔集团物流管理案例，写出分析报告。

　　（8）上网分析一汽大众 JIT 案例。

　　（9）何谓在制品占用的控制有效方法——看板管理？如何能有效地使用该方法？

　　（10）何谓采购与物流外包？如何有效地实行物流外包？

第 8 章 移动电子商务

【学习目的】

- 了解新的虚拟沟通方式，掌握移动电子商务的发展趋势。
- 会使用短信、Email 等现代通信方式。
- 能够熟练独立地进行信息发布和使用移动通信工具进行电子交易。

人类进入 21 世纪以来，移动通信和互联网等新技术的高速发展给我们的生活带来了前所未有的冲击。随着电子商务经历从高度扩张到理性发展，一种新型的商务模式——移动商务（mobile-business）开始兴起，并显示出强大的生命力和发展潜力。

8.1 移动电子商务导读

1. 移动电子商务的概念

移动商务是指通过手机、传呼机、个人数字助理（PDA）和笔记本电脑等移动通信终端和设备所进行的各种商业信息交互和各类商务活动，是移动通信技术和网络技术的有机融合和交叉。移动商务最初是在日本兴起，并且在美国得到了高速的发展。随着全球经济的持续发展和无线移动技术的不断更新，人们越来越不满足于只局限在坐在电脑前进行"固定"的商务往来，而移动商务正是凭借其技术上的先进性和应用上不受时空限制的特点，逐渐成为传统电子商务的有益补充。如用户可以通过无线设备随时进行划款完成远程支付；物流公司通过无线定位系统对公司所有车辆进行即时调度；商家可以通过通讯设备向各个无线终端发送商务信息等。而全球市场无线终端用户的大规模扩大，为移动商务提供了极为广阔的市场。据 IDC 预测，到 2006 年，整个移动商务的收入是 300 亿美元，预计将有 1.7 亿人使用移动商务。比如在日本，I-mode 服务取得了巨大的成功，越来越多的人开始通过手机来购买计算机软件。中国目前约有 2.5 亿移动用户，每个月增加的新用户数量超过了 400 万；预计到 2010 年，全国移动用户将超过 5.4 亿，普及率达 40%；2002 年作为电信增值业务的"短信"创造的价值已超过 300 亿，仅 2003 年春节期间，中国联通和中国移动的用户总共发送了 70 亿条 SMS 消息。各大电信服务商和其他商家都看到了这个空间巨大的市场，纷纷推出了各自的移动商务服务。而无线设备数量的激增，无线协议标准的高度兼容和带宽的加大，使得这种服务成为现实。如 IBM、Sun、惠普、联想等国内外 IT 巨头大举进军移动商务领域，中国移动更是快速地推出了"移动梦网"的服务。移动商务的形式极为广泛，它渗透到了商务活动的各个领域，如移动交易、短信服务、娱乐、定位服务等。

2．移动电子商务的具体应用

中国移动现在已为行业和企业提供了多种移动商务平台，如移动会议通（随时召开电话会议）、移动办公助理（迷你的企业、个人移动办公系统）、随 e 行（无线上网办公）、空中光纤 LMDS 等。行业和企业客户可以根据各自的特点、需要和成本预算采用适当的平台和相应的接入方案，还提供了多项的移动数据和语音业务，如移动数据业务方面的 WAP、手机支付、彩信、百宝箱（无线 Java）、随 e 行等业务。而在天津可以通过手机从自动售货机中打出可乐、雪碧，真正体验着这种移动电子商务的快乐。此举意味着智能手机支付正式进入商用，"移动商务"悄然来临。目前提供的服务种类有两种。

（1）偶然连接应用（occasionally connected）。

典型用户是现场销售或技术支持人员（即移动工作人员），他们携带与产品和客户相关的信息，上门销售或服务在脱机方式下操作数据，定期将本地数据与中央数据库进行同步。涉及的领域包括医疗、保险、零售、金融、制造、电信、军事等。

（2）持续连接应用（continuously connected）。

用户通过无线连接实时访问信息。

① IOD：标题新闻、天气预报、体育、航班/火车时刻表等。

② PIM（个人信息服务）：是面向最终用户的个性化服务，用户可根据需求设置具体的服务内容和服务方式，主要包括日程安排、重要日期提醒、秘书台、Email 收发和股票信息等。

③ 话费服务：用户查询指定月份的话费，短信中心根据用户的信用度或设定按时发送催费信息、话费高额报警、电子账单。

④ 娱乐：有奖问答，宠物、RPG 等游戏和 MP3 音乐、MMS、SMS。

⑤ 移动支付：自动销售点的付费，购买商品；订票业务和定位、MMS 这些业务结合在一起；博彩，包括彩票和体育赌博等。交费的方式是通过银行把个人账户和手机联系起来。

⑥ 移动定位 GPS：位置触发服务包括位置敏感型计费、位置广告发布、安全服务和增强型呼叫转移；位置查询、跟踪服务包括商务活动管理、交友和寻找宠物、资产和物品追踪、老人和儿童的监护跟踪；辅助服务包括紧急通知、医疗救助和提高商务效率的企业级应用。

移动商务的普及要经过 3 个阶段：通信阶段、内容阶段和商务阶段。我们现在正处于通信的第一阶段，如今有 50% 以上的美国人正在使用手机进行通话和收发短信。中国手机用户更是占世界前列，信息产业部统计显示，截至 2006 年 1 月，全国手机用户超过 3.987 亿户，手机普及率达到每百人 30.3 部。按照每月 300 万至 500 万户的增长规律，目前手机用户数已逾 4 亿户。未来几年中国电信业将继续保持平稳发展态势，预计到 2010 年，中国的移动用户有望达到 6.5 亿户。我国正在进入的阶段是第二阶段，人们购买信息内容，并通过无线装置来接收，而不需要使用支票、信用卡和现金。

据分析，必须具备以下几个因素才会使移动商务与电子钱包真正发挥作用。第一，消费者必须有方便随身携带的无线装置，这样就可以随身随地使用，完全摆脱对传统商业模式的依赖，真正完全地实现移动商务过渡。同时，终端设备必须切实可行，比如，商店销售程序自动化要跟上，自动售货机要方便使用。这两类装置是确保交易成功的必要构件。目前，这两类装置发展很快，不久的将来就可以如愿以偿。第二，拥有无线装置的消费者和终端设备都要达到较大的规模，而且这些消费者还要热衷于移动商务，这样才能形成规模趋势。第三，必须有一个全世界移动商务的统一标准，做到全球联网。

由于安全性，用户身份认证、安全及隐私保护这些敏感问题目前并没有完全标准化、法律化；带宽资源紧缺和移动终端设计遭遇性价比抉择，无线频谱和带宽等问题。加之，国内市场经济还不完善，缺乏必要的信用制约机制，大众传统的消费观念深厚，对移动商务存在观望态度，移动商务运营涉及一系列行业经济利益的整合、重组和再分配，所以中国特色的移动商务发展道路本身就是一个探索的过程。本章以短信、移动交易和信使服务为主，简单介绍移动商务的操作过程。

8.2　短信、Email 实训导读

伴随着通讯技术的逐渐完善，传统的以语言和图形为媒介的沟通方式受到了极大的冲击，一种新的虚拟沟通方式日趋发展起来，并开始以几何基数的速度增长，这就是短信和 Email。据统计，截止至 2004 年初，我国的移动通讯用户为两亿，上网用户约为 8000 多万。自从 1999 年推出短信服务之后，到 2003 年我国的年短信发送量已达到 2000 亿条之多，平均每个用户每天发送量为 5.2 条。特别是在"非典"期间，全国的互联网用户增加了 17.35%，使用通讯工具进行交流的用户增加了 31.44%，可见短信及 Email 的通讯方式已经改变了现代人的生活方式，随着 MMS 等技术的升级更新，它必将得到进一步发展。众所周知，任何一种事物如果在短时间内得到发展，必然有其优势所在，短信和 Email 通讯方式能够提高相互交流的效率，降低成本，创造新的价值增值方式。本节着重介绍如何通过互联网使用短信、Email 进行信息交流，具体实验软件以 518 免费短信发送软件和 Foxmail 软件为例。

8.2.1　实验 1　短信发布

☆ **实验目的：**通过短信的发布，掌握这种常用的沟通和商务信息发放的工具的使用方法。

☆ **实验要求：** 熟悉短信发布的基本流程及常用技巧。

☆ **实验步骤：**

（1）下载爱特生彩信群发软件，下载地址为 www.edi-son.com。下载完成后按照提示，进行程序的安装。安装完毕后，启动本软件，如图 8-1 所示。

图 8-1　爱特生彩信群发软件

（2）选择软件首页"发送短信"菜单，进入"短信发送"界面。

（3）首先选择短信接收者，添加短信接收者可以有 3 种形式，分别为手工录入、文本导入、名片导入，以手工录入接收者为例，填写手机号码，然后单击"确定"按钮，如图 8-2 所示。

图 8-2　填写手机号码

（4）确定短信接收者后，接下来录入短信正文。

（5）在短信录入过程中，还可以插入软件本身所提供的一些常用短语。录入完成后，选择"立即发送短信"菜单，便可按照要求发送指定的短信。

（6）本软件还提供了定时发送、名片管理、发送记录、常用短语及号码查询功能。比如，当用户想要查询某一手机号码，便可选择"号码搜索"菜单，进入号码搜索模块，如图 8-3。

图 8-3 号码搜索

（7）在"手机号码"框中录入 1307204402，单击"查询"按钮，即可显示出该号码的基本信息。

8.2.2 实验 2 Email 的设置

（1）打开 Foxmail，选择"账户"里面的"新建"，弹出"向导"对话框，按照提示单击"下一步"，弹出建立新的用户账户对话框，如图 8-4 所示，输入"用户名"，可以为用户姓名、部门或者其他可以标识此邮件地址的名称。

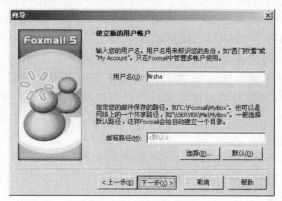

图 8-4 向导对话框

（2）单击"下一步"，弹出"邮件身份标记"对话框，输入发送者姓名，输入已申请的信箱地址。

（3）单击"下一步"，弹出"指定邮件服务器"对话框，填写所申请的邮箱的 POP3 和 SMTP 地址。

（4）单击"下一步"，账户建立完成，选中 SMTP 服务器需要身份验证，即配置发送服务器认证，单击"完成"，新的用户帐户设置完毕。

☆　**实验小结：**目前市场中有各式各样的短信发送软件，包括免费和收费两种形式，其中主要以收费形式为主，而免费形式一般要被动接受一部分广告。但由于发送软件操作的简易性和较低的发送费用，而引起了大多人的关注。邮件管理软件目前应用较为广泛的是 Outlook Express 和 Foxmail 两种，由于邮件管理具有稳定、脱机浏览、信件管理等特点，因此应用非常广泛。

8.3　移动交易实训

传统的商务交易活动多采取面对面的实地交易，随着网络通讯工具使用的普及，传统交易日益显示出其无法避免的缺点，如成本高、效率低等，而解决这些缺点的办法就是一种新的交易模式——移动交易。移动交易包括的内容非常广泛，如移动证券交易（M-Stock）、移动购票、移动转账等。本节重点介绍移动证券交易及其解决方案。

移动交易的工具有很多，如移动电话、掌中宝、商务通等，其中移动电话最为普及。以移动电话做交易的前提是能够移动上网，目前大多数移动电话均有上网功能，我国也在积极普及 GPRS 技术。GPRS（General Packet Radio Service）即通用无线分组业务，是一种基于 GSM 系统的无线分组交换技术，提供端到端的、广域的无线 IP 连接。通俗地讲，GPRS 是一项高速数据处理的技术，方法是以"分组"的形式传送资料到用户手上。虽然 GPRS 是作为现有 GSM 网络向第三代移动通信演变的过渡技术，但是它在许多方面都具有显著的优势。目前，香港作为第一个进行 GPRS 实地测试的地区，已经取得了良好的效益。其中和记黄埔与诺基亚合作已于 2007 年 3 月率先在欧洲推出了 3G 服务。移动交易的过程可概括为设置网络服务商、设置交易软件和进行相应的交易。现在绝大多数手机都支持上网功能，比如诺基亚的 7110 和西门子的 3568i 等。下面就以一台西门子 3568 为例逐步介绍其上网设置的流程。

☆　**实验目的：**掌握如何设置移动电话的网络服务商。

☆　**实验要求：**熟悉设置网络服务商的基本步骤。

☆　**实验的具体步骤：**

（1）用户先要到无线局营业厅开通 SIM 卡上的数据通讯业务，开通数据业务。

（2）选择手机的功能菜单，选择"工作娱乐"项，如图 8-5 所示。

（3）再进入互联网，如图 8-6 所示。

（4）此时会看到在互联网的菜单里有"主页"、"收藏夹"和"设定配置文件"3 个选项，如图 8-7 所示，初次使用要先设置配置文件，以后就可以通过主页收藏夹直接上网了。

图 8-5　选择"工作娱乐"　　　　图 8-6　选择"互联网"　　　　图 8-7　选择"设定配置文件"

（5）进入"设定配置文件"后，选择一个要配置的条目，如图 8-8 所示。

（6）进入后，选择"设定"，又将进入另一层菜单，如图 8-9 所示。

（7）在"配置"菜单中，用户需要逐项设定。首先设定名称，如图 8-10 所示，将配置名称设为网易。

图 8-8　选择一个条目　　　　图 8-9　另一层菜单　　　　图 8-10　设置名称

（8）接下来设定拨叫号码，目前无线局为 WAP 用户开通的被叫号码是 172，如图 8-11 所示。

（9）然后选择"拨号类型"，目前无线局只支持模拟拨号方式，如图 8-12 所示。

图 8-11　被拨叫号码为 172　　　　　　　图 8-12　选择"拨号类型"

（10）接下来选择登录网络的用户名和密码，无线局提供的试用账号名和密码多为 WAP，如图 8-13 所示。

（11）接下来是配置登录时的网关地址和网关端口，无线局提供的网关地址是 10.0.0.172，网关端口是 9201，如图 8-14 所示。

图 8-13 设置"登录姓名"和"密码"　　　　　　图 8-14 网关地址

（12）最后，设定登录网络时浏览器的主页，如输入 http://wap.163.com/，设定好了之后，在进入手机互联网的功能项时，就可以激活主页的选项，直接进入网易的 WAP 网页了。

☆ **实验小结：**

设置移动电话的网络服务是进行相应的移动交易的前提，应熟练掌握设置步骤，特别是网络账户、密码、网关地址及相应的端口。移动电话的网络功能设置成功之后，便可以下载相应的移动交易软件进行交易。以移动证券交易为例，如果是中国移动的用户，按照如下的流程便可进行移动交易：单击手机"菜单键"进入主菜单，选择"更多"→"网页设定"→"移动梦网"→"百宝箱"→"商务百宝箱"→"移动证券"→"确认下载"。下载完成后在手机 Java 程序下自动生成"移动证券"选项，在手机桌面选择"游戏"进入 Java 程序，选择"移动证券"项目进入，便可进入移动交易状态，如观察实时行情、浏览股市资讯、进行在线交易和资金的转账等。

8.4　信息服务实训

在现代社会人们需要进行各式各样的沟通，包括商务信息和私人信息等。日趋完善的互联网为其提供了一个开放性的信息平台，在这个平台上有着无法统计的综合信息。这就要求我们能够利用这些信息，并且能够发布这些信息。本节将重点介绍如何使用 Windows2000 操作系统本身的工具进行信息的传递。

☆ **实验目的：** 通过实验，掌握信使服务的基本使用方法，能够独立地进行信息发布。

☆ **实验要求：** 掌握信使工具的使用及其相关技巧。

☆ **实验的具体步骤：**

1. 实验 1：信使工具的使用。

（1）在 Windows2000 操作系统中，单击"开始"菜单，选择"程序"→"附件"→"命令提示符"。

（2）在"命令提示符"窗口中输入信使发布命令行，格式如下：

net send 发送目标计算机的标识或 IP 地址具体信息内容,如填写"net send 211.68.225.120 欢迎加入电子商务 e 商网",确认回车。如图 8-15 所示。

(3)对应的目标计算机便会出现相应的信息,如图 8-16 所示。

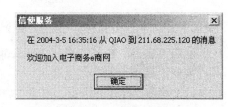

图 8-15　"命令提示符"窗口　　　　　　　　　　图 8-16　出现相应的信息

2．实验 2:信使服务的停止。

在信使服务中,用户经常会收到一些令人反感讨厌的垃圾信使,影响到人们对网络信息的使用。因此,用户可以在必要时关闭信使服务。关闭服务的方法有两种,分别是命令符法和服务设置法。

方法 1:通过命令行停止服务。

(1)单击 Windows "开始"菜单,选择"运行"。

(2)在"运行"对话框中,键入 net stop messenger。单击"确定"按钮,如图 8-17 所示。

图 8-17　运行对话框

(3)此时信使服务已停止,命令 net stop messenger 的作用是停止"信使服务",要启用"信使服务",请使用 net start messenger 命令,其他步骤相同,不再类举。

方法 2:通过命令行停止服务。

(1)打开"控制面板",单击"性能和维护",单击"管理工具",如图 8-18 所示。

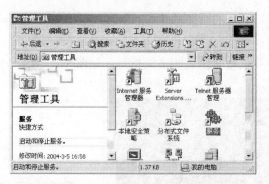

图 8-18 "管理工具"界面

双击"服务"图标，查找 Messenger 后双击，然后在"操作"菜单中选择"属性"，进入"常规"选项卡。

（2）单击"停止"按钮，再将"启动类型"改为"手动"或"已禁用"，如图 8-19 所示。

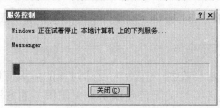

图 8-19 停止服务

（3）如果 Messenger 服务被停止，Alerter 消息不会被传输。如果 Messenger 服务被禁用，任何直接依赖于它的服务将无法启动，最后单击"确定"按钮。

（4）如果想启用信使服务，则在 Messenger "属性"的"常规"选项卡中选择"启用"即可，不再类举。

☆ 实验小结：

通过本次实验，关于信使服务的相关知识均已详细介绍，同时也对 Windows2000 操作系统内含的网络工具有了一个更全面的认识。目前关于信使服务的软件也很多，但其基本原理都是一样的，使用方法也非常简单，可以到相关网站下载自行使用。

☆ 上机实习：

（1）到指定的网址下载 518 短信发送软件，并使用其发送各种短信。

（2）设置 Outlook 中的邮件管理功能，并尝试 POP3 与 SMTP 服务器能不能选择不同的邮件服务商？

（3）使用中国移动手机的移动梦网功能，查询股市行情。

（4）在 Windows 2000 操作系统中，设置信使服务的开启和关闭。

（5）通过信使服务，在局域网中发布信息。

第 9 章 电子商务法律法规

【学习目的】
● 熟悉电子商务的基本法律法规。
● 了解网上的基本礼仪。
● 有针对性地了解世界各国在知识产权保护上的具体规定。

9.1 网上礼仪实训导读

网上礼仪（Netiquette）是网络（network）和礼仪（etiquette）的合并，指在网络上的行为规范，特别是关于 Email 和 Usenet 的行为规范。例如，在发送信息时，一般不要全部使用大写字母，否则，别人会认为你是在大喊大叫，并给以"哦！我的耳朵！"等类似的回复。

9.1.1 网络礼节导读

网络上也同样需要礼节的，任何时候都需要注意。如今，上网已经由一种时尚变为人们生活的一部分。电子邮件、网上购物、网络电话和网络寻呼机等已越来越普遍地应用于人们的生活之中，互联网使人们可以充分、及时地在全球范围进行各个领域的信息交流，"海内存知己，天涯若比邻"已不再仅仅代表人类异地交流的心愿，而已经成为网络生活中普通的交流方式。网络的发展将具有共同兴趣及需要的网友组成各种虚拟社团，网络世界对人类的社会生活和交往的影响是十分巨大的。那么，在现实的社会和交往中人与人之间原本是存在许多约定俗成的礼节和礼仪，在网络这个虚拟的社会中是否也需要讲究"网络礼节和礼仪"呢？

礼节是指在社会上人与人或者某个行业之中正常的、有一定规矩的行为、礼貌和礼仪。上网的礼节是指网上的正确行为方式，包括尊重他人的权利和愿望，不影响网上的其他人的正常行为，并且承认在网上和面对面的交流存在很大的区别。网络用户相当于国际上的"网络公民"，由于虚拟社区的成员众多，与现实生活中的社会一样，当然应该有大家遵守的不成文的规则。这种规则大部分是以日常生活中人与人的交流方式作为基础的，其中有些规则是具有普遍意义的，如"将心比心"、"己所不欲"、"勿施于人"等。以下是一些网上交往须注意的"礼节"。

（1）将互联网当作一个国际会议的场所。因为互联网是一个全球网络，而绝大多数人并不太清楚别国的风俗，所以应该遵从国际会议中须遵守的礼节。

（2）互联网的特点决定了在与网上的人交往中，往往不知道对方的真实身份和所处地理位置，凭"网"相逢的人在能够借助网络彼此结识、建立友谊的同时，当然也存在上当受骗的可能。所以上网交朋友一方面要遵循网上交往的礼仪，也要注意防范别有用心的诡计。

（3）网上信息良莠不齐，要学会判断与选择，这样才能借助网络获得有价值的信息和资料，使网络发挥出最大的优势和功用。

（4）注意正当地使用电子邮件发送信息，对于大的邮件应在得到接收者允许的情况下再发送。当你遇到大量的垃圾邮件烦扰时，除了使用邮件过滤器等技术手段外，应及时通知有关的网络管理员。

（5）保护和尊重自己和他人的个人信息，即注意隐私权保护。别轻易公开你的地址及电话，也不要向他人提出任何涉及个人隐私的问题。

（6）尽可能地帮助每一个人，如果在某一方面你是专家，发现需要帮助的人应给他以建议，回电子邮件的时间不要隔得太长。

（7）永远保持平和的心态，如在聊天室中即使与对方的意见或观点不一致，也不要肆意发火，俗语"人上一百，形形色色"，何况覆盖全球的网络。应以冷静、理智的心态对待网上的交往。

（8）正确地使用幽默，网络上的交流不可能总是板着面孔，网络世界需要幽默。但想要幽默一下，必须三思而后行。由于不是面对面的沟通，你的一个玩笑很可能会被误解为一种讽刺。

网络上，每个人都是真实存在的，又可以说是子虚乌有的，你要如何对待他人、如何定位自己，都得由你自己来决定。

☆ **实训目的：**了解网络礼节的企业网站开展正常的经营活动十分重要，知晓基本的网络礼节和礼仪。

☆ **网上实训：**

（1）何谓智能化电子社区，它具体包括哪些部分的内容？

（2）儿童上网和青少年上网应注意哪些问题？各国对儿童上网和青少年上网都有哪些限制？

9.1.2　电子邮箱使用的基本准则导读

☆ **实训目的：**了解电子邮箱使用的基本要求和应遵循的一些规则，能很好地处理垃圾邮件。

☆ **实训要求：**

● 了解使用电子邮件的基本要求。

（1）如果确信不再需要所订阅的邮件列表和电子刊物，"跑步"前往相关网址取消订阅，不然邮箱会塞满各种无关信息。

（2）写英文邮件时绝对不要全使用大写字母，这样当别人收到你的邮件时会认为你在对他吼叫，显得很粗鲁，而且这样的邮件较难阅读，他们会恨你的并且注意英文拼写正确与否。

（3）任何时候都不要发送垃圾邮件（类似 Spam 的邮件），当然，除非收件人愿意。任何时候也不要给这种垃圾邮件回信，只要删除即可。

（4）在聊天室和一些需要登记个人信息的场合，尽管厚起脸皮填写虚假资料，尽量撒谎、撒谎、再撒谎，以免遭到垃圾邮件、垃圾电话和垃圾信件的侵袭。

（5）检查自己的 POP3 信箱，删除已经下载的信件，删除尚未阅读但确信不要的信件，以节省时间和邮箱空间。

（6）不要忘记"网仪"（网上礼仪），等到需要别人来提醒时为时已晚。

（7）不要传送"连环邮件"，这种邮件都是骗人的，这样做会让别人觉得你是个傻瓜，最好的办法是删除它。

（8）不要随意向"支持中心"等邮箱发求助邮件，先看看相关的 FAQ（常见问题问与答），找不到答案后再发不迟。

（9）如果写邮件时觉得无话可说就别滥发邮件，少占用一点网络资源，也可少打搅他人。

● 垃圾邮件包括下述属性的电子邮件。

（1）收件人事先没有提出要求或者同意接收的广告、电子刊物、各种形式的宣传品等宣传性的电子邮件。

（2）收件人无法拒收的电子邮件。

（3）隐藏发件人身份、地址、标题等信息的电子邮件。

（4）含有虚假的信息源、发件人、路由等信息的电子邮件。

● 了解最让人厌恶的 8 种垃圾邮件。

（1）让收信人发送收到消息。

（2）自动弹出网页。

（3）邮件携带病毒。

（4）重复发送，同样内容的信息每天发送 5 次以上。

（5）将发信人设为与收信人一样的邮件地址。

（6）贩卖电子邮件地址或者收集邮件地址软件。

（7）具有欺骗性或者故弄玄虚的邮件主题和内容。

（8）隐藏发件人地址。

● 减少邮件退信的 9 种策略如下。

（1）尽量避免错误的邮件地址：在用户加入邮件列表时，请用户重复输入 Email 地址，就像用户注册时的密码确认那样。

（2）改进数据登记方法：主要适用于通过电话人工记录用户 Email 地址的情形，对工作人员进行必要的训练。

（3）发送确认信息：即采取用户确认才可以加入列表的方式。

（4）鼓励用户更新 Email 地址：对于退回的邮件地址，当用户回到网站时，提醒他们确认正确的 Email 地址，或者对于错误的邮件地址做出表示请求用户给予更新。

（5）让注册用户方便地更换 Email 地址，用户邮件地址改变是很正常的，在改变之后如何让用户方便地更新自己的注册信息，才会获得较多的响应。

（6）保持列表信息准确：对于邮件列表地址进行分析判断，对于无效用户名或者域名格式的邮件予以清除。

（7）利用针对 Email 地址改变保持联系的专业服务。

（8）正确理解邮件被退回，退信有硬退信和软退信之分，针对不同情形采取相应对策。

（9）尽可能修复失效的邮件地址，如果用户注册资料中有邮政地址等其他联系方式，不妨用其他联系方式与用户取得联系，请求他更新邮件地址。

☆ **网上实验：**

（1）上网了解各国对垃圾邮件的限制情况和立法。

（2）中国对垃圾邮件有哪些治理措施？写出分析报告。

（3）了解垃圾邮件的危害性，针对垃圾邮件的有害性写出分析报告。

（4）如何屏蔽众多的垃圾邮件？反垃圾邮件软件有多少种？如何使用反垃圾邮件软件？

（5）哪些电子邮件属于垃圾邮件？如何看待越来越高的电子邮件退信率？

（6）用户更换电子邮箱的主要原因有哪些？

（7）何谓群发电子邮件软件？

（8）邮件列表营销中获得用户资源的方式有一种为"Opt-in"，请解释"Opt-in"。

（9）什么是正规的 Email 营销？

9.1.3　参加论坛应遵循的公约

☆ **实训目的**：了解网上论坛应遵守的基本要求。

☆ **实训要求：**

（1）参加论坛，必须遵守国家有关的法律、法规以及网站上的有关规定，遵守网上礼仪和网上道德。

（2）本论坛禁止各种宣扬反动、色情、封建迷信的言论。

（3）本论坛提倡一贴一发，禁止广告形式的发贴。

（4）鼓励原创，转帖请注明"转帖"或"ZT"字样。

（5）论坛保留编辑、修改、删除网友发表的文章、言论的权力。

（6）在特殊或紧急情况下，论坛一般可屏蔽用户和屏蔽用户的 IP。

（7）如果网友对他人的观点持不同意见，鼓励网友参加讨论，与作者辩论，但不要涉及人身攻击等，提倡对事不对人。

（8）对论坛版主或服务设施有什么意见，请在"告诉站长"论坛中提出。

（9）论坛良好的氛围要靠大家来建设，请大家共同来维护好论坛的秩序。

☆ **网上实训：**

（1）登录新浪网的网络社区和网上论坛，了解人们对电子商务和网络营销的具体看法。

（2）自己建一个论坛，该论坛以你所喜欢的动物命名，由你来做该论坛的坛主。

9.1.4　上网安全须知

☆ **实训目的：** 上网要注意安全，如果不加防范，网络的危害并不小，以下几方面应当引起网民们的足够重视。

（1）网上购物谨防上当。现在网上购物很流行，足不出户就可以随心选购，很快就有人送货上门，但一定要注意别上当受骗。曾有这样的案例，有人利用一些商业网站的免费空间建立一个知名商业网站的"克隆"站点，然后将收款账号改为自己开设的账号。有的网站虽然不假，但网页中展示的商品在规格、质地、色泽等方面与实物却有不少出入。在网络交易的行为得到法律进一步规范以前，专家建议您少些盲目，多个心眼。

（2）网上娱乐谨防过度。首先，在家玩网络游戏要节制有度。新春佳节，亲朋好友、妻儿老小难得团圆，网络游戏虽然充满诱惑，但也不可随心所欲。弄不好，自己身体"透支"不说，还往往引起夫妻矛盾、父子隔阂。许多网吧人机拥挤，空气污浊，不宜长时间逗留。奉劝各位"玩家"切莫"为网消得人憔悴"。

（3）网上交友谨防受骗。对于近两年来发展起来的网上交友，不同的人有不同的看法。但无论如何，与网友聊天要多个心眼，不要随便透露自己的个人机密信息，见面约会更要采取切实的保护措施。在"手机绑定"、"一夜情"等颇具诱惑力的收费服务面前更应洁身自好。虽然网上交友失财丢命的案件频频见于报端，但新的案件仍然层出不穷，足见网络交友安全应警钟长鸣。各位家长朋友们尤其应留心自己孩子的异常举动，莫让花季少年受到一些不法分子的侵害。同时青少年朋友们也一定要加强自身的防范意识。

（4）对网上内容要有取舍。网络是个大世界，大量有用信息存在的同时，有害信息也处处可见。在这种情况下，所有上网的人都要提高自身的修养，学会鉴别取舍，自动远离发布不良信息的网站。

（5）网上逗留谨防"毒黑"。也就是要防范病毒侵扰和黑客攻击。如果你在网吧上网，切忌不要在硬盘上保留自己的个人信息，对于自己的聊天记录、邮件等信息要通过移动存储备份后从硬盘上删除。如果是自己的计算机，要请教高手或专家安装必要的防病毒与防黑客软件，不要随便下载不知名网站的程序和附件。

☆ **实训要求**：了解网络交友的利弊。

上网为网友们充分交流甚至见面约会提供了机会，网上交友和网络游戏一样十分红火，互联网络这样为人们提供了广泛联系的可能性。只要有一台联网的电脑，就可以足不出户与远在地球上其他地区的网友们联系，就像与邻家女孩聊天一样方便，总可以在网络上找到与你脾气相投的朋友。网络交友系统是在电子邮件、聊天室以及 ICQ、QQ 等网络技术手段不断丰富的基础上发展起来的，网络交友的发展只是整个网络文化发展冰山的一角。正像许多事物一样，网络交友的"双刃剑"效应应当通过立法对从事网络交友中介的有关公司、网站进行规范，使之走上良性发展的轨道，为现实社会多增一点光彩，少添一些烦恼。

☆ **网上实验**：

（1）上网了解网络交友的办法，如何在网上找到一个兴趣相投的网上朋友?写出交友的经过。

（2）了解周围的同学有没有在网上受骗上当的，如何避免受骗上当? 写出分析报告。

9.2　互联网道德导读

随着以计算机技术应用为核心的信息时代的到来，加强网络建设，做文明"网民"也已成为当代中国公民道德建设的重要内容和对当代大学生的基本道德要求。应当看到，现代计算机技术与网络技术的开发与应用是一把"双刃剑"。一方面，它借助电脑高智能化、信息交换与传播的快速、便捷和时空压缩等优势，对社会的经济、文化、教育、科技、政治方面的发展起到积极的推动作用；另一方面，它又把社会及其成员带入一个崭新的虚拟环境中，使人们面临着技术上的"可能"与道德上的"应该"的严峻挑战，如计算机黑客、网络犯罪、盗版软件等已成为突出的道德问题与法律问题。网上道德是信息与网络时代人们应当遵守的基本道德。网上道德水平的高低，关系到计算机信息技术的发展，与社会、企业和个人的重大利益休戚相关。

近年来，我国计算机信息产业与互联网迅速发展，但对网上道德的研究却严重滞后，虽引起社会的高度重视，但与时代要求大相径庭。必须从社会全面发展的高度深入地认识网上道德对电子商务和整个社会发展的重大意义。

9.2.1　网上道德

网上道德是在计算机信息网络专门领域中指导人格完善，调节人与人、人与社会特殊利益关系的行为规范。在我国计算机信息技术和网络应用对社会生活的影响越来越大的情势下，急需研究和构建具有中国特点的网络道德的理论和实践规范体系。

目前，从我国网上道德的现状看，必须要加强网络道德规范的可操作性研究，提出和制定行之有效的道德准则。"它山之石，可以攻玉"，信息网络技术最为发达的美国，从 20 世纪 90 年代起全面制定了各种网络道德规范。美国计算机协会（ACM）1992 年 10 月通过并采用的《伦理与职业行为准则》中，其基本的道德规则包括以下几点。

（1）为社会和人类的美好生活做出贡献。

（2）避免伤害其他人。

（3）做到诚实可信。

（4）恪守公正并在行为上无歧视。

（5）尊重包括版权和专利在内的财产权。

（6）对智力财产赋予必要的信用。

（7）尊重其他人的隐私。

（8）保守机密。

为了规范人们的道德行为，指明道德是非，美国的一些专门研究机构还专门制定了一些简明通晓的道德戒律。如著名的美国计算机伦理协会制定了"计算机伦理十诫"。

（1）不应当用计算机去伤害别人。

（2）不应当干扰别人的计算机工作。

（3）不应当偷窥别人的文件。

（4）不应当用计算机进行偷盗。

（5）不应当用计算机作伪证。

（6）不应当使用或复制没有付过钱的软件。

（7）不应当未经许可而使用别人的计算机资源。

（8）不应当盗用别人的智力成果。

（9）应当考虑你所编制的程序的社会后果。

（10）应当用深思熟虑和审慎的态度来使用计算机。

现在，美国许多建立网络系统的公司、学校和政府机构，在为员工提供网络使用权的同时，明确制定了各种网络伦理准则。如南加利福尼亚大学的网络伦理声明，明确谴责"六种网络不道德行为"。

（1）有意地造成网络交通混乱或擅自闯入其他网络及其相关的系统。

（2）商业性或欺骗性地利用大学计算机资源。

（3）偷窃资料、设备或智力成果。

（4）未经许可接近他人的文件。

（5）在公共用户场合做出引起混乱和造成破坏的行为。

（6）伪造电子邮件信息。

当代大学生应当认识网络技术的两面性，了解网上道德规范和要求，加强网上道德修养，严格自律，文明上网，为营造健康向上的网络环境，提高网络道德水平而做出自己应有的贡献。

9.2.2   网络道德失范行为

英国历史学家阿诺尔德·丁·汤因比（Amold J.Toynbee）曾说过："技术是每提高一步，力量就增大一分，这种力量可以用于善恶两个方面。"。网络是把"双刃剑"已得到业界学者的共识。由于网络道德建设规范的滞后及互联网自身安全的弱点较多，网络道德失准的现象比比皆是，如对网站信息的攻击和破坏、侵犯他人隐私、滥用色情信息、利用 BBS 恶意攻击他人等，这些现象在图书馆读者当中表现也相当突出。据北京联合大学的调查统计表明，有 12.5%的学生承认"曾经获得他人的邮件"，9.8%的学生"查阅黄色图片或文字"，8.6%的学生"曾经获得他人的机密或私人信息"，还有 5.4%的学生"发布了不健康的信息"。新加坡南洋理工大学进行的最新调查也显示，30%的学生曾到访问过色情网站，其中 3%还是常客。随着网络应用的普及与发展，又产生了通过网站兜售论文，篡改网考成绩等新的行为。

1. 网络世界造成的人格虚拟

网络给人们提供了一个虚拟的世界，网络规则中没有明确要求提供资料的真实性。虚拟的世界必然导致人格的虚拟，这种虚拟的交流导致人格的欺骗，同时也诱发了信任的危机。2001 年 11 月 20 日，团中央、教育部向社会发布的《全国青少年网络文明公约》，要求青少年"要诚实友好交流，不侮辱欺诈他人；要增强自护意识，不随意约会网友；要有益身心健康，不沉溺虚拟时空。"在教育中一些学生对"诚实友好交流"的提法并不认可，担心单方面诚实努力会使自身受到伤害。我们认为"诚实友好交流"必须以提高自护意识和技巧为前提。美国著名社会学家肯特·基思博士写了一本《好人必读》，提出了做好人好事的八条心理准备，其中有一条"坦诚待人使你容易受到伤害，但还是要坦诚待人。"这一理念值得想诚实交流而又害怕受到伤害的读者深思。

2. 黑客侠客论

黑客以攻击网站、窥探隐私为乐趣。一些学生下载黑客软件，攻击局域网或外网系统。当将情况向老师反映时，其中有的反问："他真有那么高水平？"。很多学生也常以当黑客为荣。如果说早期黑客是自我编程去进行破坏的话，而现在大部分学生只是在黑客网站上直接下载现成的工具，坐享其成，直接使用进行攻击。

除了道德认识上的误区以外，相关法规和道德规范制度严重滞后也是造成读者道德行为失范的主要原因。如图书馆各种各样的罚款，其法律依据如何。如信息安全方面的立法可操作性不强，一些黑客行为难于定性等。

德育研究工作者应加强研究，尽早出台网上道德教育的指导内容，同时要对部分教师进行网上道德的培训，还要发动广大教育工作者发挥创造力，积极探索建立网上道德的新方法。

加强网上道德建设，做文明"网民"。

☆ **实训目的**：了解网上不道德危害的严重性，加强自律。

☆ **实训要求**：上网了解网上道德的基本含义，熟悉黑客使用的软件及基本方法。

☆ **网上实训**：

（1）上网查找黑客使用的黑客软件有哪些类型？大致有多少黑客软件？

（2）上网查找黑客的网站，详细分析黑客的心理，写出分析报告

（3）在指导教师的帮助下，了解黑客使用的软件的基本原理和功能。

（4）登录各杀毒网站了解计算机病毒的危害性，写出最新爆发病毒的类型和其破坏性。详细分析一下木马病毒的危害和如何防治。

（5）我国对网上道德有哪些具体的规定，请你根据自己的实际提出一项具体的建议。

9.3　电子商务立法

我国政府高度重视电子商务的立法工作。1998 年 11 月 18 日，当时的国家主席江泽民在吉隆坡举行的亚太经合组织领导人非正式会议上指出，电子商务代表着未来贸易方式的发展方向，其应用推广将给各成员带来更多的贸易机会。在发展电子商务方面，不仅要重视私营、工商部门的推动作用，同时也应加强政府部门对发展电子商务的宏观规划和指导，并为电子商务的发展提供良好的法律法规环境。

1. 立法中与电子商务活动有关的部分

（1）《合同法》。1999 年 3 月我国颁布了的《合同法》法，其中，涉及电子商务合同的有 3 点。

① 将传统的书面合同形式扩大到数据电文形式。第十一条规定："书面形式是指合同书、信件以及数据电文（包括电报、电传、传真、电子数据交换和电子邮件）等可以有形地表现所载内容的形式。"也就是说，不管合同采用什么载体，只要可以有形地表现所载内容，即视为符合法律对"书面"的要求。这些规定符合国际贸易委员会建议采用的"同等功能法"。

② 确定电子商务合同的到达时间。《合同法》第十六条规定："采用数据电文形式订立合同，收件人指定特定系统接收数据电文的，该数据电文进入该特定系统的时间，视为

到达时间；未指定特定系统的，该数据电文进入收件人的任何系统的首次时间，视为到达时间。"

③ 确定电子商务合同的成立地点。《合同法》第三十四条规定："采用数据电文形式订立合同的，收件人的主营业地为合同成立的地点；没有主营业地的，其经常居住地为合同成立的地点。"

（2）人大常委会。在九届人大三次会议上，上海代表团张仲礼代表提出的"呼吁制订电子商务法"议案，成为此次会议产生的第一号议案。这份议案指出，全球化信息浪潮正迅猛推进，电子商务作为一种更快捷、更准确的交易形式，也在中国全面开展。目前亟需为电子商务的发展创造适应的法律环境，建立安全便捷的电子付款系统的法律规范。

（3）北京市。2000 年 4 月，北京市工商行政管理局发布了《北京市工商行政管理局网上经营行为备案的通告》，规范网上经营行为包括在辖区内的市场主体利用互联网从事以赢利为目的的经营活动，以及为经济组织进行形象设计、产品宣传、拍卖、发布广告等的行为。网络经济组织可通过互联网向北京市工商行政管理局设立的红盾 315 网站（www.hd315.gov.cn）申请登记备案。2000 年 5 月，北京市工商行政管理局又颁布了《关于对网络广告经营资格进行规范的通告》，针对网络广告的现状，对网络广告经营者的经营资格做出规定。同时还出台了《关于对利用电子邮件发送商务信息的行为进行规范的通告》。

（4）上海市。上海市信息化办公室将电子商务立法工作作为一项极为重要的工作来抓。为了促进上海经济、贸易的快速发展，为电子商务的健康、快速发展创造一个良好的法律环境，弥补现有法律的缺陷和不足，鼓励利用现代信息技术促进交易活动，《上海市电子商务管理办法》已经开始起草。其基本思路是从电子商务的本质入手，抓住电子商务的主要矛盾，形成电子商务管理办法，然后针对各个具体问题制定管理办法。目前已对电子商务认证办法提出了初步的管理意见。

2. 电子商务立法的发展趋势

电子商务的法律保障问题涉及两个基本方面。第一，电子商务首先是一种商品交易，其安全问题应当通过民商法加以保护。第二，电子商务交易是通过计算机及其网络而实现的，其安全与否依赖于计算机及其网络自身的安全程度。我国目前还没有出台专门针对电子商务交易的法律法规，究其原因，还是上述两个方面的法律制度尚不完善，因而面对迅速发展的电子商务这种与计算机网络技术结合的新的交易方式难以出台较为完善的安全保障规范性条文。

然而，电子商务的跳跃式发展已不允许我们等待原有法律制度完善之后再考虑电子商务的立法问题。21 世纪的竞争是高新技术的竞争。发展电子商务已不再是单纯的技术问题，而是关系到国家经济生存发展的又一次严峻挑战。通过专门立法使国家在 21 世纪的市场竞争中占据有利地位已成为世界各国政府的共识。我国传统的"先改后立"的立法思想和技术，对于高新技术的推广来说是弊大于利的。电子商务技术，一方面可以说它已经基本成熟，因为在正常情况下，这种技术已经能够保证交易的安全进行；但另一方面，这种技术又随着计算机网络技术的不断发展而不断更新，具有相对的不稳定性。这种二重性使得电子商务的推广具有一定的难度。因此，电子商务立法必须具有超前性和独立性，以打消人们对电子商务交易安全性的恐惧心理。

3. 我国现行涉及交易安全的法律法规主要有四类

（1）综合性法律。主要是《民法通则》和《刑法》中有关保护交易安全的条文。

（2）规范交易主体的有关法律。如《公司法》、《国有企业法》、《集体企业法》、《合伙企业法》、《私营企业法》、《外资企业法》等。

（3）规范交易行为的有关法律。包括《经济合同法》、《产品质量法》、《财产保险法》、《价格法》、《消费者权益保护法》、《广告法》、《反不正当竞争法》等。

（4）监督交易行为的有关法律。如《会计法》、《审计法》、《票据法》、《银行法》等。

我国法律对交易安全的研究起步较晚，且长期以来注重对财产静态权属关系的确认和静态的安全保护，未能反映现代市场经济交易频繁、活泼、迅速的特点。虽然上述法律制度体现了部分交易安全的思想，但大都没有明确的交易安全的规定，在司法实践中也没有按照这些制度执行。 如《民法通则》第六十六条规定的"本人知道他人以本人的名义实施民事行为而不做否认表示则视为同意"，体现了交易安全中表见代理的思想，但却没有形成一套清晰的表见代理制度。在立法和司法解释上，背离交易安全精神的规范大量存在。在立法上，如《民法通则》第五十八条、《经济合同法》第七条关于民事行为无效的规定，过分扩大民事行为无效的范围，有损于交易主体对其交易行为的合法性信赖即交易安全利益。在司法解释方面，1987 年 7 月 21 日最高人民法院《关于在审理经济合同纠纷案件中具体适用〈经济合同法〉的若干问题解答》中，明显过分偏置于静态的安全，而忽视动态的安全，悖离交易安全保护的精神。

4. 目前急需制订的电子商务法律法规

为保证电子商务活动得以正常进行，政府需要提供一个透明的、和谐的商业法律环境。法制环境应着眼于保护交易公平、保护平等竞争、保护消费者免受欺诈之苦、保护知识产权免受侵权之害和保护个人隐私、制定鼓励监督、有助调节、打击犯罪的行之有效的一套办法。目前我国急需制订的有关电子商务的法律法规主要有：买卖双方身份认证办法、电子合同的合法性程序、电子支付系统安全措施、信息保密规定、知识产权侵权处理规定、税收征收办法以及广告的管制、网络信息内容过滤等。

（1）买卖双方身份认证办法。

参与电子商务的买卖双方互不相识，需要通过一定的手段相互认证。提供交易服务的网络服务中介机构也有一个认证问题。目前急需成立类似于国家工商局之类的机构统一管理认证事务，为参与网络交易的各方提供法律认可的认证办法。而且，目前各网络服务中介机构成立的虚拟交易市场为提高自身的可信度，大都冠以"中国××市场"的头衔。随着电子商务市场的急剧扩大，加强这方面的法律规范也迫在眉睫。

（2）电子合同的合法性程序。

电子合同是在网络条件下当事人之间为了实现一定目的，明确相互权力义务关系的协议。它是电子商务安全交易的重要保证，其内容包括以下几点。

① 确证和认可通过电子手段形成的合同的规则和范式，规定约束电子合同履行的标准，定义构成有效电子书写文件和原始文件的条件，鼓励政府各部门、厂商认可和接收正式的电子合同、公证文件等。

② 规定为法律和商业目的而做出的电子签名的可接受程度，鼓励国内和国际规则的协调一致，支持电子签名和其他身份认证手续的可接受性。

③ 推动建立其他形式的、适当的、高效率的、有效的合同纠纷调解机制，支持在法庭上和仲裁过程中使用计算机证据。

（3）电子支付系统安全措施。

电子支付是金融电子化的必然趋势。美国现在80%以上的美元支付是通过电子方式进行的。我国目前尚无有关电子支付的专门立法，仅有中国人民银行出台的有关《信用卡业务管理办法》。为了适应电子支付发展的需要，需要用法律的形式详细规定了电子支付命令的签发与接受，接受银行对发送方支付命令的执行，电子支付的当事人的权利和义务，以及责任的承担等。

（4）安全保障。

电子商务的迅速发展，对交易安全提出了更高的要求。强化交易安全的法律保护已是立法的一项紧迫任务。

① 在《民法》等基本法的立法上，应反映出交易安全的理念。为此，要大胆借鉴和移植发达国家电子商务保护交易安全的成功经验和制度，并结合我国的实际情况，构造一套强化交易安全保护的法律制度。

② 在商事单行法的立法上，可以基于商法的特别法地位及其相对独立性，满足商法中商业行为较高的交易安全要求，在某些方面可以适当突破《民法》等基本法中的某些制度，以期强化这方面的交易安全保护。

③ 在计算机及其网络安全管理的立法上，应针对电子商务交易在虚拟环境中运行的特点，明确提出电子商务交易安全保护的法律措施。

④ 在法律解释上，当务之急是全面清理最高人民法院所做出的司法解释，剔除不利于交易安全的结论，并在以后的解释中注重考虑交易安全的因素。

⑤ 在条件成熟的时候，制定保护电子商务交易安全的专门法规文件。

此外，对于《保密法》、《知识产权保护法》、《税法》、《广告法》等也有一个内容修改和范围扩充的任务。

☆ **网上实训：**

（1）在《著作权法》中查找"信息网络传播权"的概念，是否适合对手机短信息的传播的界定？有没有矛盾？

（2）《电子签章法》已于 2005 年生效，它是认可以非对称密钥加密系统为基础的电子签章系统，还是以生物识别技术为基础的电子签章系统进行认证？

（3）上网了解王蒙等 6 位作家诉北京在线一案，写出分析报告。

（4）试分析 IKEA 商标与域名的冲突时，法院是如何裁决的？

（5）通过屏幕显示或输出文件才能为人识读，但后者只是一种抄录，不是原件，法院能认可它为有效的证据吗？

9.4　知识产权保护实训导读

在信息经济的今天，计算机技术和网络技术的广泛应用，使人们的智能和计算机的高速运行能力汇集和融合起来，创造了新的社会生产力。电子商务活动就是在网络环境下使一部分商品流通"隐形化"，可在计算机网络上进行谈判、签合同、订购商品，乃至最终取得商品的商务活动。电子商务已使网上知识产权保护出现了新的问题。

1. **知识产权专有与国际"一体化"和开放性**

网上知识产权的保护主要集中在计算机网络的应用上。正是由于计算机网络的迅速发展，导致数据信息共享的需求，并发生了与知识产权具有的特性的强烈冲突。知识产权最突出的特点之一就是它的"专有性"；而网络上则是公开的和公用的，是"无国界性"，彼此存在矛盾。

"地域性"是知识产权的又一特点。目前为解决这些冲突，世界大多数国家主张通过缔结国际公约来进一步强化对知识产权的"专有性"的保护。1996 年 12 月在日内瓦，WIPO 组织主持缔结的《世界知识产权组织版权条约》和《世界知识产权组织表演和唱片条约》中，就针对网络环境增加了版权保护的新权利，同时对现有权利向数字化中应用延伸做出了解释。在商标保护上，大多数国家则采取了将驰名商标脱离商品及服务而加以专门保护；以适应强化商标专有性的趋势。在实践中，网络上的侵权行为的发生往往是侵权复制品，全世界任何地点都可能成为侵权行为的发生地；因而企图限制网络传输的无国界性是根本做不到的。实际上多数国家和地区正采取弱化知识产权的地域性，加速各国知识产权法律国际"一体化"的进程来解决这个矛盾。但是知识产权法律国际"一体化"需要有一个共同的标准，世界贸易组织订立的《与贸易有关的知识产权协议》（TRIPS 协议）就是一例。

在知识经济中，强化知识产权专有性和国际知识产权法律国际"一体化"的趋势是不可阻挡的潮流，这对世界发展中国家是一个重大的挑战。抓紧健全和完善知识产权法律保护制度，努力适应知识产权保护国际化的进程，以便在国际竞争中，确保中华民族在 21 世纪立于不败之地。

2.《著作权法》与网上版权保护

电子商务活动中涉及最多的是知识产权问题。在网络传输的电子商务中，已涉及版权产品的无形销售，产生了版权保护的新问题；特别是已经产生了，在网上的商标及其商业标识保护、商誉保护、商品化形象保护等与传统保护根本不同的新问题。因此，电子商务在网络环境下，已对我国《著作权法》和《商标法》产生了较大的影响。

我国的《著作权法》中，对作品的数字化、作品的网络传播都没有做出相应的法律规定。这种状况使网络环境下作品的主体和客体发生了变化。开放式的作品的著作权主体难以认定，而信息网络作品、多媒体作品和由工具生成的衍生作品的存在使作品的分类带来困难。这就影响了电子商务活动中主体资格的认定。其次，使出版、传播行为得到扩展。在网络环境下，传统意义出版的环节是不存在的，承担作用的是信息内容提供者和网络服务者以及从事电子商务活动的商家；由于出版地域的不确定性，给地域的确定带来困难；因此必须要研究网络传播服务提供者和信息内容提供者以及电子商务的商家的权利和义务。第三，个人合理使用作品的界线很难界定。特别是在网络环境下，经济利益获取与作品形式的分离，使营利与非营利的界线很难划清。第四，用户合法权利的保护受到影响。在网络环境下，存在着用户对作品被动获取的条件和环境，极可能使用户的合法权利受到侵害。所以，为了保护各方著作权利人的利益，同时有利于推动电子商务的发展，我国《著作权法》的保护原则和重点应当有所调整；并随着计算机网络技术和应用的进展，不断增加调整力度。

3. 域名注册与商标权的冲突

我国的《商标法》只规定可受保护标识为"文字、图案或其组合"，而没有把在网上出现的某一动态过程作为商标来保护。在网络环境下的商业活动已使人们感到用"视觉可感知"去认定，比起用"文字、图案"认定商标更能适应商业活动的发展的需要。当前在我国最突出的问题是在网络环境下，"域名注册"与商标权的冲突。虽然 1997 年 5 月国务院部门发布了《中国互联网络域名注册暂行规定》，但其中只规定了"不得使用不属于自己的已注册商标，申请域名注册"；并没有禁止以他人的商标和商号抢注域名。因而"域名"实际上已成为商誉、乃至商号的一部分受到了保护，并作为无形资产被交易着。目前国际上的一些条约中也仅仅规定"国际知名的商标"所有人有权禁止他人以自己的商标抢注域名；而非驰名商标及商号与"域名"矛盾的焦点之一则是在权利产生的程序上。这是因为商标权多是经官方行政批准注册产生，商号权却是依实际使用产生，而域名专用权则多经非官方组织登记产生。由于现在技术上仍没有对"域名"与在先商标权、在先商号权的冲突进行真正解决，因此有待人们做进一步的研究。

4. 电子商务中的法律问题

电子商务作为一种新型的商业运作模式，将成为 21 世纪初国际商务往来的主流。随着知识产权保护国际化的进程的迅速发展，世界各国也越来越重视电子商务环境下的法律问题的解决。首先是要解决网上的法律地位问题。电子商务中交易各方签订的电子合同必须具有法律效力，使合同双方受法律的约束，同时也使其利益得到保护。因而，对我国刚通过的《合同法》的实施过程中，要关注在电子合同签约、承诺履行、变更和转让、终止、违约等方面出现的法律纠纷的研究工作，以便在法律实践一段时间后，再对其加以完善和修订补充，以使电子合同更具有法律效力。其次，要投入较大的成本，集中力量修订好我国现有的知识产权法律，特别是《著作权法》和《商标法》的修订工作。

5.《著作权法》与"复制权"制约

由于数字化后的作品具有"可复制性"和"独创性"等特征，因而已有作品数字化应属于著作权人的一项专有权利，应该受到《著作权法》的保护。将作品数字化本身就是一种"复制"行为，应受"复制权"的制约。因此对《著作权法修正案》（草案）第十条财产权中的第（一）项"复制权"建议修改为："复制权，即以印刷、复印、临摹、拓印、录音、录像、翻录、翻拍转换等数字化或者非数字化方式将作品制作一份或者多份的权利"。

作品的网络传播既不完全是作品的发行，也不完全是作品的播放，它是一种全新的作品传播方式。因此从保护著作权人的利益出发，将作品上载到互联网络上向公众发送是对作品的使用，它属于著作权人的一项专有权利，应受到《著作权法》的保护。因此建议在第十条财产权中增加一项"信息网络传播权"。即"信息网络传播权，即在网络上向公众提供作品，使公众中的成员在其选定的地点和时间获得这些作品的权利"。这对于电子商务是重要的，虽然在网络上销售的版权保护作品是数字化形式存在，但并没有改变其版权所有权，在电子商务活动中，应注重作品版权主体的认定。

☆ 网上实训：

（1）北京的法院审判了全国最多的域名侵权案，这些域名案件原告多为美国大型跨国公司，如微软、杜邦、宝洁等，请上网了解法院是如何审理的？

（2）出售域名正在成为一笔利润可观的生意，一些易懂和好记的域名可以卖出很高的价钱，请上网了解 www.business.com、www.loans.com、www.wine.com 和 www.wallstreet.com 被出售的情况，写出分析报告。

（3）某公司员工利用电子邮件将商业机密向外散布，其行为为泄露商业机密，然而公司为避免员工此种不当行为，是否可监视员工的电子邮件，包括线上实时监视或将员工的电子邮件做成备份档？

（4）涉及网络对商业秘密的侵犯最经常的技术方式是通过电子邮件的方式，电子邮件传送信息可能造成商业秘密侵害。由于电子邮件在商务贸易活动中的普遍运用，企业和其员工通过电子邮件有意或者无意侵害商业秘密的情况屡见不鲜。在电子商务的哪些阶段会出现商业秘密泄密的问题？

（5）要警惕美国等外国的经济间谍法的秘密侦查手段，尤其是诱捕手段。我国企业等民事主体往往经验不足，有可能面对陷阱而麻痹大意、无所警觉，有的则有占便宜的想法，殊不知这可能就是 FBI 的陷阱，请上网了解这样做是否违背了美国的法律？

（6）我国的《著作权法》在 2001 年底颁布了，很重要的一条就是增加了"信息网络传播权"的概念，即规定"以有线或者无线方式向公众提供作品，使公众可以在其个人选定的时间和地点获得作品的权利"。但如果对这一规定进行仔细分析时，就会发现这一新规定可能不能很好地适用到手机短信息的传播中，因为这种方式的传播往往不是"在其个人选定的时间和地点获得作品"，对于一个巨大的新兴产业仍然不能进行充分的规范，这不能不说是一个缺憾。你是如何认识该问题的？

（7）访问亚洲域名争议解决中心（北京秘书处）网站，了解注册域名构成恶意注册和使用域名的证据。

（8）当一个使用者在一国或在多国下载一份来自一个外国网站受著作法保护的侵权复制品时，他的侵权行为归谁管辖。是"发生"在使用者的国家（即将作品复制于使用者电脑或其他数字设备）还是未获授权复制或散布的行为发生在电脑服务器主机网站所在的外国，试分析之。

（9）域名是字符化的互联网地址，是与数值化地址对应的、容易记忆和识别的字符串，如同人们已经熟悉的电话号码具有相同的功能。但由于这样的字符字母组合对于网上交互活动以及电子商务的影响，所以它的重要性已经远远超出地址。人们开始在讨论域名持有人具有什么权利的问题，尤其是域名是否具有知识产权的问题。请就域名是否是一种知识产权写出一份分析报告。

（10）针对互联网上日益严重的域名抢注问题，世界知识产权组织推出"WIPO 最终报告"。"WIPO 最终报告"建议建立一种诉讼制度之外的适应域名争议解决的独特的制度。请上网查询国际上域名争议解决机制的详细情况，尤其是域名争议专家解决程序，并了解国际上哪 4 家机构为域名争端裁决机构？

（11）上网了解反向域名侵夺（reverse domain name hijacking）的情况。

（12）电子信息证据的可采纳性和赋予证据价值的效力及司法和法律的管辖问题，是要解决电子记录、电子文件、电子合同等具体操作的合法性问题和社会的认可。因此，对原始单证、凭证等电子记录认定是我国电子商务立法的一个重要问题。请上网详细了解电子信息证据的合法性。

第 10 章　电子商务模拟和实训原则及要求

【学习目的】
● 了解电子商务模拟实训的基本要求。
● 熟悉电子商务模拟实训应包含的内容。
● 为开始实训做好准备。

　　所谓电子商务实践教学是指利用教学模拟环境、网络环境和社会对电子商务专业知识的商业化运用进行观察、了解、参与、模拟和再现、修改、评价、总结和创造等教学活动，通过教学模拟环境和网上模拟环境理解专业知识、解剖专业知识、认知专业知识，通过电子商务企业经营案例对网上商业活动过程了解、参与和分析，掌握电子商务经营规律和工作原理，加深对电子商务技术知识应用的理解，掌握发展趋势，使学生在参与实践教学中学会发现需求、提出商业设想和找到解决关键技术的方法。

　　电子商务专业实践教学应包括四个层次实验，即基础性实验、专业特色实验、创新实验和创业性实验，它是根据专业特点将课程实验、认识实习、生产实习和毕业实习的结合，反映了电子商务专业的两个基本教学过程，即电子商务专业课程的实验和电子专业知识综合运用的综合实验，是将教学模拟环境下的虚拟实验与学生网上浏览、网上案例教学和创新教学结合起来的教学活动。

　　在通过前面各章节课程的学习之后，知道电子商务是有别于传统商务活动的新的商务方式，它可以在控制成本费用方面、市场开拓方面和与顾客保持关系等方面具有很大的竞争优势。实施电子商务的基础是网络建设和运用，但电子商务的实施不仅只是简单的某一个计算机技术和网络技术方面的问题或某一个网站的建设问题，它还涉及到企业整个经营战略、部门管理和规划、以及经营策略制定和实施方面。因此，电子商务的成功实施是一项系统工程，它要涉及到资金、人员、物资、技术等四个方面，需要有专门组织机构和专业人才进行组织和管理。本章旨在为学生模拟电子商务的实际操作训练提供一些指导性意见和参考资料，对电子商务专业和网络营销专业的学生在进行电子商务模拟实训教学过程中进行操作环节及步骤的指导。由于电子商务模拟实训尚无前例可循，可供参考的资料较少，以往的电子商务模拟实训主要是采用某一公司开发的电子商务模拟实训软件，而实训教材就成了该软件的使用说明书，这往往很难适应电子商务多极化发展的需要。天津职业大学经济与管理学院电子商务专业在全国第一批设立电子商务专业，已有四届毕业生，结合我们自己的体会和多年的办学经验及借鉴了一些英国 BTC 的模式和澳大利亚 TAFE 模式和经验，设计了该实训应遵循的原则、内容、实训要求及实训的环节。这一切很不成熟，篇幅甚少，望请见谅。

10.1 电子商务模拟实训应包含的内容

1. 电子商务模拟实训初步

进行电子商务模拟实训首先要熟悉和了解电子计算机技术、网络技术和软件知识。这是进行企业电子商务的基础工作，该实训应在前几个学期就提前完成，以便能为后续的专业课打下良好的基础。该实训的主要内容集中在计算机技术基础、网络技术、数据库技术、软件应用上，重点要提高同学们的动手能力和操作能力。

2. 进行网络营销的实训需进行的内容

（1）需要进行企业内部和外部市场的竞争环境分析。电子商务和网络营销的实施过程包括若干环节。首先，需要了解企业的内部经营状况和外部市场的竞争环境，分析实施网络营销的可能性和可行性，同时分析必要性和重要性。

① 分析可能性，主要考察外部的市场环境是否成熟，网络营销方式和网上交易方式能否适用。

② 其次是可行性，主要考察企业内部是否有信息化基础，是否有足够的资金、技术和人才。一般实施电子商务和网络营销要求企业内部必须实行信息化，而且企业内部的业务流程要自动化、数字化和信息化，企业只有信息化后才可能按照企业业务需要向外拓展。在拓展范围时，应该先与和企业有紧密关联的企业建立 Extranet，实现信息共享，达到共同降低成本、降低库存；然后借助 Internet 将其业务拓展到互联网络，寻求更多的商业机会和寻求更大发展。

③ 分析必要性，主要考察企业竞争环境变化，企业的竞争者是否开始启动网络营销，而且开始对企业造成潜在威胁。最后分析重要性，企业在面对市场竞争威胁时，是否可以通过网络营销的实施增强企业竞争能力，以削弱竞争对手的竞争能力。

对企业内部和外部的环境调查可分小组进行，每组由 3～5 人组成，每组提交一份调研报告，并在各组中进行交流，大家取长补短。

（2）制订网络营销计划和确定网络营销的实施方案。制订的计划必须从企业的整体出发，一般要由企业管理高层统一领导和协调，因为企业实施电子商务可能对企业的整个组织和各个方面的管理都产生深刻的影响。确定计划后，就要制订方案，可多方参考电子商务方案提供商和知名网站的成功案例，从而确定出最好的方案。各实习小组要从不同角度提出多个方案以供筛选，每个实习小组要推选出一人主讲，其他人辅助，最后由教师进行评判。

3. 电子商务系统的建设

电子商务实施的核心部分是电子商务系统的建设。电子商务系统是电子商务的一个重要组成部分，主要由基于 Intranet 的企业管理信息系统、网络营销站点和企业经营管理人员组成。

一个功能完善的具有网络营销功能的电子商务系统，其基础是企业内部信息化，即企业建设有内部管理信息系统，其最基本的系统软件是数据库管理系统 DBMS（Database Management System），它负责收集、整理和存储与企业经营相关的一切数据资料。一般为营销部门服务的营销管理信息系统主要功能包括：客户管理、订货管理、库存管理、往来账款管理、产品信息管理、网络安全、物流、销售人员管理以及市场有关信息的收集与处理。

电子商务站点是在企业 Intranet 上建设的具有网络营销功能的，能连接到 Internet 上的 WWW 站点。电子商务站点起着承上启下的作用。一方面它可以直接连接到 Internet，企业的顾客或者供应商可以直接通过网站了解企业信息，并直接通过网站与企业进行交易。另一方面，它将市场信息和企业内部管理信息系统连接在一起，它将市场需求信息传送到企业管理信息系统，让管理信息系统来根据市场变化组织经营活动；它还可以将企业有关的经营管理信息在网站进行公布，与企业业务相关者和消费者可以直接了解企业经营情况。

一个完整的包括有营销功能的电子商务系统应包括这样几大功能：信息发布与沟通、电子单据的传输、网上支付与结算、货物配送以及完善的网上售后服务。由于电子商务系统设计是一个巨大的工程，往往要集思广益，大家通力合作才能完成。因此，系统设计必须由小组完成，每组由 3～5 人组成，每个人都要有明确的分工，要针对不同的设计方案设计出相应的电子商务系统设计，如个人网站、信息咨询类网站、网上交易平台类网站和网上网店等。完成后每个人还要写出一份有关分工合作的感想和体会以及如何改善相互之间关系的报告来。

4. 建立电子商务组织机构与管理人员队伍

建设好电子商务系统后，企业的业务流程将根据市场需求变化进行重组（BPR）。为适应业务流程变化，企业必须重新规划组织结构，重新设立岗位和培训有关业务人员，充分认识组织结构扁平化的重要性。教师要引导学生按照现代企业的要求建立适合开展电子商务活动的现代企业组织，每个小组要根据老师所给企业的性质和规模来设计相应的虚拟企业组织结构，每个小组要对自己设计的组织结构进行详细的说明，有条件的需制作幻灯片以便更多的同学能了解你的组织结构设计的要点。教师要根据现有的资料和网上的成功案例引导学生参考成功案例进行设计，如海尔企业组织结构是如何设计的、大中小型企业应如何设计不同行业性质的网站。

5. 组织实施电子商务计划

电子商务解决方案确定后，关键是组织实施。电子商务活动的实施是一个系统工程，它需要资金准备、设备采购、软件采购、人员组织等几个方面的协调工作。电子商务系统建设好后，企业面临的一个重要问题是管理和组织问题。企业要适应电子商务的业务流程变化调整组织结构，建立新的管理体系，从而发挥电子商务的竞争力。电子商务计划的组织和实施是一项十分艰巨的任务，每次所得的结果必须和计划加以详细对照，发现偏差及时进行纠正，并对计划进行修改。

10.2 实训的具体安排

根据电子商务实施过程的一般环节，在模拟电子商务的实训中应从各自学校的实际条件出发尽量满足各个环节的要求，在学生通过理论课程的学习，了解电子商务的基本概念、常用技术和基本运作知识后进行一次实际操作训练。通过此次训练使学生了解互联网上电子商务运作现状，学会在互联网上进行网络商务信息收集和整理的基本方法，掌握网上商务站点的创建和管理技术，并进行网络营销策划，初步具有运作网络营销的基础技能和进行电子商务的一般技能训练。

整个实训过程分 5 个阶段进行，实训的内容和实训的时间可根据教学安排在各个学期中完成，也可利用实习实训时间进行。

第 1 阶段，网上商务信息收集与整理。

第 2 阶段，编写网络营销策划方案（个人网站和商务网站）。

第 3 阶段，制作广告（Banners、Button 等）及信息发布（Email、BBS、邮件列表等）。

第 4 阶段，创建网站（个人网站和商务网站）。

第 5 阶段，完善报告，交作业盘和分组答辩。

10.3 实训主要内容及要求

实训主要内容为模拟一个行业或企业开展网络营销活动，学生可分小组进行，每组 3～6 人，组内成员可相互协作、交流，完成同一个题目，由教师分配方向和具体任务，学生独立完成，具体做法请教师定夺。

1. 网络商务信息的收集与整理

掌握利用常用检索工具在网上进行商务信息收集的方法，根据各组模拟的企业，确定明确的检索目标，列出适合的检索主题单词清单，熟悉互联网上各个搜索引擎的特点和检索操作技巧，选择使用合适的搜索引擎如 Yahoo!、3721 等，进行相关主题检索，有效地进行信息整理和处理，达到及时、准确、适度、经济的基本要求。通过对网上市场特征及消费者购买行为的分析，寻找模拟企业的市场切入点，并撰写调查报告，为下一步进行网站建设和网络营销策划提供充实的依据。

2. 网络营销策划

根据学生自己虚拟的商务行业创建的网站及收集整理的商务信息，运用网络营销策略理论，编写各自站点的商品和服务项目的网络营销策划方案，包括进行市场分析、目标市场定位、商品定位、营销对象定位、稳定客户群的建立、网络促销方法等。目标市场分析是通过网络市场调研，正确分析消费者、竞争对手及整个市场状况，得出结论对企业有益的市场调查结论，诸如生产适销对路的产品和及时调整营销策略等。目标市场定位是考察企业的现状，分析其优势和劣势，企业的经营项目是否适合网上营销，所经营的商品或所提供的服务有什么特别之处，从而确定是否具有网上营销的可行性。商品定位是企业在选择网上销售的商品时必须考虑这些产品或所提供的服务的目标是否与网络用户的需求一致，是否具备适于在网上销售的特点。营销对象定位是通过网上信息收集整理和调查报告分析得出该企业定位的主要潜在消费群类型如性别结构、年龄结构、文化结构等。稳定客户群的建立是针对主要潜在消费群，运用所学的营销知识策划企业应制定何种有效的策略来建立和巩固稳定的客户群。网络促销方法是如何充分利用互联网来实施网上促销：折扣、赠品、网上抽奖、积分等方式及营销渠道、竞争对手分析等内容。

3. 电子广告制作及信息发布

在企业网站上推出自己的商品广告，重点掌握旗帜广告，通过图形图像处理软件制作 Gif，Flash 等图形文件，或使用 Java 的动画文件来制作旗帜广告。一个好的旗帜广告应使用有震撼力的词汇和广告标题及广告标语，简洁明了，图文相得益彰。

4. 网站设计与制作

作为企业网络营销的门户，在互联网上建立一个恰当的电子商店或营销网站是十分重要的营销环节。首先基于自己企业的定位、顾客群的类型、所提供服务的种类、要树立什么样的企业形象等，确立站点的风格和宗旨，包括网站名称、标准色彩、字体、网站标志、版面安排、图文设计等内容。要求运用所学的网站设计理念，使其主页能够以独特的创意、翔实的信息、优美的外观和强大的功能来吸引网络用户，展现本企业风采。

其次，使用 Dreamweaver 进行网页制作、ASP 实现交互及 ADO 实现数据库访问等来达到网站设计的各项要求，包括导航栏的设置，网站内容的安排，超链接和搜索引擎的使用，商品介绍及促销信息，购买区，支付区，交流栏目如留言本、调查表、邮件列表、会员注册等。充分、合理地实现网站功能，达到商务网站的基本要求。最后进行网站各项功能测试及兼容性测试。

10.4 实训成绩评定

每位同学按计划内容和要求完成实训任务，并将制作的网页、信息整理文件和调查报告及一份书面报告存盘提交给实习指导教师查阅批改，并对各组进行抽查答辩考核。教师根据考核情况给予学生优、良、中、及格和不及格 5 级评分标准给定成绩。在学生开始作业之前，教师必须给出详细的成绩评定标准，让学生知道如何完成网上实训作业能够得到的成绩，教师要针对每一个成绩给出详细的应完成的内容供学生在进行实训时参考。

10.5 一般能力训练

一般能力（common skills）训练包括以下 6 个方面。

（1）学生自我管理与发展的能力。

① 能管理好自己，有责任感。

② 能达到相应的目标。

③ 能进行自我发展设计。

④ 能将所学技能和知识用于各项任务。

（2）与人交往的能力。

① 尊重他人的价值观、信仰及意见。

② 能融洽地与他人或团体相处。

（3）计算的能力。

（4）沟通的能力。

① 能得到及返回各种信息。

② 能用各种方法表达信息。

③ 能用语言及非语言方式沟通。

（5）计算机应用能力。

① 熟练掌握计算机使用。

② 能使用各种技术设备。

③ 能灵活使用各种技能及技术开发新产品和新创意。

（6）解决问题的能力。

① 会使用各种信息资源。

② 能应付各种日常及突发问题。

③ 能解决各种日常问题和突发问题。

10.6　关键能力训练

关键能力（key skills）训练包括以下内容。

（1）数据运用能力。

（2）交流能力。

（3）信息技术应用能力。

（4）提升自我学习和表现能力。

（5）与他人合作能力。

（6）解决实际问题能力。

10.7　实 训 方 式

（1）讨论。

（2）演讲。

（3）案例教学。

（4）角色模拟。

（5）头脑风暴法。

（6）网上研究。

（7）图书馆研究。

（8）调查表。

（9）观察。

（10）工作模拟。

10.8　实训前的准备

（1）实习确认书（需学生和家长确认）：使学生和家长明确实习的任务和内容，让家长能配合学校搞好实习工作。

（2）保险及人身安全责任书：主要是防止意外事故的发生。

（3）学生实习详细任务书：使学生明确实习的详细内容和具体的任务，教师必须明确对每一个学生的任务的书面安排。

（4）一般技能训练手册：记录实训的具体内容和过程及心得。

（5）教师巡视记录：了解学生进行实习的问题、收获及应该改进的地方。

（6）企业反馈单：了解学生实习进行的情况、存在的问题和需要改进的方面。

10.9　电子商务模拟实训要求

（1）应提供一个接近实际的模拟工作环境（以计算机工作室为主）和一个实际的工作环境，两者都要求学生在其中进行一段时间的实习。

（2）应使学生能扮演不同的角色，履行不同的责任，使学生毕业后能在不同的工作岗位尽快适应角色（如营销员、营销经理、客户关系经理等角色）。

（3）为学生提供学习和自我发展的机会及场所。

（4）能为学生择业提供训练机会（如网站建设、主页制作、广告发展、信息收集）。

（5）应使学生学会如何适应团体工作和交流技巧（小组工作、合作、单独及客户关系管理）。

附 1　　　　　　　　电子商务模拟实训方案及要求（仅供参考）

（1）实施电子商务为企业带来的变革与优势。论述 xx 企业实施网络营销的必要性。

（2）实施电子商务的可行性分析。分析自定的模拟行业的特点、产品优势及与网络营销结合的可行性和发展前途。分析哪些产品适合于网上销售，哪些不适合？

（3）进行电子商务的目标市场确定，设立具体可行的营业成本，产品定位、消费者定位、价格定位及成本效益分析。

（4）实施网络营销的品牌措施、确定营销策略。进行企业网站设计、宣传和形象设计；如何实施 4E 战略，紧扣网络营销四大特点进行营销策划。另外，还需进行经营成本的预估，包括网站信息更新成本、软件开发成本、宣传成本、订单处理成本和委托代理成本。

（5）网络营销的促销手段和方法，广告策划和设计，建立客户资料库，加强与客户的联系和沟通。

（6）规划商品销售的物流配送，如何做好物流配送和售后服务。

（7）鉴定客户的付款方式（电子钱包、电子货币、信用卡、汇款等）。

（8）拿出一个初步方案后，先和教师讨论可行性，参考教师的意见进行修改和完善，反复进行多次后，达到方案的完善目的。同时各小组之间进行交流，吸收他们长处，共同提高策划水平。

（9）网站建设应包括主页、服务与产品清单、要闻快讯、活动日程表、岗位招聘、新产品发布、主要客户一览表、意见调查表（FAQ）、相关站点链接。网站建设应注意主题图片与子图片、字体、导航按钮、网页长度、下载时间、背景和图形。

附 2　　　　　　商务信息收集和整理要求（参考提纲）

各小组根据自定的模拟行业上网收集行业信息并进行整理

（1）该行业网上发展情况、市场规模、消费群结构及反映。

（2）该行业已有的网上企业特点、站点特色、营销模式，分析其优缺点。

（3）该行业在网上的产品结构、供求关系、价格结构和价格水平，与该产品传统营销方式价格结构的比较。

（4）该行业在网上的竞争方式、促销手段。

（5）该行业在网上营销的付款方式和物流配送的方式及特点分析。

（6）对上述各方面的情况在网上收集信息，下载网页，并分类、归类存档，综合分析后作出自己的见解和结论。

附 3：　　　　　　商务网站建立实习要求（参考提纲）

1．网站规划

（1）网站定位。

① 确定网站类型，根据企业增长、优势、资源、需求情况、资金、人才等因素确定其类型及服务范围。

② 确定网站服务对象。

③ 确定服务范围及网站主题。

④ 选择经营模式（盈利性或非盈利性）。

⑤ 制定网站发展目标。

（2）规划网站的业务内容。

① 围绕网站定位，确定其具体业务范围。

② 把最吸引人的地方放在主页突出位置。

③ 提供搜索引擎及双向交流栏目。

④ 设计业务流程。

⑤ 网站内各页面的布局和链接结构及设计风格。

（3）选择平台开发工具。

① 硬件平台（Web 服务器、邮件服务器、数据库服务器、DNS 服务器、防火墙服务器等）。

② 软件平台（系统平台、Web 服务器平台和数据库平台）。

（4）预算。

（5）开发速度安排。

2. 网站开发

（1）申请域名。

（2）网站页面内容的编排（网站名称、广告条、主菜单、新闻、搜索引擎、邮件列表、计数器、友情链接等）。

（3）网站程序设计（客户端程序和服务器程序），可复制他人程序。

（4）网页美工设计。

（5）站点测试及修改。

3. 网站发布

（1）站点发布（虚拟主机、服务器托管方案、专线接入）。

（2）站点更新（内容更新、栏目更新和创新、硬件升级等）。

第 11 章　电子商务模拟实验软件简介

【学习目的】
● 了解各种电子商务模拟实验软件。
● 熟悉其中有代表性软件的基本操作。

近年来，随着电子商务的飞速发展，目前社会对电子商务人才的需求日益强烈，很多高校应市场所需设立了电子商务专业。但由于电子商务专业是一个新兴学科，内容跨越计算机、商务等多门学科的教学内容，是一个理论与实践紧密结合的专业。目前在国内市场上辅助电子商务教学的电子商务模拟软件有不少，功能都很多，使用也比较方便。电子商务模拟实验软件主要是帮助学生树立电子商务整体观念，培养学生运营电子商务系统的能力以及独立开发和实施电子商务项目的能力。各高校和公司都开发了许多适用于不同领域和具备相应功能的电子商务模拟实训软件，主要有国家职业资格电子商务师仿真模拟实验软件、德意数码电子商务模拟实验软件、厦门一方软件等公司和其他院校开发的电子商务模拟实训软件。为了给全国各类大中专院校提供相对方便的电子商务教学软件，我们分别对其进行介绍，以供各院校在进行模拟实训时选择相应的软件。这里主要是介绍，没有进行任何排名。另外，这一章不代表我们的观点，只是将各模拟软件的主要功能加以介绍，请根据各院校电子商务专业的具体情况加以选择和利用。

11.1　博星电子商务教学实验系统

博星电子商务教学实验系统是由西安交通大学交通电子商务研究所和西安博星科技有限责任公司联合开发的，如图 11-1 所示。

（1）软件组成。

博星电子商务教学软件包括：博星电子商务实验系统和博星电子商务开发包。

① 博星电子商务实验系统教学实验体系。博星电子商务实验系统包括 B2C 业务流程认知及应用、B2B 业务流程认知及应用、C2C 业务流程认知及应用、网上银行业务流程认知及应用和物流管理业务流程认知及应用。

② 博星电子商务开发包教学实验体系。博星电子商务开发包教学实验体系包括创建个人特色网上商场、分析及优化网上银行业务流程、分析及优化物流管理业务流程、学

习及了解 CA 认证处理过程、典型的网站结构设计与分析、构建并优化完整的电子商务系统。电子商务系统分析与设计，企业电子商务系统分析与网站建设，电子商务系统分析与实施。

（2）博星电子商务实验软件简介。

博星电子商务教学实验系统由 B2C、B2B、C2C 以及物流管理、银行交易、CA 认证、网络教室、综合测评等子系统构成。

（3）博星电子商务开发包简介（如图 11-2 所示）。

图 11-1　博星电子商务教学实验系统

图 11-2　博星电子商务开发包

该开发包以流程的 Web 系统架构思想，基于流程设计思想，可以灵活地对作品进行设计过程各环节的再造、修改，可实现电子商务教学实验的多层次目标。开发包功能是构建电子商务网站结构、进行电子商务交易管理、管理电子商务物流配送和电子商务客户关系及电子商务系统权限分配及管理。让学生在使用中真正理解电子商务的各个环节，帮助学生获得和提高动手能力、独立策划能力、综合应用理论知识能力、适应社会需要的能力。另外，该软件提供从计算机技术到满足电子商务实验综合要求的实训，实现复合型人才的整体培养目标。

11.2　一方益教电子商务教学模拟软件

一方益教电子商务教学模拟软件（www.efound.com.cn）是由厦门一方软件有限公司开发的，它适于用高校、大中专学校的电子商务课程的课后实践的教学模拟软件，它模拟了整个电子商务交易的过程。商店的前台包括购物、支付等；商店后台包括进销存和资金管理等；银行前台包括存取转等业务；银行后台包括审核、查询等业务；物流前台有派送业务联系、特约商店注册、物流情况查询模块；物流后台有派送业务管理、特约商店管理、资金管理等；认证中心有个人数字证书下载和安装、单位证书登记、系统管理员对数字证书有颁发特权，使整个电子商务过程在此软件中得到完整的体现。学生通过模拟操作可以将所学的理论知识加以巩固，整个软件具有很强的教学性、真实性，能使学生有效地理解电子商务流程。界面友好，能使学生在模拟实践中学习和掌握新的知识和理论。如图 11-3 所示。

在本软件平台中，学生可扮演其中 4 种角色：居民、商店管理者、银行管理者和物流公司管理者。总商品库有 4 个，共有 500 多种商品信息，教师是总商品库的管理者。平台设立了教师与学生的交流区，学生可在信息公布栏上发布各种信息，教师有权注销某个角色和对整个模拟情况进行管理。主要的模块有登录模块、学生操作模块、模拟环境中的具体机构（网上商城、物流公司、银行中心、认证中心和学校交流区等）和后台管理（我的家、银行后台、商店后台和物流管理等），如图 11-4、图 11-5、图 11-6、图 11-7、图 11-8 所示。

图 11-3　一方益教电子商务教学模拟主页面

图 11-4　一方益教电子商务教学模拟平台

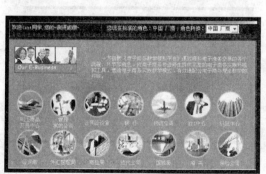

图 11-5　一方益教电子商务教学
模拟软件中的角色页面

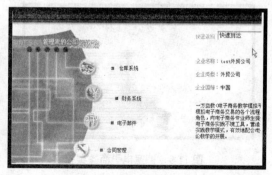

图 11-6　一方益教电子商务教学
模拟平台的模拟公司页面

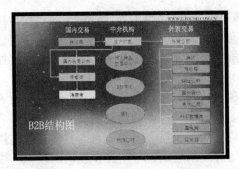

图 11-7　一方益教电子商务教学
模拟平台的 B2B 结构

图 11-8　一方益教电子商务教学
模拟平台的 B2B 流程介绍

11.3　德意电子商务实验室

德意电子商务实验室(www.bjdet.com)（交互教学版）V2.0 版模拟软件由北京德意通数码技术有限责任公司开发，它涵盖了电子商务教学中的众多知识点，如 3 种电子商务交易模式(B2B、B2C、C2C)、网络营销、电子支付、EDI 等，还包含师生信息管理、考试与实验管理等实用的教学辅助功能。德意电子商务实验室参照标准化流程设计，采用网络教学模式，具备教学和学习功能。模拟功能齐全，覆盖面广，可模拟网上交易的准备和电子商务合同的订立、网上合同的履行、EDI 制单训练等，不仅适用于电子商务专业教学，还适用于其他经济类的相关专业的教学。如图 11-9、图 11-10 所示。

图 11-9　德意电子商务实验室

图 11-10　德意电子商务实验室

该模拟软件的客户端采用 B/S 模式，简单易用，可在多环境网络下工作，也可以单机使用。交互式操作采用生动直观的用户图形界面和向导式操作，可实现前台模拟操作，又可实现后台管理，解决了单向式教学模式的不足。软件模块功能分为前台模块、后台模块、网上银行服务后台、网上信息发布模块、网络营销模块和教学实验管理模块。前台模块包括会员注册、客户管理、新品上架、精品推荐、特价专区、促销活动、购物车、订单查询、信息反馈、购物指南等功能；后台模块包括订单处理、商品维护、库存管理、订单查询、价格管理、货单管理、销售额统计、经销商管理、应收款查询等个人银行服务、企业银行服务、财经动态、电子钱包演示、B2C 商城、B2B 商城、证书中心等功能；网上银行服务后台包括开户审批、储户存款、储户取款、储户资料查询、电子钱包管理、网上订单查询、注销储户、网上银行等功能；网上信息发布模块包括前台新闻、搜索、网上商场、个人网店、分类广告、信息发布、电子邮件、论坛 BBS、新闻组、案例分析、网上信息发布、在线调查管理、广告发布管理、BBS 发布信息管理、新闻组信息发布管理、案例分析管理、文件发布管理、新闻发布管理、链接信息发布管理、邮件信息发布管理、网站流量统计等；网络营销模块包括电子合同、后台网上报价、网上洽谈、合同管理、注册信息修改等功能；教学实验管理模块包括实验分配管理、角色分配管理、学生信息管理、在线答题日常练习、综合考试、学习园地、实验积分点设置等内容。具体情况可登录 www.bidet.com 。

11.4 浙科电子商务模拟教学软件

《浙科电子商务模拟教学软件》（www.zheke.com.cn、www.zk-soft.com.cn）是由浙江航大科技开发有限公司推出的模拟教学软件，软件涵盖了电子商务课程的所有操作流程。学生可以通过该软件的操作掌握电子商务的相关知识，软件中分管理员、教师、厂家、商场、外贸公司、客户、银行、物流中心、EDI 中心等九大角色，学生可选择每个角色进行操作，各角色之间既有独立性，又有联系性。老师可以掌握所有学生的操作情况。经过模拟实践操作后，老师可以通过考试系统对学生进行评测，了解学生实际掌握的情况。软件适合各大本科院校、大中专、职业技校的电子商务专业设课程的模拟实验。浙科电子商务模拟教学软件的主页面如图 11-11 所示。

图 11-11 浙科电子商务模拟教学软件的主页面

11.5 电子商务模拟系统软件 Ec-Soft NT2002

电子商务模拟系统软件 Ec-Soft NT2002 是由北京网路畅通科技发展公司开发的，它由实验系统、考试系统以及教师管理系统构成，包含商业模式中的 7 种角色：银行、EDI 信息中心、物流中心、商场、厂家、CA 中心以及个人消费者。模拟系统制作精美、操作界面简单，详细的商品信息和完整的运作流程给用户身临其境的感受。模拟系统主要模块有教师管理平台、自我测试模块和考试系统、CA 认证中心、EDI 中心、物流中心、交易平台等内容，如图 11-12 所示。

（a）

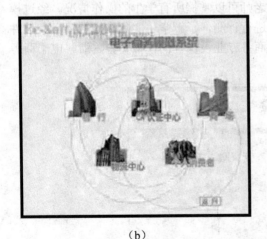

（b）

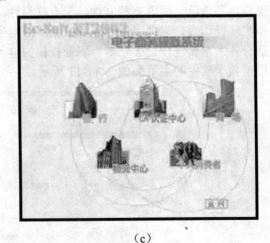

（c）

图 11-12 Ec-Soft NT2002 电子商务模拟系统软件

Ec-Soft 包括电子商务流程、第三方物流管理、工商管理、以及 ERP、CRM、eMarketplace 等组成的产品系列，基本可以满足电子商务专业实验室的建设要求。电子商务模拟系统软件 Ec-Soft NT2002 适用于电子商务专业的学生，即可满足高职（大专、中专）、大专、大本、研究生不同层次的需要，又可满足电子商务专业、工商管理专业、国际贸易专业等不同领域的需要，还可满足学校、培训机构、企业等不同用户的需要。网址是 www.ec21cn.com.cn。

11.6　电子商务教学模拟软件 Sim-EC

Sim-EC 是由中国人民大学开发的一个电子商务教学模拟软件(www.reddeer.com.cn)，它出现比较早。它以钢铁工业的贸易过程为背景，模拟了回收商从消费者购进废品，经过加工成原材料卖给生产厂家，然后生产厂家将原材料生产成成品，再经批发商、零售商最终到达消费者手中这一简单的贸易循环过程。在这一过程中，贸易伙伴间进行商业活动是通过电子单证进行的，每个用户的资金是以电子货币的形式存在的。伴随着单证的传输引起资金和商品的转移。这样就较为全面地模拟了商业中的信息流、物流、资金流 3 个方面，为用户学习国际贸易和电子商务提供了一个较为真实的环境。目前，有国内多家高校及培训机构使用 Sim-EC 用作电子商务教学辅助软件。该软件采用的是服务器/客户端的结构，学生通过扮演不同的角色，利用局域网，实现电子商务的整个流程。该软件的特点是带有游戏的特点，学生可以在玩中学习，增加了趣味性。教师还可以在后台管理评分。总之，学生通过这一软件平台可以全面地了解电子商务的流程，通过扮演各种角色，把握该角色在电子商务中所处的地位，熟悉此角色在实际的电子商务中的作用，巩固和加深对电子商务的理解。

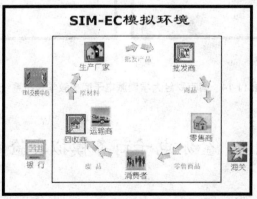

图 11-13　电子商务教学模拟软件 Sim-EC

11.7　南京财经大学电子商务教学模拟系统

奥派电子商务模拟平台（www.zk365.com/0allpass/default.asp、www.njwuliu.com）是由南京奥派信息技术有限责任公司开发的（如图 11-14 所示）。它融合了目前企事业单位运用电子商务的核心思想，同时紧跟先进的管理思想和技术，旨在满足目前各大、中专院校电子商务、电子商务物流、企业管理、财经类、经济管理类专业学生的需要，通过网上实习了解企业信息化和电子商务的各个环节。掌握企业信息化与电子商务的基本理论知识和操作技能，系统地掌握网络知识、计算机基础知识、电子商务理论、企业信息化理论、各种企业信息化功能如网络设计、网页制作、数据库管理、应用软件的使用和开发、网络营销等全面的知识和技能。满足学生进行企业信息化业务流程的模拟操作和电子商务运行的模拟化组织和管理。系统采用了目前流行的浏览器—应用服务器—数据库的 3 层结构。功能模块主要有网上交易系统模块（B2B、B2C、C2C）、前台系统模块、后台系统模块、网上银行系统（即时转账业务、个人账户管理和企业账户管理三大功能模块）、物流中心、CA 认证模块、客户关系管理系统、办公自动化系统、供应链管理、电子商务网站设计与建设。

（a）

（b）

图 11-14　南京财经大学奥派电子商务教学模拟系统

11.8　金派电子商务模拟实验室

金派电子商务模拟实验室（www.hengdas.com）由深圳亨达时实业有限公司开发的（如图 11-15 所示）。它融合了电子商务课程的所有操作流程，学生可以通过本软件的操作，掌握电子商务的全部知识，学生可进入每个角色进行操作，各角色之间既有独立性，又有联系性。老师以教师角色登录，可以掌握所有学生的操作情况。经过模拟实践操作后，老师可以通过考试系统对学生进行评测，了解学生实际掌握的情况。本软件适合各大本科院校、大中专、职业技校的电子商务专业设课程的模拟实验。

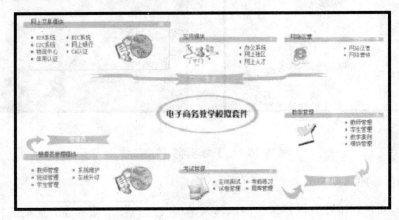

图 11-15　金派电子商务模拟实验室

金派电子商务模拟系统提供了多种模拟流程：B2B、B2C、银行转账、物流处理等。金派电子商务模拟系统分管理员系统、辅助系统、厂家管理系统、进出口商系统、商场系统、客户系统、模拟银行系统、模拟物流中心系统、模拟海关系统九大模块。

11.9　电子商务师实验室软件

劳动和社会保障部中国就业培训技术指导中心与北京中鸿网略信息技术有限公司合作开发了《电子商务师实验室》软件（www.chinact.org.cn、www.chinact.net.cn），作为电子商务师国家职业资格培训的教学仿真模拟辅助软件（如图 11-16 所示）。《电子商务师实验室》软件坚持以职业培训为导向，教学模拟为核心的指导思想，以《电子商务师国家职业标准》和《电子商务师国家职业资格培训教程》为设计蓝本，针对电子商务职业活动的特点，按照模块化的软件设计思想，结合多年的电子商务项目研发经验，开发出不同电子商务模式（B2C、B2B、C2C)、电子支付、网络营销、CA 认证、电子合同、网上单证处理、物流管理、企业内部管理、电子商务法规、实验管理等 10 个功能模块。学员可以通过《电子商务师实验室》软件仿真模拟环境的操作，切身体会电子商务，熟悉电子商务各项活动的流程，掌握电子商务各种操作技能，加深对电子商务理论的理解。另外，《电子商务师实验室》软件作为电子商务师职业资格培训的配套教学软件，既注重网络教学的交互性，又注重理论与实践相结合以及电子商务过程的全程模拟。

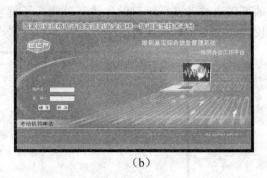

（a）　　　　　　　　　　　　　　　　　　（b）

图 11-16　电子商务师实验室软件

1．电子商务师职业定义

电子商务师是利用计算机技术、网络技术等现代信息技术从事商务活动或相关工作的专业人才。

2．技能鉴定等级

技能鉴定等级共设 4 个等级：电子商务员（国家职业资格四级）、助理电子商务师（国家职业资格三级）、电子商务师（国家职业资格二级）和高级电子商务师（国家职业资格一级）。目前已开始培训和鉴定的是电子商务员和助理电子商务师两个等级。

3．鉴定机构申请

办学机构按照《电子商务师培训鉴定机构专业资质认证办法》的要求是具有培训办学资格的法人单位，并具有健全的管理机构及相应的管理制度，具备开展电子商务师培训鉴定工作的基本设施、专业人员和专业资源，可申请参加成为电子商务师培训鉴定机构，通过省级鉴定中心专业资质初审并报部鉴定中心审核认证后承担相应的工作。学员结业考试合格后可获得劳动和社会保障部统一颁发的《职业资格证书（电子商务师职业）》。

4．远程辅导站申请

各地具备相应办学资质的教育培训机构可以向地方劳动保障行政部门或其他有关机构申报电子商务师职业远程培训辅导站，并填写《远程辅导站申报表》，经地方劳动保障行政部门办学资质审核同意，由中国就业培训技术指导中心会同项目技术支持单位（北京中鸿网略信息技术有限公司），组织专家按照远程辅导站资源配置要求进行技术审查后，组织实施相应的远程培训。申报远程学习的学员将就近安排到本地远程辅导站参加远程学习及面授辅导，结业考试合格者将获得中国就业培训技术指导中心颁发的《CETTIC 电子商务师职业资格培训合格证书》。执该证书的学员，符合申报职业资格鉴定标准要求，可申请参加全国统一组织的职业资格考核鉴定，鉴定合格者获得劳动部统一颁发的《国家职业资格证书》（电子商务师职业）。

5．培训教材

（1）《国家职业标准－电子商务师》。

（2）《电子商务师国家职业资格培训教程》（电子商务师职业资格全国统一培训鉴定指定专用教程）。

（3）《电子商务师知识重点与考试辅导》（多媒体光盘）。

参 考 书 目

[1]　钟强. 电子商务概论［M］. 北京：北京大学出版社，2006.

[2]　钟强. 电子商务概论［M］. 北京：清华大学出版社，2003.

[3]　钟强. 网络营销学（第 2 版）［M］. 重庆：重庆大学出版社，2005.

[4]　钟强. 网络广告［M］. 重庆大学出版社，2005.

[5]　（美）Strouss Frost. E-Marketing（2nd edition）. Taiwan：Pearson Education Taiwan，2002.

[6]　陈孟建. 电子商务实训与考核［M］. 北京：电子工业出版社，2003.

[7]　邵兵家，钟强. 电子商务模拟实验教程［M］. 重庆，重庆大学出版社，2002.

[8]　王树进. 电子交易教程［M］. 南京：东南大学出版社，2003.

[9]　Carol M. Cram. E-Commerce Concepts. 美：Thomson Learning，2003 .

[10]　胡玫艳. 电子商务基础实验［M］. 北京：科学出版社，2002.

[11]　张灵莹. 电子商务导入［M］. 北京：经济管理出版社，2001.

[12]　吕英斌，储节旺. 网络营销案例评析［M］. 北京：清华大学出版社，2004.

[13]　Carol M. Cram. 电子商务概论［M］. 北京：高等教育出版社，2003.

[14]　康耀红等. 计算机网络基础与应用［M］. 北京：北京大学出版社，2003.

[15]　康晓东. 电子商务及应用［M］. 北京：电子工业出版社，2003.

[16]　吴应良. 电子商务原理与应用［M］. 广州：华南理工大学出版社，2002.

[17]　杜明汉. 商贸实务训练［M］. 北京：中国商业出版社，1995.

[18]　刘光峰. 实战网络营销－理论与实践［M］. 北京：清华大学出版社，2000.

[19]　王全胜. 电子商务原理［M］. 北京：北京大学出版社，2003.

[20]　刘枝盛等. 电子商务基础［M］. 北京：电子工业出版社，2003.

[21]　李远红. 网页设计与制作［M］. 重庆：重庆大学出版社，2002.

[22]　陈月波. 电子商务解决方案［M］. 北京：电子工业出版社，2002.

[23]　钱旭潮. 网络营销与管理［M］. 北京：北京大学出版社，2003.

[24]　王忠诚. 电子商务概论［M］. 北京：机械工业出版社，2003.

[25]　李鼎. 电子商务网站建设［M］. 北京：高等教育出版社，2001.

[26]　章学拯. 电子商务概论［M］. 北京：高等教育出版社，2003.

[27]　王曰芬. 电子商务网站设计与管理［M］. 北京：北京大学出版社，2003.

[28]　赵燕平. 电子商务基础与应用［M］. 北京：北京大学出版社，2003.

[29]　史秀璋. 微机组装与维护教程［M］. 北京：电子工业出版社，2003.

[30]　汤兵勇等. 客户关系管理［M］. 北京：高等教育出版社，2003.

［31］ 劳动和社会保障部中国就业培训指导中心组织编写. 电子商务师 ［M］. 北京：中央广播电视大学出版社，2003.

［32］ 王志峰. 电子商务网站的构建与维护 ［M］. 北京清华大学出版社，2000.

［33］ 宋文官. 网络营销及案例分析 ［M］，北京：高等教育出版社，2005.

［34］ 袁雨飞. 移动商务 ［M］，北京：清华大学出版社，2006.

参 考 网 站

［1］ 天极硬件频道　2003-11-17

［2］ http://www.sinocom.net/article/list.asp?id=23

［3］ http://www.sina.com.cn/1999/11/24 16:31　互联网周刊